TRAITÉ
DE L'ETAT
DES PERSONNES

TOME PREMIER.

38446

TRAITÉ
DE L'ÉTAT
DES PERSONNES,

Suivant les Principes du Droit François, & du Droit Coutumier de la Province de Normandie,

POUR LE FOR DE LA CONSCIENCE.

NOUVELLE EDITION
Revue, corrigée, & augmentée.

Per (Deum) *Reges regnant, & Legum conditores justa decernunt.* Prov. 8. 15.

TOME PREMIER.

A ROUEN,
Chez LAURENT DUMESNIL, rue del'Ecureuil.

M. DCC. LXXVII.
Avec Approbation & Privilege du Roi.

OBSERVATIONS
PRÉLIMINAIRES.

LE Droit, dont il s'agit ici, n'est autre chose qu'un assemblage de Loix & de Coutumes, qui nous obligent de vivre honnêtement, de n'offenser personne, & de rendre à chacun ce qui lui appartient. *Juris præcepta sunt hæc : honestè vivere, alterum non lædere, suum cuique tribuere.* Inst. §. 3. *de Just. & jure.* Le Droit considéré sous ce rapport, se divise en Droit canonique & en Droit civil.

OBSERVATIONS

I. Le Droit canonique eſt la collection des Loix que l'Egliſe a faites touchant la foi, les mœurs & le réglement de la Diſcipline. Le corps du Droit canonique contient ſix collections; ſavoir, le Décret de Gratien, les Décrétales de Grégoire IX, le Sexte de Boniface VIII, les Clémentines ou Conſtitutions de Clément V, les Extravagantes (a) de Jean

---

(a) On nomme Extravagantes, les Conſtitutions qui ont été ajoutées au corps du Droit canonique; pour montrer qu'elles ſont demeurées comme errantes hors les autres Compilations, *quaſi vagantes extra corpus Juris anteà editum.* Anciennement les Canoniſtes citoient, par ce mot *extra*, les Décrétales de Grégoire IX; pour marquer qu'elles étoient hors le Décret de Gratien, qui avoit paſſé juſques-là pour le ſeul corps

PRÉLIMINAIRES.

XXII, & les Extravagantes communes.

Le corps du Droit canonique n'est suivi, en France, qu'avec beaucoup de restrictions, ainsi que l'observe M. Fleury. » Nous rece-
» vons, *dit-il*, (*a*) les Canons re-
» cueillis par Gratien, en tant qu'ils
» ont autorité par eux-mêmes ;
» car on convient que sa compila-
» tion ne leur en donne aucune.
» Nous recevons aussi les Décré-
» tales, non-seulement des cinq

---

de Droit. On cite encore de même ces Décrétales. Cependant par les Extravagantes, on n'entend aujourd'hui que les Constitutions ajoutées au corps du Droit canonique, après les Clémentines. Fleury, *Instit. au Droit Eccl.* Tom. I. Part. 1. chap. 1.

(*a*) Inst. au Droit Eccl. *Tom. II. Part.* 3, *chap.* 25.

Observations

« Livres de Grégoire IX, mais plusieurs du Sexte & des Clémentines, qui ne sont contraires, ni à nos Libertés, ni aux Ordonnances des Rois, ni aux usages du Royaume ; ce qui en retranche au moins la moitié ».

Quoi qu'il en soit du nombre des Décrétales, qu'il faut admettre ou ne point suivre, nous observerons, après M. de Héricourt (a), que le fond de notre Droit ecclésiastique est tiré de ces Décrétales ; & qu'on y trouve beaucoup de décisions, qui ne respirent que la sagesse & l'équité. Il est vrai que les Décrétales n'ayant point été publiées en France, on ne les suit pas comme

___

(a) Dissert. hist. *sur l'origine & le progrès du Droit Ecclésiastique.*

PRÉLIMINAIRES.

des loix nécessaires, dans ce qui ne regarde ni la foi, ni les mœurs, ni la discipline générale de l'Eglise. Mais on les considere comme des regles sages, qui peuvent & qui doivent nous conduire, lorsque nos loix & nos usages le permettent.

II. Le Droit civil, qui a pour objet l'utilité temporelle des Etats, est le Droit de chaque Peuple en particulier. Cependant, quand on dit simplement *Droit civil*, sans autre addition, il faut entendre le Droit Romain. On le nomme encore *Droit écrit*, pour le distinguer des Coutumes, qui dans leur origine, étoient un Droit non écrit.

Le Droit Romain est contenu dans le corps du Droit civil, qui fut composé par les ordres & par les soins de l'Empereur Justinien. Il renferme quatre collections ; savoir ; les Institutes, le Digeste ou les Pandectes (*a*), le Code & les Novelles. Ce droit est observé dans plusieurs de nos Provinces méridionales, que l'on nomme pour cette raison, *Pays de Droit écrit*. Telles sont la Provence, la Guienne, &c.

III. Le Droit François, quant au civil, est cet assemblage d'Edits, Ordonnances & Déclarations données par nos Rois; & de Coutumes rédigées sous leur autorité.

(*a*) *Pandectes*. Ce mot Grec, πανδεκται, signifie Compilation ou Livre *contenant toutes choses*. On désignoit les Pandectes par deux ππ ; & comme les Copistes ont pris ces deux ππ, pour deux *ff*, delà est venue la méthode de citer le Digeste par deux *ff*.

PRÉLIMINAIRES.

L'Edit est une Loi que le Prince fait publier de son propre mouvement. L'Ordonnance est une Loi établie par la seule autorité du Roi, sur les Remontrances des Magistrats, ou à la priere des Particuliers. Cependant il n'y a pas une différence bien essentielle entre les Edits & les Ordonnances. Le Roi peut porter un Edit, sur les représentations de ses Sujets ; & faire une Ordonnance de son propre mouvement.

La Déclaration est une Loi par laquelle le Roi interprete, réforme, ou casse en tout ou en partie, quelque Edit ou Ordonnance précédente.

Les Coutumes établies pour les différentes Provinces du Royaume, n'ont force de loi que par la volonté du Prince. Car comme le Roi jouit seul de l'autorité suprême *in temporalibus*, il peut seul porter des loix dans l'ordre politique, suivant cette maxime : *Qui veut le Roi, si veut la Loi.* D'autres disent : Que veut le Roi, ce veut la Loi; *quod Principi placuit, legis habet vigorem.* Inftit. §. 6. *De jure naturali.*

IV. Dans les cas où les Ordonnances & les Coutumes n'ont rien décidé, on a recours au Droit Romain, que la fagesse de ses décisions fait regarder comme *la raison écrite*. Mais en Pays coutumier, il n'est pas permis de citer le Droit Romain comme une loi nécessaire. Cela est défendu très-expressément par plusieurs Ordonnances. M. Denisart le remarque dans sa *Collection de Décisions nouvelles*, V. Droit Romain.

On ne peut donc que blâmer la conduite de certains Confesseurs, qui empruntent toutes leurs décisions des Théologiens étrangers. En effet ces Théologiens s'appuient sur le Droit Romain, qui n'a par lui-même aucune autorité en France, & qui se trouve souvent contraire à nos Loix & à nos Coutumes. Vouloir suivre de pareils guides, c'est s'exposer visiblement à décider contre la Jurisprudence du Royaume, & contre toute justice. Il est vrai que ce n'est pas la faute des Casuistes étrangers. Car ils ont grand soin d'avertir que

Observations

chacun doit suivre exactement les loix particulieres de sa Province.

Ceux qui croient que le bon sens suffit pour décider des questions de Droit, sont encore plus condamnables. Car, outre que le bon sens prétendu est la source d'une infinité d'égarements, peut-on dire que les Loix civiles de chaque Pays doivent être comptées pour rien, & qu'elles n'obligent point en conscience ? C'est une erreur proscrite par saint Paul, dans le chap. 13. de l'Epître aux Romains. Il déclare que nous devons nous soumettre aux Puissances supérieures, non-seulement par la crainte du châtiment, mais aussi par un devoir de conscience. *Ideò necessitate subditi estote, non solùm propter iram,*

PRÉLIMINAIRES.

sed etiam propter conscientiam.

Notre Coutume en particulier réunit tous les caracteres propres à la rendre inviolable. Car dit très-bien M. de la Paluelle (a), "elle est tout ensemble Loi, Coutume & contrat: Loi, parce qu'elle est autorisée par le Prince; Coutume, parce qu'elle est conforme aux anciens usages des peuples de cette Province; & contrat, parce que les députés des trois Etats y ont donné leur approbation & leur consentement, après avoir fait telles remontrances qu'ils ont cru être nécessaires pour le bien de l'Etat Ecclésiastique, de la Noblesse & du Tiers-Etat".

V. Le Droit renferme trois ob-

───────────────────

(a) Préface des Résolutions.

Observations, &c.

jets principaux; savoir, les Personnes, les Biens, & les Actions. *Omne jus quo utimur, vel ad personas pertinet, vel ad res, vel ad actiones.* Inst. §. 12. *De Jure naturali.* Il s'agit maintenant de ce qui concerne les Personnes. Et comme la distinction des Personnes se tire ou de la Nature ou des Loix civiles, nous parlerons 1°. de l'État des Personnes par la Nature; 2°. de l'État des Personnes par les Loix civiles.

EXPLICATION

De quelques citations abrégées.

Manière de citer le Droit canonique.

I. Le Décret de Gratien est divisé en trois parties. La premiere est partagée en 101 Distinctions, qui comprennent un certain nombre de Canons ou Chapitres.

1°. Voici la manière de citer cette premiere partie. Can. *ou* Cap. *ou* C. *Presbyterum* 16. Dist. 28. Quelquefois on ne désigne le Canon que par le premier mot, sans marquer le nombre.

2°. La seconde Partie du Décret est divisée en 36 Causes, qui renferment plusieurs Questions. Lorsqu'en citant, on ne met que deux nombres ; le Canon est désigné par son premier mot, & les deux nombres indiquent la Cause & la Question. Par exemple, Can. *Eleemosyna* XIV. q. 5. *ou* XIV. 5. Mais s'il y a trois nombres, le premier désigne le Canon, en cette maniere : *Can.* 7. XIV. q. 5.

Observez que la Quest. 3ᵉ. de la Cause 33ᵉ, qui traite de la *Pénitence*, est divisée

Explication de quelques citations.

en 7 Distinctions. Voici comme on cite les Canons de cette Question. Can. *Charitas*, ou Can. 2. Dist. 2. *De Pœnitentiâ.*

3°. La troisieme Partie du Décret est divisée en cinq Distinctions. Mais comme elle a pour objet *la consécration des Eglises, &c.*; voici la citation qu'il faut employer: Can. *in Christo Pater*, ou Can. 82. Dist. 2. *De Consecratione.*

II. Les Décrétales de Grégoire IX, de même que le Sexte de Boniface VIII. & les Clémentines, sont divisées en cinq Livres, les Livres en Titres, & les Titres en Chapitres.

Ainsi 1°. cette citation, Cap. *Decernimus* extrà. *De Judiciis*, signifie que le chap. *Decernimus* est tiré des Décrétales, au Titre *De Judiciis*. Mais on cite plus ordinairement les Décrétales en cette maniere: Cap. *Decernimus* 2, ou simplement; cap. 2. *De Judiciis.*

2°. On cite de même les Canons du Sexte, excepté qu'en supprimant le mot *extrà*, on ajoute *apud Bonifacium*, ou *in Sexto*, comme on le voit ici: cap. *Generaliter* 5, ou cap. 5, *De procuratoribus* in 6°. ou in 6.

3°. Pour les Clémentines, on cite: cap. *Dudùm* 2, ou cap. 2. Clement. ou Clem. *De*

Explication de quelques citations.

Sepulturis ; ou enfin Clement. *Dudùm , De Sepulturis.*

III. Les Extravagantes de Jean XXII. font rangées fous 14 Titres, que l'on a divifés en Chapitres; & voici la citation ufitée : cap. *Ad conditorem , de verborum fignificatione ,* in Extravag. Jo. *ou* Joan. XXII. Extravag. *Ad conditorem, de verb. fignif.*

Les Extravagantes communes font divifées comme les Décrétales, le Sexte, &c. On les cite de même avec l'addition néceffaire ; Par exemple , cap. *Vas electionis* 2. ou cap. 2. *De Hæreticis*, in Extravag. comm.

Maniere de citer le Droit Civil.

Les Inftitutes de Juftinien contiennent quatre Livres, partagés en Titres ; & les Titres font divifés en Paragraphes. Le Digefte renferme cinquante Livres , & le Code douze , qui font divifés en Titres, en Loix, & fouvent en Paragraphes. Enfin il y a 168 Novelles, qui fuivent l'ordre des nombres:

1°. Cette citation , Inftit. *ou* Inft. §. 3. *De Hæredibus inftituendis ,* fignifie que la Loi citée fe trouve dans les Inftitutes au §. 3. du

Explication de quelques citations.

Titre *De Hæredibus inftituendis.* On cite encore en cette maniere : apud Juftinian, *ou* Juftinian. §. 3. *De Hæredib. inft.*

2°. Qand on cite, par exemple, Leg. 5. D. *ou* Leg. 5. *ff. De contrahendâ emptione*, la Loi citée eft dans le Digefte. Lorfqu'on cite, Leg. 8. Cod. *ou* Leg. 8. C. *De Judiciis*, la citation eft du Code.

3°. On cite les Novelles comme il fuit : Novel. 25. cap. *ou* c. 4. §. 2. ; ce qui n'a pas befoin d'explication.

Remarquez que les Titres où fe trouvent les Canons & les Loix, ne font pour l'ordinaire indiqués que par les mots; par exemple, *De fervitute legatâ, de fponfalibus, &c.* Quand on veut recourir aux fources, il faut chercher les mots dont il s'agit, dans le corps du Droit Canonique ou Civil. Ils y font difpofés par ordre alphabétique ; & en lifant les mots, on voit en même-temps les nombres du Livre & du Titre, dont la citation eft tirée.

TABLE

Des Chapitres, Articles, Sections, Distinctions, Paragraphes, &c.

PREMIERE PARTIE.

De l'Etat des Personnes par la nature.

CHAPITRE PREMIER. *Des enfants conçus,* pag. 3
CHAPITRE II. *Des enfants nés.* 7
CHAP. III. *Des enfants légitimes,* 16
ARTICLE PREMIER. *Des enfants nés d'un mariage illicite & nul,* ibid.
ARTICLE II. *Des enfants nés d'un mariage valide,* 27
SECTION PREMIERE. *Des enfants provenus d'un mariage célébré sans publication de bans,* ibid.
SECTION II. *Des enfants nés d'un mariage, qu'on a affecté de tenir secret,* 33

Table

Section III. *Des enfants procréés en légitime mariage, mais par des gens morts civilement,* 36

Section IV. *Des enfants issus d'un mariage légitime, mais dont l'usage étoit devenu illicite dans le temps de leur conception,* 54

Article III. *Des enfants dont l'origine est incertaine,* 63

Chapitre IV. *Des enfants illégitimes,* 78

Article premier. *De la nourriture des enfants illégitimes,* ibid.

Section premiere. *De la nourriture des bâtards avoués de leurs parents,* 79

Section II. *De la nourriture des enfants exposés,* 100

Article II. *De la capacité des bâtards par rapport aux donations,* 112

Article III. *De l'incapacité des bâtards quant aux successions,* 124

DES CHAPITRES.

SECTION PREMIERE. *Des bâtards connus comme tels*, 125

SECTION II. *Des bâtards regardés comme légitimes*, 131

ARTICLE IV. *De la légitimation des bâtards*, 147

SECTION PREMIERE. *De la légitimation qui se fait par mariage subséquent*, 148

SECTION II. *De la légitimation qui se fait par lettres du Prince*, 180

SECTION III. *De la légitimation qui se fait par dispense du Pape*, 184

SECTION IV. *De la légitimation qui se fait par la Profession religieuse*, 189

SECONDE PARTIE.

De l'État des Personnes par les Loix civiles.

CHAPITRE PREMIER. *Des libres & des esclaves*, 195

CHAPITRE II. *Des Regnicoles, & des Aubains ou Etrangers.* 208

TABLE

ART. I. *Des Aubains non naturalisés,* ibid.
ARTICLE II. *De la naturalisation des Aubains,* 232
CHAPITRE III. *Des peres & des meres de famille,* 236

ARTICLE PREMIER. *Du Contrat de mariage,* ibid.
ARTICLE II. *Des avantages que le mari peut faire à la femme,* 258
ARTICLE III. *Des avantages que la femme peut faire au mari.* 320
SECTION PREMIERE. *De la femme qui contracte un premier mariage,* ibid.
SECTION II. *De la femme qui convole en secondes noces,* 341
ARTICLE IV. *Des obligations communes aux peres & meres de famille,* 350
SECTION PREMIERE. *Des avantages faits aux enfants héritiers,* ibid.
SECTION II. *Des avantages faits aux héritiers collatéraux,* 379

Fin de la Table du Tome I.

TRAITÉ
DE L'ÉTAT
DES PERSONNES,

SUIVANT les Principes du Droit François, & du Droit Coutumier de la province de Normandie.

PREMIERE PARTIE.

De l'État des Personnes par la nature.

LES diſtinctions qui font l'état des perſonnes par la nature, ſont fondées ſur le ſexe, ſur la naiſſance & ſur l'âge de chaque perſonne. Dans cette premiere Partie, on examinera seulement ce qui regarde la distinction fondée sur la naissance. Nous allons donc parler, 1°. Des enfants conçus ; 2°. Des enfants nés ; 3°. Des enfants légitimes ; 4°. Des illégitimes ou bâtards.

CHAPITRE PREMIER.

Des enfants conçus.

L'ENFANT conçu est censé né, lorsqu'il est question de son intérêt propre, mais non pas lorsqu'il s'agit de l'avantage d'un tiers. *Qui in utero est, perindè ac si in rebus humanis esset custoditur, quoties de commodis ipsius partûs quæritur: quanquàm alii, antequàm nascatur, nequaquàm prosit.* Leg. 7. ff. *De statu hom.* Ce principe est admis par les Jurisconsultes François; & voici les conséquences qu'ils en déduisent.

I. Il suffit que l'enfant soit conçu, au temps qu'une succession est ouverte, pour y être admis, s'il est le présomptif héritier du défunt, soit en ligne directe, soit en ligne collatérale. » Il ne faut pas, » *dit Basnage* (a), s'attacher à ce terme » de *né*, pour en conclure que celui qui » seroit conçu, n'auroit pas le même

_____

(a) Sur l'Art. 235 de la Coutume de Normandie; cet article porte que: *le mort saisit le vif sans aucun ministere de fait, &c.*

» avantage. Car puisque, pour acquérir » la possession des biens du défunt, la » coutume ne requiert aucun acte ni mi- » nistere de fait, & qu'elle est transfé- » rée par la seule disposition de la loi; il » n'est pas nécessaire que cet héritier » soit capable d'entendre ou d'agir.... Ce- » lui qui est conçu est réputé né, pour- » vu qu'après il vienne au monde vif «.

Mais l'enfant, non conçu au temps de l'échéance d'une succession, n'y est point admis au préjudice d'un autre héritier qui s'en est saisi. Il faudroit juger autrement, si la succession étoit demeurée jacente (a); c'est-à-dire, si elle n'avoit été acceptée de personne. Dans ce cas, elle pourroit être revendiquée par un parent qui n'étoit point conçu au temps de l'échéance. En voici un exemple rapporté par Basnage, *sur l'Art. 235 de la Coutume.*

Pierre la Caille avoit deux enfants,

―――――――――――

(a) *Si la succession étoit demeurée jacente, &c.* on pourroit demander comment la succession demeure jacente par le défaut d'acceptation; puisque *le mort saisit le vif, sans aucun ministere de fait.* Nous répondrons avec Basnage que le mort saisit le vif, pourvu que le vif accepte la succession dans le temps prescrit par la Coutume. Autrement, la succession est réputée jacente.

DES PERSONNES.

Robert & Joſſine. En mariant ſon fils, il le reçut en communauté, durant laquelle ils firent quelques acquêts. Robert étant mort ſans enfants, ſon pere contracta un ſecond mariage, dont ſortit Pierre la Caille. Joſſine la Caille, au temps de la mort de ſon frere Robert, étoit ſeule capable de lui ſuccéder. Mais, comme elle n'uſa point alors de ſon droit; on ne l'écouta plus, quand elle voulut y revenir. Pierre la Caille, ſorti du ſecond mariage, répondit que les freres excluent les ſœurs; qu'il étoit vrai que la ſucceſſion de Robert appartenoit à Joſſine, ſi elle avoit voulu la prendre, ou au moins qu'elle eût témoigné, par quelque acte, que ſon intention étoit de l'accepter: ce que n'ayant pas fait, & la ſucceſſion étant encore jacente, il pouvoit la prendre comme plus habile à ſuccéder. Par Arrêt du 1 Août 1618, la ſucceſſion de Robert la Caille fut adjugée à Pierre la Caille.

II. La conception des enfants ne ſuffit pas pour acquérir à leur pere, les droits & les privileges que donne le nombre des enfants. Par exemple, pour être exempt des fonctions de tutelle & de curatelle, il ſuffiſoit à Rome d'avoir trois enfants vivants, en Italie quatre, & cinq dans les Provinces. *Inſtit. de excuſ. Tutorum, &c.* Mais on ne peut mettre au nombre des enfants pour ſervir d'excuſe, ceux qui ne ſont pas encore nés, quoiqu'ils ſoient conçus. *Leg. 2. ff. de excuſat.*

Suivant M. de Ferriere, (a) » dans tout » le Royaume *de France*, c'eſt le nombre » de cinq enfants vivants, qui procure » l'exemption de la tutelle ou de la cura- » telle «. Mais on ne penſe pas que cette excuſe fût admiſe en Normandie. Baſnage, ſur l'art. 5 de notre Coutume, rapporte un Arrêt du 22 Novembre 1680, qui n'exempta point de la tutelle un homme qui avoit neuf enfants, quoique M. le Guerchois, Avocat-Général, eût repréſenté que l'on devoit avoir égard au nombre d'enfants, pour accorder l'exemption.

(a) Traduction des Inſtitutes, *Tom. I. pag.* 395. Paris 1760.

CHAPITRE II.

Des enfants nés.

Nous parlerons ici des morts-nés, des avortons, des posthumes, des jumeaux & des monstres; quoique ces derniers ne soient pas toujours mis au nombre des enfants.

I. Ceux qui naissent morts, sont considérés comme n'ayant été ni nés ni conçus. *Qui mortui nascuntur; neque nati, neque procreati videntur.* Leg. 129. ff. De verb. signif. Les successions qui leur étoient échues pendant qu'ils vivoient *in utero*, passent aux personnes à qui elles auroient appartenu dans le cas de la non-conception de ces enfants. Ils ne les transmettent point à leurs héritiers; parce que le droit qu'ils avoient à ces successions, étoit fondé sur la condition qu'ils viendroient au monde vivants.

Cela posé, il est facile de résoudre la question suivante. Berte n'ayant point eu d'enfants, se trouve enceinte lors du décès de son mari. Elle accouche ensuite d'un enfant mort. Elle fait néanmoins attester par la Sage-Femme & par deux autres témoins, que l'enfant est né vif & qu'il a été ondoyé. En conséquence elle emporte comme héritiere de son enfant, tous les meubles de son mari. Que faut-il penser d'une telle conduite ?

Réponse. Il est évident que Berte a commis une injustice, en prenant des biens qui ne pouvoient lui appartenir ; puisqu'ils ne lui ont été cédés que sur la fausse présomption, que son enfant étoit né vivant. Elle doit donc restituer aux héritiers collatéraux de son mari, tout ce qu'elle a perçu injustement ; & elle ne peut retenir que ce qui lui est accordé par la Coutume, c'est-à-dire, la moitié des meubles.

II. Les avortons, sont ceux qu'une naissance prématurée fait venir ou morts, ou incapables de vivre. L'enfant né mort est considéré dans le Droit, comme s'il n'eût jamais existé. Mais celui qui naît vivant, quoiqu'il meure aussi-tôt après, est capable de recueillir & de transmettre aux autres toutes les successions qui s'ouvrent en sa faveur, depuis sa conception jusqu'à sa mort.

» Quand on doute, *dit M. Denifart*,
» (*a*) fi l'enfant a vécu depuis fa naiffan-
» ce, on fait l'ouverture de fon cadavre,
» pour en détacher les poumons & les
» mettre à l'inftant dans un vafe rempli
» d'eau. Si les poumons furnagent, on
» regarde cette circonftance comme une
» preuve que l'enfant a refpiré, & qu'il
» a par conféquent vécu. J'ai.... la con-
» fultation de cinq Médecins de l'Hôtel-
» Dieu de Paris, qui atteftent que *cette*
» *preuve eft inconteftable* ; mais je ne fuis
» pas tout-à-fait de leur avis. Lorfque
» des poumons mis dans l'eau furnagent,
» c'eft bien une preuve qu'ils ont été di-
» latés par l'air extérieur ; mais ils ont
» pu l'être, fans que l'enfant ait vécu
» même un inftant, après être forti. Il
» y a des Sage-Femmes qui, lorfqu'el-
» les doutent de la vie de l'enfant qui
» naît, ou même lorfqu'il leur paroît
» foible, font dans l'habitude de lui fouf-
» fler fortement dans la bouche, & il
» pourroit arriver que par cette métho-
» de, on fît entrer de l'air dans les pou-
» mons d'un enfant, qui feroit mort pen-
» dant le travail de l'accouchement ; &

(*a*) Collect. de Décif. nouv. V. *Naiffance*.

» cela suffiroit pour les faire surnager
» dans l'eau. Il faudroit donc, pour qu'on
» pût regarder cette preuve comme *in-*
» *contestable*, être certain qu'on n'a pas
» soufflé dans la bouche de l'enfant «.

M. Denisart n'est pas le seul qui ait fait cette remarque. Voici ce qu'on trouve dans l'*Embryologie sacrée*, pages 200 & 201. » Pour rappeller les enfants
» d'une mort apparente, il faut d'abord
» leur souffler, avec un tuyau, de l'air
» chaud dans la bouche, avec la précau-
» tion de leur fermer les narines, afin
» que cet air pénétre dans les poumons,
» pour leur donner & au cœur le jeu qui
» leur manque. Ce remede est excellent,
» & il a souvent eu d'heureux succès. Les
» Sage Femmes Allemandes en font un
» fréquent usage ; il est également salu-
» taire pour les adultes «.

III. Les posthumes sont ceux qui naissent après la mort de leur pere. *Posthumos dicimus eos duntaxat, qui post mortem parentis nascuntur.* Leg. 3. *ff. De injusto, rupto, &c.* Ceux que l'on tire du ventre de leur mere morte, sont de la condition des autres enfants. *Natum accipe, etsi exsecto ventre editus sit.* Leg. 12. *ff. De Liberis & posthumis.*

L'exhérédation d'un posthume ne peut être valable, suivant la Novelle cent-quinzieme, qui est reçue à cet égard parmi nous, tant en pays coutumier qu'en pays de droit écrit (*a*). Il est vrai que les posthumes peuvent quelquefois être exclus de la succession, lorsqu'ils naissent trop long-temps après la mort du mari de leur mere; mais alors ils sont exclus comme bâtards, & non pas simplement comme posthumes.

IV. On appelle jumeaux, deux ou plusieurs enfants que la mere a portés en même-temps dans son sein. La Faculté de Montpellier a décidé que le dernier venu au monde, doit être réputé l'aîné, parce qu'il est le premier conçu. Mais suivant la Jurisprudence, celui qui sort le premier du ventre de la mere, jouit des privileges de l'aînesse. *C'est*, dit M. de Ferriere, *ce qui se décide à ce sujet journellement dans les Tribunaux*. Dictionn. de Droit.

Ceux qui enregistrent les Baptêmes, doivent donc marquer exactement, non-seulement l'année, le mois & le jour que l'enfant est né ; mais l'heure même &

(*a*) Dict. de Droit, V. *Posthume*.

l'ordre de la naissance, quand il s'agit d'enfants jumeaux. On doit faire pour chacun d'eux un acte séparé, comme il est expliqué dans le Rituel de Rouen, pag. 15 & 304 de la nouvelle édition.

Si les Registres ne désignent point lequel des Jumeaux a la priorité de naissance ; on présumera que le premier inscrit, est le premier né. M. Roupnel, *sur l'art 237 de la Coutume*.

Observez qu'il ne suffit pas que l'enfant ait paru le premier, comme il arriva dans les couches de Thamar, *Gen.* 38. Il faut, pour avoir le droit d'aînesse, que l'enfant soit sorti le premier. Si l'on ne pouvoit reconnoître le premier-né entre deux jumeaux, (ce qui peut arriver par la négligence des parents & de la Sage-femme) en ce cas, dit le Brun *a*), le plus fort & le plus robuste est réputé l'aîné. Si les deux jumeaux étoient d'une égale force, Charles Dumoulin veut qu'on examine si l'un des deux n'est point en quelque espece de possession du droit d'aînesse, dans l'opinion de ceux de la famille & du voi-

---

(*a*) Traité *des successions*, Liv. 2. Chap. 2. Sect. 1. nomb. 9.

sinage. Si cela même ne se rencontroit pas, quelques-uns estiment qu'aucun des jumeaux ne peut avoir le droit d'aînesse, parce que *mutuo concursu sese impediunt*. D'autres pensent, avec plus de raison, qu'ils doivent partager entre eux les prérogatives qui peuvent être partagées, & jouir alternativement de celles qui sont indivisibles. Enfin, il y en a qui prétendent qu'au défaut de toutes sortes de preuves & de conjectures, le sort doit décider du droit d'aînesse, ou qu'il faut en remettre la décision à la volonté du pere. *Et adhuc sub judice lis est.*

V. Les monstres qui n'ont pas la forme humaine, ne sont pas réputés du nombre des personnes ; & ils ne tiennent point lieu d'enfants à ceux auxquels ils naissent, excepté dans un cas (*a*). Mais ceux qui ayant l'essentiel de la forme humaine, ont seulement quelque excès ou quelque dé-

---

(*a*) *Excepté dans un cas*. Ces monstres sont comptés pour remplir le nombre, lorsqu'il s'agit de quelque privilége qui est attribué aux peres & aux meres, pour le nombre des enfants. *Leg.* 135. *ff. De verb. signif.* Domat. *Liv. préliminaire*, Tit. 2. Sect. 1. nomb. 15.

faut de conformation, sont mis au nombre des autres enfants. *Non sunt liberi, qui contra formam humani generis converso more procreantur..... Partus autem qui membrorum humanorum officia ampliavit, aliquatenùs videtur effectus; & ideò inter liberos connumerabitur.* Leg. 14. *ff. De statu hominum.*

La tête étant le siege de l'entendement, & la plus noble partie de l'homme, elle en fait aussi le principal caractere. C'est donc à la tête que l'on doit principalement s'arrêter, pour juger de l'état d'un enfant monstrueux. Ainsi l'on devroit regarder comme un monstre, & non comme un enfant, celui dont les membres seroient semblables à ceux des autres hommes, mais qui auroit la tête d'un cheval ou de quelque autre animal. Si au contraire un enfant venoit au monde avec une tête de figure humaine, quoiqu'il eût des pieds de chevre, ou quelque autre membre mal construit, il ne laisseroit pas d'être réputé homme, & il auroit tous les droits de la naissance. Bardet, *tom. 2. liv. 2. chap.* 68, rapporte un Arrêt par lequel il fut jugé qu'un posthume, né monf-

trueux avec un muſeau de ſinge &
un pied fourchu, étoit capable de
ſuccéder à ſon pere. *Voyez* le Brun,
Traité des ſucceſſions, liv. 2. chap. 4.
Sect. 2. nomb. 28 & 29. Le Diction-
naire de Droit. V. *Monſtre.*

CHAPITRE III.

Des enfants légitimes.

L'ENFANT légitime, est celui qui naît d'un mariage légitimement contracté. On peut former plusieurs questions sur la légitimité des enfants. Pour y répondre avec ordre, nous parlerons, 1°. Des enfants nés d'un mariage illicite & nul ; 2°. De ceux qui sont issus d'un mariage valide ; 3°. De ceux dont l'origine est incertaine.

ARTICLE PREMIER.

Des enfants nés d'un mariage illicite & nul.

IL ne s'agit pas ici d'un mariage nul simplement quant aux effets civils. Il est question d'un mariage nul quant au lien, quant au sacrement, quant à la substance ; & l'on demande en quel cas les enfants nés d'un tel mariage sont légitimes.

QUESTION I.

Pour faire déclarer des enfants bâtards, suffit-il de prouver la nullité du mariage qui leur a donné la naissance ?

RÉPONSE.

I. Le Pape Alexandre III, ayant été consulté au sujet de deux personnes dont le mariage avoit été déclaré nul par une Sentence juridique, répondit que les enfants nés ou conçus avant la Sentence de séparation, ne devoient en souffrir aucun préjudice. *Filii eorum non debent exindè sustinere jacturam, cùm parentes eorum publicè, sine contradictione Ecclesiæ, inter se contraxisse noscantur.* Cap. *Cùm inter* 2. *qui filii sint legitimi.*

Les Canonistes concluent delà que, quant à la légitimité des enfants, le mariage putatif a quelquefois le même effet qu'un mariage réel & véritable. On dit *quelquefois*; c'est-à-dire, pourvu que le mariage putatif renferme deux conditions. La premiere, qu'il ait été contracté de bonne foi, du moins de la part de l'un des conjoints, qui ait ignoré l'empêchement (*a*) ; la seconde, que ce prétendu mariage ait été précédé de la publication des bans (*b*), & contracté publiquement en face de l'Eglise. *Voyez* Gonzalez sur le chap. *Cùm inter.*

II. Cette disposition du Droit Canonique est suivie en France. Selon nos Jurisconsultes, la bonne foi du pere ou de la mere, rend légitimes les enfants nés ou conçus pendant cette bonne foi ; ces enfants jouissent de tous les droits de la naissance, pourvu que le mariage ait été contracté en face de l'Eglise, quoique

―――――――――――

(*a*) *Qui ait ignoré l'empêchement.* La bonne foi suppose nécessairement l'ignorance excusable de l'empêchement dirimant. *Voyez* le texte d'Innocent III, dans la réponse à la question suivante. C'est aussi le sentiment de nos Jurisconsultes. Voici ce que dit M. Pothier dans son Traité du contrat de Mariage, Tom. II. nomb. 437.

» Le cas auquel un mariage, quoique nul, a
» des effets civils, est lorsque les parties qui l'ont
» contracté, étoient dans la bonne foi, &
» avoient une juste cause d'ignorance d'un em-
» pêchement dirimant qui le rendoit nul «.

(*b*) *Précédé de la publication des bans.* On ne présumeroit pas que les parties contractantes eussent ignoré de bonne foi leur empêchement dirimant, si elles avoient manqué à faire publier les bans de leur mariage ; parce que c'est principalement pour découvrir les empêchements, qu'on a établi ces publications. Babin, *sur les irrégularités*, édit. de Paris, pag. 69.

dans la suite il soit déclaré nul & abusif. On peut consulter le Brun, *Traité des successions*, liv. 1. chap. 2. sect. 1. dist. 1. nomb. 13. De Ferriere, *Traduction des Institutes*, tom 1. pag. 204 & 205. Basnage, *sur l'art.* 235 *de la Coutume de Normandie*. Routier, pag. 28. nomb. III. M. Pothier, *Traité du Contrat de Mariage*, tom. II. nomb. 437 & suiv.

III. Ces principes étant posés, il est clair que pour détruire la légitimité d'un enfant, il ne suffit pas de prouver que ses pere & mere étoient inhabiles à contracter mariage. Il faut de plus faire voir, 1°. Qu'ils ont contracté l'un & l'autre dans la mauvaise foi, & malgré la connoissance qu'ils avoient de l'empêchement dirimant ; 2°. Qu'ayant connu cet empêchement avant la conception de leurs enfants, ils n'ont point obtenu une dispense pour se faire réhabiliter.

Mais sur quoi peut-on établir une preuve de cette nature ? En faisant voir, ou que l'empêchement a été déclaré aux deux époux, ou qu'ils en sont convenus eux-mêmes devant des témoins dignes de foi. Ce dernier moyen est le plus fort, *quia nulla major probatio animi afferri potest, quàm proprii oris confessio.* Gonzalez, *ubi sup.*

Au défaut de preuves certaines, on présumera en faveur des enfants : car le droit des parties étant douteux & incertain, on doit plutôt favoriser le défendeur que le demandeur. *Cùm sunt partium jura obscura, Reo favendum est potiùs quàm Actori.* Reg. 11. *in* 6°.

QUESTION II.

Aristobule s'étant marié en Flandre, passa en Normandie & se maria une seconde fois du vivant de sa premiere femme. Les enfants nés du second mariage, sont-ils légitimes?

RÉPONSE.

I. Tout dépend de la bonne ou mauvaise foi de celle qu'Aristobule a épousée en secondes noces.

1°. Si cette femme a eu connoissance du premier mariage d'Aristobule, avant la conception de ses enfants; il est certain qu'ils sont bâtards & adultérins, ayant été conçus *ex adulterio, cum malâ fide utriusque parentis.*

2°. Mais si la seconde femme a toujours été dans la bonne foi, du moins *ante conceptionem liberorum*, les enfants du second mariage doivent être réputés légitimes à cause de la bonne foi de leur mere : c'est la décision formelle d'Innocent III. *Intelligentes*, dit ce Pape, *quòd Pater prædicti R. matrem ipsius in facie Ecclesiæ, ignaram quòd ipse aliam sibi matrimonialiter copulasset, duxerit in uxorem; & dùm ipsa conjux ipsius legitima putaretur, dictum R. suscepit ex eâdem : in favorem prolis potiùs declinamus, memoratum R. legitimum reputantes.* Cap. *Ex tenore 14. qui filii sint legitimi.*

Ce chapitre prouve évidemment que, quand le mariage nul a été contracté en face de l'Eglise, la bonne foi de l'un des conjoints suffit pour rendre les enfants légitimes : *sufficit bona fides alterutrius conjugum.*

II. Nos Jurisconsultes, comme on l'a vu, s'attachent au même principe. C'est aussi, dit M. Denisart, V. *Légitimation*, ce qui a été définitivement jugé au Parlement de Paris, sur les Conclusions de M. l'Avocat-Général d'Ormesson, par un Arrêt célebre, rendu en la Grand'-Chambre, le 13 Juillet 1752.

Le Parlement de Rouen a suivi la même Jurisprudence. Par Arrêt du 22 Avril 1704, des enfants sortis d'un second mariage, contracté par un homme dans le temps que son premier mariage subsistoit, furent déclarés légitimes & admis à partager la succession de leur pere, à cause de la bonne foi de leur mere. Et cependant défense fut faite à cette femme, de prendre la qualité de veuve, par la raison que son mariage avoit été nul.

Par un autre Arrêt du 18 Août 1760, un enfant fut encore déclaré légitime dans le même cas. Voici le fait. Un homme s'étant marié à Rouen, avoit quitté sa femme, & en avoit épousé une autre dans le pays étranger. La bonne foi de cette seconde femme fut cause qu'on reconnut pour légitime, l'enfant né de son mariage, quoique célébré dans le temps que le premier subsistoit.

On voit que dans le cas présent, les enfants sont admis à partager la succession non-seulement du pere ou de la mere qui étoit dans la bonne foi, mais encore de celui des conjoints qui étoit en mauvaise foi.

III. Quelques-uns ont cru qu'on ne pouvoit rien conclure de ces Arrêts, parce qu'il s'en est rendu pour & contre les enfants nés d'un mariage putatif.

Mais quoique les jugements varient suivant les circonstances, cela ne prouve pas que la Jurisprudence varie dans le fond. Au contraire, en partant du même principe, il faut juger que les enfants sont légitimes en certains cas, & qu'en d'autres ils ne le sont point, selon la bonne où la mauvaise foi de leurs pere & mere.

Mais, dira-t-on, le mariage putatif étant nul de plein droit, comment peut-il avoir la vertu de rendre les enfants légitimes ? *Quod nullum est, nullum producit effectum.*

Réponse. Le mariage, en tant qu'il est consideré comme nul, ne peut point rendre les enfants légitimes ; mais la bonne foi des deux conjoints ou de l'un d'entre eux, suppléé à cet égard au défaut du mariage.

QUESTION III.

Les enfants sortis d'un mariage putatif, *cum boná fide alterutrius conjugum*, sont-ils réputés légitimes quant aux Ordres & aux Bénéfices ?

RÉPONSE.

I. Les Canonistes & les Théologiens

soutiennent communément que ces enfants sont légitimes à tous égards, & qu'ils ne sont point irréguliers. On peut consulter Gibert, *Usages de l'Eglise Gallicane concernant l'irrégularité*, tit. 3. §. 1. *Regle*. Babin sur la même matiere, *pag*. 68 & 69 *de l'édition de Paris*.

Dans un point qui ne peut être contesté, il suffira de citer encore M. de Héricourt. » L'enfant, *dit-il*, qui est lé- » gitimé.... par la bonne foi de son pere » ou de sa mere, qui croyoient leur ma- » riage valable, dans le temps que l'en- » fant a été conçu, quoique le mariage » fût nul, n'est point irrégulier par le » défaut de naissance «. Loix Ecclésiastiques, *Chap. IV. Du Sacrement de l'Ordre*, art. 2. nomb. 6.

II. La raison & la pratique de l'Eglise, se réunissent en faveur de ce sentiment.

1°. La raison. Puisque le droit déclare absolument & sans restriction, que les enfants dont il s'agit sont légitimes, il ne convient pas de mettre des bornes à leur légitimité : car c'est ici une chose favorable ; & , comme porte la Regle 15 *in* 6°., il faut étendre les dispositions favorables, & ne restreindre que celles

celles qui font odieufes ; *odia reftringi , & favores convenit ampliari.*

2°. La pratique de l'Eglife donne un nouveau poids à ce raifonnement. Suivant le témoignage de Pyrrhus Corradus (*a*), lorfqu'on a demandé difpenfe en Cour de Rome pour des enfants iffus d'un mariage nul, mais contracté de bonne foi ou par les deux conjoints, ou feulement par l'un d'entre eux ; il a été plufieurs fois répondu que ces enfants n'avoient pas befoin de difpenfe. Pyrrhus Corradus ajoute que c'eft un fait connu de tous les Officiers de la Cour Romaine. On peut en croire ce Canonifte, qui avoit été long-temps Officier de la Chancellerie de Rome pour les difpenfes.

Objection. Les textes du Droit qui regardent comme légitimes les enfants nés *in figurâ matrimonii*, ne parlent que des

---

(*a*) *Quod dictum eft in primo cafu, nempè legitimam effe cenfendam prolem, idem tenendum erit, fi parentum alter fciebat, alter verò ignorabat tale impedimentum. Tunc enim omnis proles legitima habenda eft favore matrimonii. Undè pluries in cafibus petendæ hujufmodi difpenfationis, fuit per* D. *Datarium refponfum, oratores, ftantibus præmiffis, non indigere difpenfatione. Quod etiam omnibus curialibus notum eft.* Difpenfat. Apoftol, Lib. 3. Cap. 5. Num. 8.

Tome I.

successions ; il ne s'ensuit donc pas qu'ils soient légitimes pour les Ordres & les Bénéfices : c'est la remarque de Pastor, *lib. 3. de Benef. eccles. tit. 25. num. 2.*

Réponse. Les textes du Droit décident que les enfants dont il s'agit, doivent être réputés légitimes, & qu'ils sont capables de succéder. Mais il n'y en a aucun où il soit dit que ces enfants ne sont légitimes que pour les successions. Au contraire, il s'en trouve plusieurs, qui portent absolument & indéfiniment que ces enfants sont réputés légitimes. *Voyez* le chap. *Pervenit* 11, & le chap. *Ex tenore* 14. *qui filii sint legitimi.*

ARTICLE II.

Des enfants nés d'un mariage valide.

QUOIQU'IL ne semble pas qu'on puisse former aucun doute raisonnable sur la légitimité des enfants nés d'un mariage valide, il y a cependant sur ce point quelques difficultés, qui méritent d'être examinées. Nous parlerons, 1°. Des enfants provenus d'un mariage célébré fans publication de bans ; 2°. Des enfants nés d'un mariage qu'on a affecté de tenir secret ; 3°. Des enfants procréés en légitime mariage, mais par des gens morts civilement ; 4°. Des enfants iffus d'un mariage légitime, mais dont l'usage étoit devenu illicite dans le temps de leur conception.

SECTION PREMIERE.

Des enfants provenus d'un mariage célébré fans publication de bans.

I. LA publication des bans avant le mariage, est ordonnée par l'Eglise & par nos Rois, 1°. Pour que les enfants ne puissent se marier à l'insu, & sans le consentement de leurs pere & mere ; 2°. Pour donner aux Parties intéressées le temps de s'opposer au mariage ; 3°. Pour rendre les mariages publics, & découvrir les empêchements qui peuvent se rencontrer.

II. Cette publication, quoique très-nécessaire de nécessité de précepte ecclésiastique & civil, ne l'est cependant pas de nécessité de sacrement, » Toutes les

» solemnités du mariage, *dit M. de la*
» *Combe* (*a*), ne sont pas de même né-
» cessité. Suivant les Théologiens, les unes
» sont de nécessité de sacrement, dont
» l'omission fait qu'il n'y a ni sacrement,
» ni lien de mariage : les autres sont de
» nécessité de précepte ; dont l'omission
» rend le mariage illicite, mais non pas
» nul.

» La publication des bans est de cette
» derniere nécessité ; & l'omission de cet-
» te formalité n'empêche pas que le ma-
» riage ne soit valable, du moins quant à
» la substance & quant au sacrement ;
» parce que le concile de Latran, en
» prescrivant la nécessité de cette publi-
» cation, ne prononce la peine de nulli-
» té, que dans le cas où le mariage est
» contracté aux dégrés prohibés (*b*). Et
» le Concile de Trente assure que son
» décret sur ce point a été fait sur le dé-

(*a*) Recueil de Jurisprudence canonique. V. *Ban de mariage*, Sect. I.

(*b*) Voici les termes du Concile IV. de Latran. *Si quis verò hujusmodi clandestina vel interdicta conjugia inire præsumpserit in gradu prohibito, etiam ignoranter ; soboles de tali conjunctione suscepta prorsùs illegitima censeatur, de parentum ignorantiâ nullum habitura subsidium.* Cap. 3. extrà. De *clandestinâ desponsatione.*

» cret du Concile de Latran, & ne doit
» pas s'étendre davantage «. *Voyez* Fevret, *Traité de l'abus, liv.* 5. *chap.* 2. *nomb.* 20 & 22. De Héricourt, *chap.* 5. *du mariage, art.* 2. *nomb.* 22. De Ferriere, V. *Publication de bans*. Denisart, V. *Bans de mariage*.

Il est aisé de conclure que les enfants nés d'un mariage célébré sans publication de bans, n'en sont pas moins légitimes; puisqu'ils proviennent d'un mariage valable, du moins quant au sacrement, & qu'il n'y a d'ailleurs aucune raison qui s'oppose à leur légitimité.

Objection. L'Ordonnance de Blois, qui fut dressée sur le Concile de Trente, porte dans l'art. 40. » Pour obvier aux
» abus qui adviennent des mariages clan-
» destins, avons ordonné que nos sujets
» ne pourront valablement contracter
» mariage, sans proclamations précé-
» dentes de bans, faites par trois divers
» jours de Fêtes, avec intervalle compé-
» tent «.

Louis XIII, dans son Ordonnance de 1629, *art.* 39, ajoute: » Voulons que tous
» mariages contractés contre la teneur
» de ladite Ordonnance, [de Blois] soient
» déclarés non valablement contractés «.

Il faut donc convenir, du moins en France, que les enfants issus de tels mariages, sont illégitimes.

Réponse. Ces Ordonnances sont précises ; mais on ne les suit point à la rigueur.

1°. M. Denisart, après avoir cité l'art. 40. de l'Ordonnance de Blois, observe que » quand il ne se trouve point d'au-
» tres vices dans les mariages que le dé-
» faut de publication de bans ; cette omis-
» sion ne suffit pas seule pour les faire
» déclarer nuls «.

2°. Le défaut de publication de bans forme à la vérité une présomption de clandestinité, qui est beaucoup plus forte à l'égard des mineurs, que par rapport aux majeurs. Mais cette présomption ne peut avoir lieu, lorsque la publicité du mariage est d'ailleurs incontestable. *Voyez* M. Pothier, *Traité du Cont. de mariage*, T. 2. nomb. 69.

3°. Il est vrai que, comme l'atteste M. de la Combe, le défaut de publication de bans, quoique toléré dans les majeurs, ne laisse pas d'être puni très-sévérement dans les mineurs de vingt-cinq ans. Il ajoute que ce défaut, à l'égard des mineurs, est regardé *comme seul capable d'opérer la nullité* de leur mariage. D'où il conclut que *l'ufage a interprété l'Ordonnance de Blois, & en a reftreint la peine à ces derniers feulement.* Or, dira-t-on, fi le mariage des mineurs eft déclaré nul dans ce cas, leurs enfants ne peuvent point être réputés légitimes.

Cette difficulté eft pleinement réfolue, par l'explication que Louis XIII donna lui-même, à l'art. 39 de fon Ordonnance de 1629. Plufieurs Evêques, au nom du Clergé de France, ayant fait de très-humbles Remontrances à Sa Majefté, fur le mot de *valablement ou non valablement contracté* ; les Commiffaires de Louis XIII répondirent de la part du Roi, que ce mot *ne peut être aucunement pris, que par rapport au contrat civil, par des Juges laïques.* Mém. du Clergé, *tom. V. col. 692 & 693.*

En fuppofant donc que le mariage d'un mineur fût déclaré nul, pour le feul défaut de publication de bans, cette nullité ne pourroit s'étendre qu'aux effets civils, dans le fens que l'explique Fevret. » Cette publication, *dit-il*, eft fi
» précifément requife, que fans icelle ou
» difpenfe en bonne & due forme (*a*), le

―――――――――――――

(*a*) *Ou difpenfe en bonne & due forme.* L'Affemblée

» mariage ne peut subsister quant aux » effets civils de communauté maritale, » douaires, précipuités, & autres acces- » soires du contrat dotal ». Mais comme cela ne touche point au lien ni à la substance du mariage, que l'on suppose contracté en face de l'Eglise, la légitimité des enfants n'en souffriroit aucun préjudice.

40. La peine prononcée par les Ordonnances de Henri III & de Louis XIII, *non est latæ sed ferendæ sententiæ*. On le voit clairement par les termes de la derniere Ordonnance, où il est dit : *Vou-*

---

du Clergé en 1605, se conformant à l'Art. 40 de l'Ordonnance de Blois, n'approuve les dispenses que d'un ou de deux bans ; des Arrêts ont déclaré abusives des dispenses de trois bans. Mais les Parlements les autorisent, quand elles sont fondées sur des causes pressantes & nécessaires, & pour des mariages entre majeurs ; comme lorsqu'un homme & une femme ont vécu dans le concubinage pendant long-temps, sur le pied de mari & de femme dans l'esprit du public. Pour éviter le scandale, on peut en ce cas accorder dispense de trois bans. Il en est de même, lorsqu'un mariage a été contracté dans les formes prescrites par les loix de l'Eglise & de l'Etat, mais qu'il est nul à cause de quelque empêchement secret, &c. *Voyez* le Dict. de Droit Canonique par M. Durand de Maillane, *Voyez Bans de Mariage, Dispense.*

DES PERSONNES. 33
lons que tous mariages, &c. soient déclarés non valablement contractés. Les enfants pourroient donc, *tutâ conscientiâ*, demeurer possesseurs de la succession de leurs pere & mere, tant que le Juge ne leur auroit point appliqué la peine portée par les Ordonnances.

SECTION II.

Des enfants d'un Mariage, qu'on a affecté de tenir secret.

I. VOICI ce que porte l'art. 5 de la Déclaration de Louis XIII, du 26 Novembre 1639, » Déclarons les enfants
» qui naîtront de ces mariages, que les
» Parties ont tenus, ou tiendront à l'a-
» venir cachés pendant leur vie, qui ressentent plutôt la honte d'un concubinage que la dignité d'un mariage, incapables de toutes successions, aussi-bien
» que leur postérité «.

Nous allons faire, d'après M. Pothier, (*a*) quelques remarques sur cette Jurisprudence.

(*a*) Traité du Contrat de Mariage, tom. II. nomb. 426 & 427.

B 5

1º. Lorsque les mariages, dont il s'agit, ont été faits en face de l'Eglise par le Curé des Parties, en présence de quatre témoins signandaires (*b*), & qu'ils n'ont d'autre vice que cette clandestinité, qui est l'objet de la Déclaration; ces mariages sont valablement contractés, ils subsistent quant au sacrement: d'où il suit que les enfants qui en proviennent, sont vraiment légitimes.

2º. Mais, quoique légitimes, ils sont (*quoad temporalia*) traités comme bâtards; puisque le Roi les déclare *incapables de toutes successions*, tant en ligne directe qu'en ligne collatérale. Leur postérité en est aussi déclarée incapable; car ces enfants ne peuvent transmettre à leur postérité, les droits de parenté civile qu'ils n'ont pas eux-mêmes.

3º. C'est à ceux qui attaquent ces ma-

(*b*) *Quatre témoins signandaires.* La Déclaration du 9 Avril 1736, art. 7, porte seulement qu'aux actes de célébration de Mariage, *assisteront quatre témoins dignes de foi & sachants signer, s'il peut aisément s'en trouver dans le lieu qui sachent signer.* Mais quand on attaque la validité d'un mariage du côté de la clandestinité, il faut aux Cours tant Séculieres qu'Ecclésiastiques, que la preuve contraire se fasse par quatre témoins, qui aient signé sur le Registre du Curé.

riages d'en prouver la clandeſtinité Pluſieurs circonſtances peuvent l'établir ; 1º. Lorſque la femme n'a jamais pris le nom de ſon mari, pendant tout le temps que le mariage a duré ; 2º. Lorſque dans les actes qu'elle a paſſés depuis ſon mariage, elle a pris la qualité de fille, ou de veuve d'un précédent mari ; 3º. Lorſqu'une ſervante qui a épouſé ſon maître, ou un domeſtique qui a épouſé ſa maîtreſſe, ont toujours continué de paroître dans la maiſon, en leur état de domeſtiques.

4º. La preuve de clandeſtinité qui réſulte de ces circonſtances ou autres ſemblables, n'eſt pas détruite par les certificats qu'on rapporte de la publication des bans. Car il n'arrive que trop ſouvent, qu'un Prêtre les publie d'une maniere à ne pas ſe faire entendre.

5º. Si le mariage tenu ſecret juſqu'à la mort de l'un des conjoints, eſt puni par la privation des effets civils, même dans les enfants nés de ce mariage, quoiqu'ils ſoient innocents de la faute que leur pere & mere ont commiſe : à plus forte raiſon doit-il être privé des effets civils, par rapport à la veuve qui a participé à cette clandeſtinité. C'eſt ce qui fut jugé au Parlement de Paris, par un Arrêt du 26 Mai 1705.

II. Quant au for intérieur, *on ne doit jamais tolérer que pour un temps, & pour de très-fortes raisons*, ces sortes de mariages secrets, que l'on nomme aussi mariages *de conscience*. Car, sans parler des autres motifs, *ces unions furtives donnent toujours du scandale. Le public, fût-il plus raisonnable qu'il ne l'est ordinairement, est choqué de voir toujours ensemble deux personnes, dont l'alliance lui est inconnue.* M. Collet, *Traité des devoirs d'un Pasteur*, chap. VI. §. 7. nomb. 32.

SECTION III.

Des enfants procréés en légitime mariage, mais par des gens morts civilement.

I. ON appelle mort civile, l'état de certaines personnes retranchées de la société & de la vie civile ; ce qui les exclut de tous les droits de citoyen, comme de succéder, de disposer de leurs biens par testament, &c.

Cette espece de mort arrive par une condamnation capitale, non exécutée sur la personne du coupable; par le banniſſement perpétuel hors du Royaume, & par la condamnation aux galeres à perpétuité. Ainſi le banniſſement à temps n'emporte point mort civile, non plus que la condamnation aux galeres pour quelques années.

II. On peut être condamné ou par un jugement contradictoire, ou par contumace. Le jugement contradictoire ſe rend contre un homme détenu en juſtice, ou du moins préſent, après l'avoir interrogé & avoir entendu ſes moyens de défenſe. La contumace eſt le refus que fait de comparoître celui qui eſt ajourné ou décrété pour raiſon de quelque délit. Ainſi *contumace* eſt en matiere criminelle, ce que l'on nomme *défaut* en matiere civile;& une Sentence par contumace eſt une Sentence rendue par défaut.

III. Le condamné par contumace, a cinq ans pour ſe juſtifier, en ſe repréſentant devant ſes Juges. S'il décede avant les cinq ans accomplis, la mort civile n'a point lieu à ſon égard; il meurt en poſſeſſion de ſon état. Mais » celui qui » aura été condamné par contumace à

» mort, aux galeres perpétuelles, ou qui
» aura été banni à perpétuité du Royau-
» me, qui décédera après les cinq an-
» nées fans s'être repréfenté, ou avoir
» été conftitué prifonnier, fera réputé
» mort civilement du jour de l'exécution
» de la Sentence de contumace «. *Ordonnance de 1670 pour les matieres cri-
minelles, tit.* 17. *art.* 29.

IV. Il ne faut pas confondre l'infamie avec la mort civile. Tout homme mort civilement eft infâme, mais on ne peut pas dire que tout homme infâme foit mort civilement. En effet, on met au nombre des infâmes, ceux qui font condamnés aux galeres ou au banniffement à temps : ceux dont le banniffement, quoique perpétuel, n'eft que d'une Province ou d'une Jurifdiction : ceux qui font condamnés à faire amende honorable, au fouet, à la fleur de lis, à demander pardon à genoux, au blâme. Tous ces condamnés font infâmes, & aucun d'eux n'eft mort civilement. Dict. de Droit, V. *Infâmes.*

V. Comme l'infamie n'emporte pas la mort civile, les infâmes ne perdent aucun des droits qui appartiennent aux Citoyens. Ils peuvent hériter, & ils font capables de toutes difpofitions entre-vifs ou à caufe de mort. Mais l'infamie, & fur-tout celle de droit, reffemble néanmoins en quelque chofe à la mort civile ; *infamia juris morti quodammodò œquiparatur.* C'eft pourquoi les infâmes font incapables des toutes charges de Judicature & autres, s'ils ne font réhabilités par des lettres du Prince ; ils ne peuvent pofféder aucuns bénéfices, & leur témoignage peut être rejetté.

Vers la fin du dernier fiecle, il fe préfenta au Parlement de Touloufe une queftion, au fujet d'un Soudiacre qui avoit été condamné aux galeres pour dix ans. Après les dix ans expirés, ce Soudiacre defira d'être promu aux autres Ordres Sacrés. On douta s'il avoit befoin pour cela d'être réhabilité, & à qui appartenoit cette réhabilitation. La Cour, par Arrêt du 9 Décembre 1667, renvoya le Soudiacre au Roi & au Pape, pour lui être pourvu fuivant leur bon plaifir, fur la réhabilitation par lui demandée. *Voyez* les Mémoires du Clergé, Tom. V. Col. 565 & fuiv.

QUESTION I.

Lorfqu'un homme fe marie étant

mort civilement, les enfants nés de son mariage sont-ils légitimes & capables de lui succéder ?

RÉPONSE.

I. Ces enfants sont légitimes; mais on les prive de tous les droits de la naissance. » Le mariage, *dit M. de Ferriere*, (a) se
» peut valablement contracter avec une
» personne condamnée à une peine qui
» emporte mort civile. Mais en ce dernier cas, comme en quelques autres,
» le mariage n'est bon & valable que
» quant au Sacrement, & il est nul quant
» aux effets civils. La mort civile, suivant
» les loix de l'Eglise, n'empêche pas l'union des personnes, pour ce qui regarde la communication du Sacrement; parce que ceux qui sont morts
» civilement, ne laissent pas d'être au
» nombre des enfants de l'Eglise. Mais
» la mort civile empêche, selon les loix
» de l'Etat, les effets civils du mariage
» qu'ils contractent. Retranchés, comme ils sont, du nombre des Citoyens,
» ils ne peuvent participer aux droits de

(a) Traduction des *Institutes*, tom. I, pag. 164. Paris 1760.

» la société civile, dont ils ne font plus
» partie. Ainsi leur mariage ne produit
» aucuns effets civils ; leurs enfants ne
» font pont considérés comme des en-
» fants légitimes ; & l'on ne donne au-
» cune exécution aux clauses de leur
» contrat de mariage. *Voyez* M. Henrys,
» tom. 1. liv. 6. chap. 1. q. 6. & son Com-
» mentateur «. On peut encore voir Fevret, *Traité de l'Abus*, *liv.* 5. *chap.* 3.
nomb. 18.

Basnage, *sur l'art.* 277 *de notre coûtume*, observe que la veuve, dans le cas présent, ne peut demander douaire. Mais, *ajoute-t-il*, par commisération on lui adjuge quelque somme pour les aliments.

II. La Jurisprudence, qui concerne le mariage des gens morts civilement, est fondée sur la Déclaration de Louis XIII, du 26 Novembre 1639. Dans l'art. 5, le Roi déclare les enfants nés des maria- ges que l'on a tenus secrets, *incapables de toutes successions, aussi-bien que leur postérité*. Et dans l'art. 6, il ajoute : » Nous
» voulons que la même peine ait lieu
» contre les enfants procréés par ceux
» qui se marient après avoir été con-
» damnés à mort, même par les Sen-

» tences de nos Juges, rendues par dé-
» faut, si avant leur décès ils n'ont été
» remis au premier état, suivant les voies
» prescrites par nos Ordonnances «. Sur-
quoi il est bon de faire quelques observations.

1°. Celui qui a été condamné à mort
par un jugement contradictoire, est privé de tous les droits de la Société civile ; & il est certain que ses enfants sont
exclus de sa succession & de toute autre,
s'il s'est marié depuis la condamnation de
mort.

2°. Il en est de même à l'égard de
ceux qui se marient après avoir été condamnés aux galeres perpétuelles, ou bannis du Royaume à perpétuité, lorsqu'ils
ont été jugés contradictoirement.

3°. Lorsque les condamnés par contumace ne se représentent point dans les
cinq ans, il faut en raisonner comme de
ceux qui ont été condamnés par un jugement contradictoire.

4°. Mais si le condamné par contumace
s'est marié ensuite, & est décédé dans
les cinq ans de sa condamnation ; ses enfants sont capables de lui succéder, comme il a pu succéder lui-même pendant
cet intervalle de temps. La Déclaration

de 1639 paroît dire le contraire ; mais elle a été expliquée par l'Ordonnance de 1670, qui accorde au condamné par défaut, cinq ans pour purger la contumace. Lorsqu'il meurt dans les cinq ans, il n'a pas besoin d'être *remis au premier état*, puisqu'il est censé ne l'avoir jamais perdu.

5°. De même, si le condamné se marie & qu'il meure après avoir été absous, ou même pendant l'appel, ses enfants lui succéderont. *Voyez* le Brun, *Traité des Successions*, *liv.* 1. *chap.* 2. *sect.* 3. *nomb.* 13. *& suiv.* Fevret, *ubi sup. nomb.* 19. *&* 20. M. Pothier, *tom.* II. *nomb.* 434.

QUESTION II.

Les enfants des personnes condamnées à mort civile, doivent-ils du moins succéder au pere ou à la mere qui est dans la bonne foi ?

RÉPONSE.

I. Fevret, *n.* 18. se déclare pour la négative ; *parce que*, dit-il, *la bonne foi & ignorance ne peut jamais être présumée après un jugement public de condamnation*.

Le Brun, *n.* 24, pense différemment,

dans le cas où la bonne foi de l'un des conjoints seroit avérée ; comme si le condamné à mort est allé se marier sous un nom étranger dans une Province fort éloignée. » Et la raison sur laquelle je » me fonde, *dit le Brun*, est que le ma- » riage d'un condamné à mort, n'est pas » plus odieux que celui d'un Prêtre...... » Cependant on a jugé que la bonne foi » de celle qui avoit épousé un Prêtre, » suffisoit pour assurer aux enfants la » succession de leur mere, &c. Ainsi je » ne vois pas pourquoi la bonne foi du » conjoint qui a épousé un condamné à » mort, étant bien avérée, les enfants » ne seroient pas capables de lui succé- » der «.

II. On doit s'en tenir au dernier sentiment, du moins pour le for intérieur. M. Pothier (*a*) semble même regarder la chose comme incontestable. » Lors- » qu'une femme, *dit-il*, a épousé de bon- » ne foi un homme qui avoit perdu l'état » civil par une condamnation à peine » capitale ; la bonne foi de cette femme » donne en ce cas à ce mariage les effets

---

(*a*) Traité du Contrat de mariage, tom. II. nomb. 440.

» civils, à l'effet que les enfants qui en
» sont nés, aient les droits d'enfants légi-
» times, & puissent succéder à leur mere
» & à leurs parents maternels. *La preu-*
» *ve est que*, si la bonne foi de l'une des
» parties donne les effets civils à un ma-
» riage nul, à plus forte raison peut-elle
» les donner à un mariage véritable.

» Mais, *ajoute M. Pothier*, les enfants
» (dont il s'agit) ne peuvent ni succéder
» aux biens de leur pere, qui sont acquis
» au fisc, ni avoir les droits de famille
» dans la famille de leur pere : puisque
» leur pere les ayant perdus avant qu'ils
» fussent au monde, n'a pu les leur com-
» muniquer «.

Basnage, *sur l'art.* 277, prétend qu'il a été jugé que *la bonne foi de l'un des conjoints ne suffisoit point pour rendre les enfants capables de succéder.* Mais cela doit-il s'étendre à la succession même du conjoint qui étoit en bonne foi ? C'est ce que Basnage n'a pas expliqué.

QUESTION III.

Lorsque le mariage a été célébré avant la condamnation à mort civile, les enfants nés de ce mariage, doivent-ils succéder à leurs pere & mere ?

RÉPONSE.

I. Dans les Provinces, où la confiscation n'a pas lieu contre les condamnés, il paroît que ces enfants sont capables de succéder à leurs parents morts civilement. La raison est que la Déclaration de 1639 ne prive des successions que *les enfants procréés par ceux qui se marient après avoir été condamnés à mort.*

II. Le cas est différent pour la Normandie, où l'on suit cette maxime du Droit coutumier : *qui confisque le corps, confisque le biens.* Voyez les art. 143, 144 & 145 de la Coutume. Ainsi dans notre Province, les enfants sont exclus de la succession de leur pere condamné à mort, quoique le mariage qui leur a donné naissance, soit de beaucoup antérieur à la condamnation. Cela est évident, puisque tous les biens du pere sont confisqués au profit du Roi ou des Seigneurs féodaux.

Cependant, comme la confiscation ne leur appartient qu'*aux charges de droit*, les enfants ne sont point privés de leur tiers coutumier, qu'ils réclament non comme héritiers, mais comme créanciers : car ce tiers ne leur est dû, que quand ils ont renoncé à la succession de leur pere. » La femme, *dit Pesnelle sur* » *l'art.* 333 *de la Coutume*, est préférée » au fisc pour ses droits de conquêt, com- » me les enfants le sont pour leur légi- » time « : & conséquemment leur mere pour son douaire.

Observez néanmoins que la femme & les enfants perdent tous leurs droits, lorsqu'il s'agit du crime de leze-Majesté au premier chef. Le Roi prend alors les biens du condamné comme premier créancier privilégié, qui exclut tous les autres. Dict. de Droit, V. *Leze-Majesté*.

III. Quand on dit que les enfants des condamnés ne succedent point en Normandie, en quelque temps que la mort civile ait été encourue ; cela n'a lieu (généralement & absolument) que pour la succession de celui des parents qui a été condamné. Car, si les enfants sont nés ou même conçus avant la condamnation de leur pere ou de leur mere; ils ne laissent pas de succéder aux autres parents, tant en ligne directe qu'en ligne collatérale. C'est ce que porte l'article 277 de notre coutume, où il est dit que *les enfants des condamnés & confisqués, ne laisseront de succéder à leurs parents, tant en ligne directe que collatérale, pourvu qu'ils soient conçus lors de la successi*[*o*]*n échue*. Cet Article, selon Pesnelle, ne se doit entendre *que des enfants nés ou conçus avant la condamnation*.

Cela posé, 1°. S'il n'y a eu que le pere qui ait été condamné, les enfants nés ou conçus avant la condamnation, succedent aux biens de la mere ; de même qu'ils succedent aux biens du pere, s'il n'y a que la mere qui soit condamnée.

2°. Les mêmes enfants peuvent succéder à leur aïeul, pere du condamné. Berault le prouve par un Arrêt, dont voici l'espece. Guillot Laurens ayant été condamné à une peine capitale, on prétendit exclure ses enfants de la succession de Guillaume Laurens leur aïeul. Les enfants étoient nés trois ans avant le délit & la condamnation de Guillot leur pere. La succession de Guillaume leur aïeul étant ensuite échue, ils furent déclarés habiles à lui succéder, tant pour les meubles que pour les héritages ; non par représentation de leur pere, mais de leur chef & *proprio jure*. L'Arrêt qui le jugea ainsi, fut rendu le 26 d'Août 1558.

3°. Les enfants, dont-il s'agit, peuvent à plus forte raison succéder à leurs parents collatéraux, qui ne se trouvent point

point dans le cas de la mort civile.

Au reste cette exception, comme nous l'avons déjà remarqué, n'a pas lieu en faveur des enfants qui seroient conçus depuis la condamnation à peine capitale. C'est le sentiment de Berault & de Pesnelle, *sur l'art*. 277. Voici ce que dit Berault : » Les enfants des bannis à perpé- » tuité, *où* condamnés aux galeres à per- » pétuité, conçus après la condamna- » tion, ne succéderont à leurs peres ni » parents paternels, ni à leur mere non » plus, bien que mariée avant la condam- » nation ; *quia nati sunt ex infectá radice* «. Pesnelle observe aussi que les enfants » qui » sont conçus depuis *la condamnation*, » sont exclus de toutes successions, com- » me nés d'esclaves, *ex servis pœnæ*, qui » sont privés des droits civils «.

Il semble néanmoins que si la mere avoit été dans une bonne foi parfaite, ignorant invinciblement la condamnation de son mari, les enfants pourroient succéder tant à leur mere qu'à leurs parents maternels. *Voyez* ce qui a été dit sous la quest. 2.

Mais *quid juris* dans le cas suivant ? Pierre ayant eu des enfants d'un premier mariage, commet ensuite un crime pour lequel il est condamné aux galeres perpétuelles. Trouvant le moyen de s'échapper, & sa premiere femme étant morte ; il en prend une seconde, dont-il a aussi des enfants. On demande si les enfants issus du mariage contracté depuis la condamnation, sont capables de succéder avec les autres enfants nés avant la condamnation.

Réponse. 1°. Ni les uns ni les autres ne succéderont à Pierre, puisque tous ses biens se trouveront confisqués. Mais les enfants issus du premier mariage, pourront avoir leur tiers coutumier sur les biens de Pierre.

2°. Ces mêmes enfants succéderont à leurs parents, tant en ligne directe qu'en ligne collatérale, aux termes de l'article 277. Pour ceux qui sont nés du second mariage, ils seront privés du tiers coutumier & de toutes successions ; à moins que la bonne foi de leur mere ne les rende capables de lui succéder, ainsi qu'à leurs parents maternels. *Sequitur ex dictis.*

QUESTION IV.

Le fils d'un homme qui a été condamné à mort, ou à quelque autre peine infamante, est-il irrégulier ?

RÉPONSE.

I. Il est certain que cet enfant seroit légitime, quand même son pere auroit contracté mariage depuis la condamnation. Le fils n'est donc pas irrégulier par défaut de naissance, *ex defectu natalium*. V. M. Pothier, *tom. II. nomb.* 436.

Mais la difficulté vient d'un autre côté. L'infamie de fait ou de droit (*a*), rend irréguliers pour les Ordres & les Bénéfices, ceux en qui elle se trouve, suivant la regle 87 in 6°. *Infamibus portæ non pateant dignitatum.* Or ne peut-on pas

---

(*a*) *L'infamie de fait ou de droit.* Quoique dans les Tribunaux Séculiers on ait ordinairement peu d'égard à l'infamie de fait, il se trouve néanmoins quelques occasions, où ceux qui sont notés de cette infamie, sont semblables à ceux qui ont encouru l'infamie de droit. » Un effet certain & indubitable de l'infamie de fait, est » qu'elle sert d'obstacle à ceux qui en sont notés, pour entrer dans les charges de Judicature, ou parvenir à quelque rang honorable. » Dict. de Droit, V. *Infamie*. « Celui qui, comme infâme, est rejetté de la Magistrature, doit-il moins l'être des Ordres & des Bénéfices? Il est cependant vrai que la seule infamie de fait, ne rendroit pas nulle la collation d'un Bénéfice. Ainsi cette espece d'infamie, à l'égard des Bénéfices, produit plutôt une indignité qu'une incapacité absolue. *Voyez* M. Durand de Maillane, *V. Infamie, effets.*

dire que dans la question présente, l'infamie d'un pere retombe suffisamment sur son fils, pour le rendre irrégulier ?

Il est vrai que communément un homme ne peut être réputé infâme, que pour des crimes personnels ; c'est-à-dire, pour les crimes dont il est auteur ou complice. Cependant plusieurs Théologiens (*b*) enseignent que l'on devient quelquefois infâme par le fait d'autrui, & que le crime d'un pere peut être assez énorme pour deshonorer ses enfants ; ce qui doit surtout avoir lieu, lorsque le crime est devenu public par une Sentence du Juge.

II. Cela est incontestable à l'égard de ceux dont les parents ont été condamnés pour crime de leze-Majesté. Les enfants d'un homme qui en est convaincu, sont réputés infâmes, quoiqu'ils n'aient participé en rien à cet horrible attentat. Car lorsqu'ils ne sont pas bannis hors du Royaume, on les dégrade de noblesse eux & leur postérité ; on les déclare incapables de tenir aucune dignité, & d'avoir aucun emploi honorable dans le Royaume. Domat, *Supplément au Droit public*, liv. 3. tit. 2. n. 7.

(*b*) Grandin, tom. V. pag. 136 *de irregularitate*. Collet, tom. IV. in-8°. pag. 397. édit. de 1751.

DES PERSONNES. 53

Mais faut-il porter le même jugement de ceux dont le pere a été condamné à la mort, aux galeres, &c. pour tout autre crime que celui de leze-Majesté; comme pour cause de vol, de fraude, &c.? Peut-on dire que ces enfants soient irréguliers *ex defectu bonæ famæ?*

Il est constant qu'ils sont infâmes dans l'esprit du public, qui les croit déshonorés par cette condamnation. Un enfant qui se trouve en pareil cas, n'ose dire quel est son pere ; ou s'il le dit, il se couvre de honte & d'infamie : *Patrem si ostendit, verecundum ostendit.* Il est vrai que cet enfant peut être fort éloigné de la méchanceté de son pere. Mais cela ne prouve pas que le fils soit à couvert de l'infamie paternelle ; tout ce qu'on en pourra conclure, c'est qu'il n'aura point mérité de l'encourir. Ainsi, comme il demeure effectivement chargé de cette infamie, quoique non méritée ; il ne conviendroit pas de le recevoir au nombre des Ministres de l'Eglise. On n'admettroit certainement pas dans la Magistrature, un homme dont le pere auroit été supplicié, ou flétri par quelque autre condamnation infamante. L'Eglise doit-elle être moins délicate sur l'honneur & la réputation de ses Ministres?

Au reste, c'est ici un cas qu'il faut laisà la décision des Evêques. Un sujet qui auroit des qualités éminentes, pourroit être envoyé dans quelque pays éloigné où sa famille ne seroit jamais connue ; & où par conséquent l'infamie ne seroit point un obstacle à sa promotion.

SECTION IV.

Des enfants issus d'un mariage légitime, mais dont l'usage étoit devenu illicite dans le temps de leur conception.

L'USAGE d'un mariage légitime peut devenir illicite, tant par le vœu simple, que par le vœu solemnel de chasteté. Il ne s'agit ici que du mariage qui est suivi du vœu solemnel, par la réception des Ordres sacrés, ou par la Profession Religieuse.

QUESTION I.

Un homme marié reçoit les Ordres sacrés, sans le consentement de sa femme ;

& il use ensuite du mariage à la réquisition de cette même épouse. L'enfant conçu depuis l'ordination du pere, doit-il être réputé légitime ?

RÉPONSE.

I. Un homme marié ne peut recevoir les Ordres sacrés, sans le consentement de son épouse. C'est la décision formelle du Pape Alexandre III, *cap. 5. & 6. De converf. conjugatorum.* D'où l'on conclut que les hommes mariés sont irréguliers du vivant de leur femme, *ob defectum libertatis.* Cependant quoiqu'un homme marié peche griévement en recevant les saints Ordres *invitâ uxore*, l'ordination est valide. Mais le lien du mariage ne laisse pas de subsister, quand même il ne seroit que *ratum & non consummatum.* La raison est, que la réception des Ordres sacrés ne peut dissoudre le mariage non consommé. Il n'y a que la profession Religieuse, qui ait cette vertu. C'est ce qu'a défini le Pape Jean XXII, *Extravag.* Antiquæ, *de voto & voti redempt.*

Ainsi, lorsqu'un homme a reçu les Ordres sans le consentement de sa femme, il faut qu'il entre en Religion, si le mariage n'est que ratifié ; parce qu'il sera dissous par la profession religieuse. Autrement, il est obligé de retourner avec son épouse, en cas qu'elle l'exige, & de lui rendre le devoir conjugal, quoiqu'il ne puisse lui-meme le demander. *Ipsum, si sponsa ejus institerit, per censuram Ecclesiasticam compellendum decernimus contractum matrimonium consummare*, dit Jean XXII.

II. Cela posé, il est clair que l'enfant dont il s'agit, quoique conçu depuis l'ordination du pere, est certainement légitime. Car la femme en redemandant son mari, n'a fait qu'user de son droit, & le mari étoit tenu de lui obéir. En un mot, la conception de cet enfant n'a rien de criminel ni de honteux ; puisque, comme dit très-bien Suarez, *Delictum parentis solùm fuit in temerariâ susceptione Ordinis, non in filii procreatione.* Disp. 50. *De irregularitate*, sect. 2. num. 3.

Au reste, cette réponse suppose deux conditions essentielles. La premiere est, que la femme ne se soit pas rendue coupable d'adultere. Car une femme qui tombe dans cet excès, se trouve déchue de tous les droits qu'elle avoit sur la personne de son mari ; & par conséquent elle ne peut empêcher qu'il ne s'engage dans l'état Religieux ou dans l'état Ecclésiastique. La seconde condition est, que la femme innocente réclame contre l'ordination de son mari. Car s'étant lié par le vœu de continence, il ne peut rentrer dans son premier état, que quand il est redemandé par sa femme : *si sponsa ejus institerit*. Voyez Ducasse, *Jurisd. Ecclés.* Part. 2. ch. 7. n. 7.

III. Mais que dire si un homme marié s'est fait Religieux, sans le consentement de sa femme non adultere ?

Réponse. Il faut distinguer. Ou le mariage étoit consommé, ou il ne l'étoit point. Au premier cas, la Profession de cet homme a été nulle, *propter defectum sui juris* ; d'où il suit que les enfants qu'il auroit eus depuis, seroient constamment légitimes. Au second cas, le mariage *ratum & non consummatum*, a été annullé par la Profession Religieuse, qui pouvoit être valide sans le consentement de la femme ; & conséquemment les enfants qu'elle auroit eus de ce Religieux Profès, seroient absolument illégitimes, comme s'il n'y avoit jamais eu de mariage.

Il faudroit donner la même réponse, si une femme étoit entrée en Religion sans le consentement de son mari.

QUESTION II.

Lorsqu'un homme marié fait le vœu solemnel de chasteté, du consentement de sa femme; les enfants qu'il en a ensuite, sont-ils légitimes?

RÉPONSE.

Les Canonistes & les Théologiens pensent que ces enfants sont légitimes *naturaliter*, mais qu'ils sont illégitimes *canonicè*. Il en seroit de même, si la femme avoit fait les vœux solemnels de Religion, de l'aveu de son mari.

I. Les enfants en question sont légitimes *naturaliter*; c'est-à-dire, *quoad hæreditatem & alia temporalia*. La raison est qu'ils proviennent d'un véritable mariage, & qu'il n'y a d'ailleurs aucune loi qui combatte leur légitimité quant aux effets civils & temporels.

II. Les mêmes enfants sont illégitimes *canonicè*; c'est-à-dire, *quoad ordines & beneficia*; parce que le Droit canonique l'a ainsi réglé, pour punir l'incontinence des pere & mere. C'est ce qu'a décidé Clément III, cap. *litteras* 14. *de filiis Presbyterorum*.

On tire une nouvelle preuve du chap.

Cùm olim 6. *de clericis conjugatis.* Dans ce chapitre, Innocent III déclare que l'on peut, sans aucune crainte, ordonner le fils d'un Prêtre Grec, quoique son pere l'eût eu depuis sa promotion au Sacerdoce, *ex uxore* tamen *legitimâ*. La raison sur laquelle le Pape se fonde, c'est que l'Eglise orientale n'a point admis le vœu de continence pour les Ministres sacrés ; *quòd orientalis Ecclesia votum continentiæ non admisit*. Cela suppose évidemment que le fils d'un Prêtre de l'Eglise occidentale ne pourroit être promu aux Ordres, dans le cas sur lequel Innocent III. fut consulté ; puisque l'Eglise occidentale reçoit le vœu de continence, & qu'elle en fait une loi rigoureuse à tous les clercs qui sont *in sacris*.

III. Il n'y a point d'inconvénient à dire que le même enfant peut être à différents égards, légitime & illégitime. Duperray, Avocat au Parlement de Paris, admet cette distinction. Voici comment il s'exprime : (*a*) » Un mari & une » femme ont fait vœu *solemnel* de chaste- » té. La femme néanmoins a un fils de son

---

(*a*) Traité de l'état & de la capacité des Ecclésiastiques, liv. 3. chap. 6. nomb. 3.

» mari, depuis son vœu ; *le fils est-il*
» *légitime ?* A-t-il besoin de dispense ?
» D'un côté le Droit divin, naturel &
» civil, semblent combattre en faveur de
» la légitimation ; *Filius est quem nuptiæ*
» *demonstrant.* Mais à cause du vœu du
» mari & de la femme, il semble que ce
» soit un enfant dérobé à leur vœu. Le fils
» de Genebaud, *premier Evêque de Laon,*
» fut appellé Latro, à cause qu'il étoit
» venu au préjudice des défenses de l'E-
» glise (*b*). A présent il faudroit une dis-
» pense, encore que Dumoulin soutienne
» que cet enfant soit légitime pour toutes
» choses «.

(*b*) *Au préjudice des défenses de l'Eglise.* Genebaud avoit, à ce qu'on croit, épousé la niece de S. Remi, Archevêque de Rheims ; & il ne manqua pas aussi-tôt qu'il eut été ordonné, de se séparer d'elle, pour vivre en continence, selon les regles de l'Eglise. Mais les trop fréquentes visites qu'il permit à sa femme de lui rendre, le firent tomber ; & il en eut deux enfants étant Evêque : un fils que l'on nomma Latro, & une fille. Tant il est vrai que la vertu qui paroît la plus ferme, est bien foible quand elle s'expose à l'occasion. Genebaud reconnut sa faute, & il l'expia par une pénitence de sept ans entiers. **Latro** son fils lui succéda dans le Siege de Laon ; & il mérita, aussi-bien que son pere, d'être mis au nombre des Saints. *Voyez* l'Histoire de l'Eglise Gallic. par le P. Longueval. *tom. II. pag.* 246. 247 & 508.

IV. Pour que cet enfant soit illégitime par rapport à la cléricature, il n'est pas nécessaire que les deux époux aient fait le vœu solemnel de chasteté. Il suffit que l'un des deux l'ait fait du consentement de l'autre; comme si un homme a reçu les Ordres sacrés du consentement de son épouse. En voici la raison. Suivant la regle générale, la femme de celui qui reçoit les Ordres sacrés doit faire ou le vœu solemnel, ou du moins le vœu simple de chasteté. *Nullus conjugatorum est ad sacros ordines promovendus ; nisi ab uxore, continentiam profitente, fuerit absolutus* Cap. 5. *de convers. conjug.* C'est à l'Evêque de juger si la profession religieuse est nécessaire pour la femme, ou s'il suffit qu'elle fasse le vœu simple. Mais si elle n'a point voulu faire de vœu, elle est censée l'avoir fait, parce que les canons l'y obligent, dès qu'elle consent à l'ordination de son mari. Ainsi, dans l'Eglise latine, le consentement de la femme en pareil cas, équivaut à un vœu réel. Cette femme ayant renoncé volontairement à tous les droits du mariage, *jam non est uxor quoad debitum conjugale.* Donc les enfants qu'elle auroit de son mari, seroient illégitimes dans le sens des canons. V. Grandin, tom. V. pag. 119 *de irregularitate*, & les autres Théologiens.

Objection. La faute des parents ne peut pas empêcher que leur enfant ne soit légitime, lorsqu'il provient d'un vrai mariage. En effet si deux époux avoient fait un vœu simple de chasteté, leur union seroit sacrilege ; & cependant l'enfant ne laisseroit pas d'être légitime. On doit donc dire la même chose dans le cas en question.

Réponse. Cette conséquence n'est point juste.

Car 1°. Quoique le vœu simple de chasteté soit aussi obligatoire devant Dieu, que le vœu solemnel ; tout le monde sait qu'il n'a pas les mêmes effets devant l'Eglise.

2°. Le Droit regarde comme illégitime *quoad spiritualia*, l'enfant qui est conçu après le vœu solemnel de ses pere & mere, mariés précédemment : au lieu qu'il ne prononce pas cette peine contre l'enfant dont le pere & la mere n'auroient été liés, dans le temps de sa conception, que par un vœu simple de chasteté.

3°. Les enfants ne sont pas réputés illégitimes *propter quamlibet parentum incontinentiam*, mais *propter parentum incon-*

tinentiam ab Ecclesiâ specialiter damnatam & reprobatam : ce qui n'a lieu, que quand le vœu solemnel de chasteté a été fait par les deux époux ; ou du moins par l'un des deux, du consentement de l'autre. *Voyez* Suarez, *disput.* 50. *De irregularitate*, *Sect.* 2.

ARTICLE III.

Des enfants dont l'origine est incertaine.

» C'est, *dit le Brun*, (a) une étran-
» ge application pour des Jurisconsultes,
» que de distinguer quels sont les véri-
» tables enfants, qui méritent à ce titre
» de venir aux successions. Car quoique
» l'on se soit fait là-dessus une maxime
» générale, de réputer pour enfants lé-
» gitimes, ceux qui viennent durant le
» mariage, *filius est quem nuptiæ demons-*
» *trant* ; on ne doute pas que le chef de
» famille ne nourrisse quelquefois des
» étrangers à sa table «.

L'incertitude en ce point, vient prin-

─────────────

(a) Traité des Successions, liv. 1. chap. 4. sect. 2. nomb. 1.

cipalement de trois causes : il y a des enfants qui naissent après une longue absence du mari ; d'autres, dont la naissance est trop avancée ou trop retardée ; & d'autres enfin que l'on trouve exposés, sans qu'on puisse découvrir à qui ils appartiennent.

QUESTION I.

Titius s'étant absenté de son pays, Mœvia sa femme a un enfant douze ou quinze mois après le départ de Titius. Cet enfant doit-il être regardé comme égitime ?

RÈPONSE.

I. Pour maintenir l'état des enfants nés *constante matrimonio*, il suffit d'alléguer la possibilité des approches du mari & de la femme. Ainsi l'état d'un enfant né pendant le mariage, ne peut être contesté sous prétexte que la mere est devenue enceinte dans le temps que le mari étoit absent, & quelques preuves qu'on ait de la débauche de la mere : à moins qu'on ne prouve qu'il a été impossible que le mari de cette femme eût avec elle aucune fréquentation dans le temps que cet enfant a été conçu. Dict. de Droit, V. *Naissance*.

La raison de cette réponse est simple, mais elle est décisive. C'est que, *pater is est quem nuptiæ demonstrant. Leg.* 5. *ff. de in jus vocando.* Les loix présument toujours, autant qu'il est possible, en faveur de l'innocence d'une femme légitime ; elles respectent tout ce qui est né sous le sceau du mariage. Sans cela, que de contestations aussi inutiles que scandaleuses !

Il est vrai que suivant le Droit civil (*a*), une longue absence du mari, ou une maladie qui ôte la faculté d'engendrer, est un juste sujet de contester l'état d'un enfant. Mais, comme dit le Brun, (*b*) » il faut que l'absence & la maladie
» soient telles, qu'elles produisent une
» impossibilité physique *ou* morale. Car
» autrement on présume volontiers pour
» l'honneur des femmes ; & l'on présup-
» pose que le mari absent est revenu à
» sa femme, quoiqu'il n'ait pas été vû ; &
» que la nature a fait effort en la personne
» du mari malade ; & *même* que l'un ou

___

(*a*) Leg. *Filium* 6. *ff. De his qui sui vel alieni juris sunt.*

(*b*) Traité *des Successions*, liv. 1. chap. 4. sect. 2. nomb. 3.

» l'autre étant en prison, l'amour con-
» jugal s'est fait jour, & a vaincu tous
» les obstacles qui ne sont pas naturelle-
» ment invincibles. Ce que j'ai vu juger
» à l'occasion d'une femme accusée d'a-
» dultere, qui devint grosse pendant sa
» prison, l'enfant fut déclaré légitime,
» sur le simple certificat d'un garçon
» geolier, qui attestoit que le mari avoit
» rendu visite à cette femme «.

II. Cependant la maxime, *Pater is est quem nuptiæ demonstrant*, n'est pas si générale qu'elle ne puisse souffrir quelques exceptions. Cette regle n'a pas lieu, quand le mari est ou impuissant ou tellement éloigné, qu'il soit impossible qu'il ait pu habiter avec sa femme au temps de la conception de l'enfant. *Voyez* Denisart, V. *Légitimation*.

Ces principes étant établis, il est clair que les héritiers de Titius, ou autres parties intéressées, pourront agir efficacement contre l'enfant de Mœvia, s'ils sont en état de justifier par des preuves constantes, 1º. que Titius n'est point du tout revenu dans son pays, pendant l'intervalle des douze ou quinze mois; 2º. que Mœvia n'a point été non plus où étoit son mari. Tant que ces preuves manqueront, l'enfant sera toujours, avec raison, réputé légitime.

III. On peut demander comment il faudroit enregistrer le Baptême, dans le cas de la question présente. Suivant le Rituel de Rouen, *num. XI. De libro Baptismali*, lorsque l'enfant est né d'une femme mariée, quelque présomption que l'on puisse avoir contre sa légitimité, on doit toujours se souvenir de cette regle générale, *illius esse filium quem nuptiæ demonstrant.* Il faut donc marquer dans l'acte du Baptême, que l'enfant est né *du légitime mariage de*, &c. Le même Rituel ordonne cependant que l'on fasse mention de l'absence du pere; *Si pater absit, de ejus absentiâ fiat mentio.* Mais cela doit se faire simplement par ces deux mots, *le pere absent;* sans entrer dans aucun détail, & sans rien changer à la formule ordinaire de l'enregistrement.

M. Collet, dans son Traité *des devoirs d'un Pasteur*, *chap. 6. §. 2. nomb. 4.* dit que » le plus sûr seroit de consulter le Ma- » gistrat, à qui il appartient de pronon- » cer sur la fortune des citoyens «. Mais il n'y a guere d'apparence qu'aucun Magistrat voulût, de son autorité particuliere, faire changer la formule usitée. Comment en effet pourroit-il prononcer sur une cause qui ne seroit point instruite, ni même déférée juridiquement à son Tribunal ?

QUESTION II.

L'enfant doit-il être réputé légitime, lorsque sa naissance paroît ou trop avancée, ou trop retardée ?

RÉPONSE.

Il est impossible d'établir une regle certaine & invariable, pour le temps de l'accouchement des femmes. Cela dépend de la nature & de ses opérations, que divers accidents peuvent avancer ou retarder. Ce que l'on peut dire en général, c'est que les enfants viennent ordinairement au monde, dans le neuvieme mois de leur conception. Cependant il y en a qui naissent dans le septieme mois, d'autres dans le dixieme ; & l'espace de dix mois est le plus long terme de la grossesse des femmes, qui n'ont point d'accidents extraordinaires.

La difficulté est de savoir si l'enfant doit être réputé l'égitime, lorsqu'il naît avant le septieme mois du mariage ; ou après le dixieme mois de la mort du mari. La décision varie suivant les circonstances.

I. L'enfant qui vient au monde dans le septieme mois commencé, à compter du jour des noces de ses pere & mere; cet enfant, dis-je, est constamment réputé légitime. *Septimo mense nasci perfectum partum jam receptum est, propter authoritatem doctissimi viri Hippocratis; & ideo credendum est eum qui ex justis nuptiis septimo mense natus est, justum filium esse.* Leg. 12. ff. *de statu hominum.* Ainsi dans ce cas, le mari est obligé de reconnoître l'enfant comme le fruit de son mariage, & il n'est point admis à prouver le contraire; *quia tunc adest præsumptio juris & de jure, contra quam non admittitur probatio.* Voyez le Dict. de Droit. V. *Naissance*; Le Brun, *Traité des Successions, liv. 2. Chap. 4. Sect. 2.* Domat, *liv. 2. des Successions, Tit. 2. Sect. 2.*

Mais l'enfant doit-il être censé légitime, s'il naît avant le septieme mois commencé?

Le Brun, *ibid. nomb. 2. & 3*, se décide pour la négative. » Si l'enfant, *dit-il,* » vient dans le quatrieme, cinquieme ou » sixieme mois depuis le mariage, il n'est

» pas réputé avoir eu vie; ou s'il vit, il » n'eſt pas légitime «. Cette propoſition eſt trop générale. Il y a des exemples d'enfants, qui étoient certainement conçus environ cinq mois ſeulement avant leur naiſſance, & qui n'ont pas laiſſé de vivre pendant pluſieurs années. Domat, *nomb.* 5, obſerve que *des perſonnes très-dignes de foi diſent l'avoir vu.*

Le Brun ajoute *n.* 5, que » les Arrêts » ont perpétuellement jugé que les en- » fants nés avant le ſeptieme mois, ou » n'avoient pas eu vie, ou n'étoient pas » légitimes «. Cela n'eſt point encore exactement vrai. » On voit auſſi, *dit Domat*, » (*a*) qu'il a été jugé que des enfants de » cinq ou ſix mois, qui, ſelon la regle, ne » ſont pas à terme, ayant vécu quelques » moments, avoient ſuccédé. Et quoi- » qu'il y ait d'autres exemples, où il ait » été jugé que les enfants de ce même » temps n'avoient pas ſuccédé, ce pou- » voit être dans des cas où il n'étoit pas » certain qu'ils euſſent vécu «.

On ne peut donc pas conteſter l'état d'un enfant, par la ſeule raiſon qu'il eſt né dans le quatrieme ou cinquieme mois

---

(*a*) Liv. 1. *des Succeſſions*, tit. 1. ſect. 2. nomb. 5.

à contractis nuptiis. Tout enfant qui naît pendant le mariage, a toujours pour lui la préfomption commune.

Cependant on convient que cette préfomption n'eft pas *juris & de jure*, lorfque l'enfant vient au monde avant le feptieme mois du mariage. Ce n'eft alors que *præfumptio juris, contra quam admittitur probatio*. Quand la femme accouche d'un enfant dont la conception fe réfere néceffairement à un temps antérieur au mariage, le mari peut le méconnoître. Il eft recevable à prouver que l'enfant n'eft point de lui, & que fa femme vivoit alors en mauvais commerce avec d'autres. *Voyez* la collection de Décif. nouvelles, V. *Légitimation*. Il faut néanmoins des preuves bien fortes, pour juftifier qu'un enfant qui eft né dans le premier, fecond, troifieme, quatrieme, cinquieme ou fixieme mois, *à contractis nuptiis*, n'eft pas légitime. Dict. de Droit, *ubi fuprà*.

II. Venons à la naiffance retardée. Dans une matiere auffi conjecturale, on ne peut établir de regle plus fûre, que celle du Droit Romain. C'eft de tenir pour illégitimes, les enfants qui font nés dans l'onzieme mois après la mort du mari de leur mere. *Post decem menses mortis natus non admittetur ad legitimam hæreditatem.* Leg. 3. ff. *De suis & legit. hæredibus.*

Cette regle néanmoins, toute sage qu'elle est, ne suffit pas pour terminer toutes les questions. La considération des circonstances particulieres y entre pour beaucoup; delà cette variété qui se trouve entre les Arrêts.

1º. » On sait, *dit Domat*, (a) qu'il y a
» des exemples anciens & nouveaux, d'en-
» fants jugés légitimes, quoique nés bien
» plus long-temps que dix mois après la
» mort de leur pere «.

Godefroy, en sa note sur la novelle 39, rapporte que dans sa maison de Chapes une femme étant accouchée quatorze mois après la mort de son mari, l'enfant fut déclaré légitime; parce que la mere avoit toujours mené une conduite irréprochable. *Voyez* le Dict. de Droit, V. *Accouchement.*

2º. Le Parlement de Rouen ne jugea pas de même, dans un Arrêt du 10 Août 1632. La question étoit de savoir, si un

---

(a) Liv. 2. *des Successions*, tit. 1. sect. 1. nomb. 5.

enfant né dix mois quatre jours après l'inhumation de celui que l'on prétendoit être son pere, étoit illégitime, & si la mere devoit être privée de son douaire.

Pour la mere & l'enfant, on disoit que les Médecins n'ont point déterminé précisément le temps de la naissance d'un homme. Du Laurens, l. 4. q. 30, en son Traité *de l'Anatomie*, dit que comme l'enfantement peut s'avancer, & l'enfant naître parfait à sept mois; plusieurs accidents peuvent aussi retarder les couches d'une femme: sa foiblesse, ou celle de l'enfant, peut causer ce retardement. On ajoutoit qu'il n'est pas vraisemblable, que dans les premiers jours de sa perte, lorsque les plus insensibles ne peuvent s'empêcher de verser des larmes, une femme conçoive la pensée d'une prostitution aussi honteuse que funeste pour elle-même.

Les héritiers répondoient que le scandale qu'elle avoit causé pendant son mariage, faisoit aisément présumer la continuation de sa débauche. La maladie de son mari, qui avoit été grande & qui avoit duré plus d'un mois, ne souffroit point que l'on présumât que cet enfant fût de ses œuvres. Enfin ils s'appuyoient sur la loi citée, *Post decem menses, &c.*

L'Arrêt confirma la Sentence du Bailli, qui avoit privé la veuve du douaire. L'enfant fut en même-temps déclaré illégitime & incapable de succéder. *Voyez* Basnage, *sur l'art.* 235. *de la Cout. de Norm.*

III. Comme l'état d'une personne est toujours très-favorable ; quand il y a du doute dans les questions d'état, les Juges penchent toujours vers la douceur ; sur-tout lorsque les agresseurs sont des collatéraux qui intentent l'action par un principe d'intérêt vil & sordide. Nos livres sont pleins d'Arrêts qui ont décidé ces sortes de questions en faveur de la bonne foi & de la possession. Dict. de Droit, V. *Question d'état.*

Pour ce qui est de la conscience, celui dont la naissance a été tardive ou prématurée, peut demeurer paisible possesseur de tous les droits des enfants légitimes, si personne ne les lui conteste. On ne doit excepter que le cas où il auroit lui-même des preuves évidentes de son illégitimité ; ce qui est bien rare.

IV. Dans le cas de la naissance trop avancée ou trop retardée, l'enregistrement du Baptême ne renferme point ordinairement de difficulté particuliere. 1o. Si le mari est vivant, il faut marquer sa préfence ou fon abfence, fans rien changer dans la formule ufitée. 2o. Si le mari eft mort, on doit marquer que l'enfant eft né *du légitime mariage* de N. *décédé*, & de N. *fa veuve*. Les parties intéreffées, en fe faifant délivrer des actes, tant de la mort du mari que du Baptême de l'enfant, feront en état de pourfuivre leurs droits. Ainfi on ne doit point s'écarter de la regle générale, à moins qu'il ne fût tout-à-fait évident que le mari décédé n'a pu être pere de l'enfant pofthume. Dans les cas difficiles chacun doit confulter fon Evêque.

QUESTION III.

Les enfants que l'on trouve expofés, doivent-ils être cenfés légitimes ?

RÉPONSE.

I. La condition réelle des enfants expofés demeure toujours incertaine, tant qu'ils ne font reconnus de perfonne. Car fi l'on expofe très-fouvent des bâtards, il arrive auffi quelquefois que la pauvreté engage les parents à exposer leurs enfants légitimes. Cependant comme l'exposition des illégitimes est plus ordinaire & plus fréquente, il est aussi plus probable de tenir pour illégitime un enfant exposé. Car, dans les choses obscures, on doit avoir égard à ce qui est plus vraisemblable; ou à ce qui arrive plus ordinairement. *Inspicimus in obscuris quod est verisimilius, vel quod plerumque fieri consuevit.* Reg. 45, *in 6o.*

II. La question présente ne paroît pas d'une grande conséquence pour la pratique.

En effet, 1°. Celui qui a été trouvé exposé, & qui n'est jamais reconnu, ne succede à personne, & personne ne lui succede, excepté les enfants qu'il auroit d'un mariage légitime. Ainsi, quant aux droits temporels, il n'a rien qui le distingue de la condition des bâtards.

2°. Pour ce qui est des Ordres, l'Evêque ne peut ignorer l'état d'un enfant trouvé; l'acte du Baptême en fait foi. Si l'Evêque consent de lui conférer l'ordination, il est censé le dispenser; comme on convient qu'il peut le faire, à cause du doute. S'il refuse absolument de l'ordonner, il sera fort inutile d'examiner si l'enfant est légitime ou non, quant aux Ordres & aux Bénéfices. *Voyez* le Traité des Dispenses de M. Collet, *tom. II. liv.* 2 *part.* 6. *chap.* 2. §. 1. *nomb.* 3.

CHAPITRE IV.

Des enfants illégitimes.

ON nomme illégitime ou bâtard, celui qui est né hors d'un mariage légitime, *vel effectivè*, *vel saltem putativè*; c'est-à-dire, hors d'un mariage légitime ou en soi, ou du moins dans la persuasion sincere de l'un des époux. Nous parlerons, 1°. De la nourriture des enfants illégitimes; 2°. De la capacité des bâtards par rapport aux donations; 3°. De leur incapacité quant aux successions; 4°. De la légitimation des bâtards.

ARTICLE PREMIER.

De la nourriture des enfants illégitimes.

PARMI les enfants illégitimes, les uns sont reconnus & avoués de leurs parents; les autres en sont méconnus, parce qu'ils ont été expofés & abandonnés après leur naiffance.

SECTION PREMIERE.

De la nourriture des bâtards avoués de leurs parents.

QUESTION I.

QUI font ceux que l'on doit principalement obliger à la nourriture des enfants illégitimes ?

RÉPONSE.

La queftion peut avoir pour objet, 1°. Les pere & mere du bâtard ; 2°. Les autres afcendants ; 3°. Les parents collatéraux ; 4°. Les maris à l'égard des enfants illégitimes de leurs femmes ; 5°. Enfin les veuves par rapport aux bâtards de leurs maris.

I. On ne peut douter que cette obligation ne tombe premiérement fur le pere ; & à fon défaut, fur la mere de l'enfant illégitime. Quand même les loix pofitives n'auroient rien réglé fur ce point, pourroit-on ne pas écouter la voix ou plutôt le cri de la nature ? Mais le Droit canonique & le Droit civil viennent à l'appui du Droit naturel.

1°. Pour le Droit canonique, Clément III étant consulté au sujet d'un homme qui, du vivant de son épouse, avoit épousé une autre femme, avec laquelle il avoit péché ; ce Pape étant, dis-je, consulté sur ce cas, ordonne que les deux adulteres soient séparés, même après la mort de la femme légitime. Mais il décide que ces deux époux prétendus doivent nourrir leurs enfants quoique adultérins ; *Uterque liberis suis, secundùm quod eis suppetunt facultates, necessaria subministret.* Cap. 5. *De eo qui duxit in matrim. quam polluit per adult.*

2°. On suit en France cette disposition du Droit canonique, contre la Novelle 89, *chap.* 25, dans laquelle il est décidé que les bâtards incestueux ou adultérins ne peuvent point demander d'aliments à leurs pere & mere. Dict. de Droit, V. *Bâtard.*

La même Jurisprudence a lieu en Normandie. »Bien que notre Coutume, *ainsi que l'observe Basnage sur l'art.* » 275, n'ait rien dit pour les aliments » des bâtards ; par un tempérament

» équitable on oblige les peres ou les
» meres à leur donner quelque chose par
» forme de pension alimentaire. Ils les
» doivent élever, jusqu'à ce qu'ils leur
» aient donné le moyen de gagner leur
» vie «.

II. Au défaut des peres & meres, les autres ascendants sont obligés à la nourriture des enfants illégitimes. C'est le sentiment de Bérault, *sur l'art. 438 de notre Coutume.* Cette obligation tombe premiérement sur les aïeux paternels, & ensuite sur les aïeux maternels. Rien de plus juste, puisque tous les ascendants sont compris sous la dénomination de pere & de mere, & qu'ils doivent par conséquent remplir les obligations attachées à cette qualité. Il est vrai que les fils de famille sont les premiers obligés de pourvoir à la subsistance de leurs bâtards: mais il peut arriver que les fils de famille ne puissent ou ne veuillent pas prendre ce soin. C'est donc aux aïeux de faire alors la dépense nécessaire; sauf à eux de se ménager un recours sur les pere & mere de ces enfants illégitimes, en protestant qu'ils n'ont point intention de donner ces aliments, & qu'ils se réservent le droit de les répéter: car autrement ils ne pourroient en prétendre la répétition. Dict. de Droit. V. *Aliments*.

III. Suivant notre usage, pour que l'on soit chargé en Justice, de la nourriture d'un bâtard, il ne suffit pas d'être proche parent du pere en ligne collatérale, il faut de plus être son héritier: » Cette charge de nourrir un bâ-» tard ne doit s'étendre que sur le pere » ou ses héritiers, & non pas sur *toute* la » parenté «. C'est ce que dit Basnage, *sur l'art.* 275 *de la Coutume*, & il le prouve par un Arrêt du 19 Mai 1611. *Voyez* Pesnelle, *ibid.*

Ce que nous disons des héritiers, doit avoir lieu pour les donataires. Mais si les parents collatéraux ne sont ni donataires ni héritiers ; ils ne seront tenus que par charité à nourrir le bâtard. L'obligation est néanmoins plus étroite pour eux, que pour ceux qui ne sont point parents, selon cette maxime de S. Augustin : *Cùm omnibus prodesse non possis, his potissimùm consulendum est, qui pro locorum & temporum vel quarumlibet rerum opportunitatibus, constrictiùs tibi quasi quádam sorte junguntur. Lib.* 1. *de Doctrinâ Christianâ*, cap. 28.

IV. Pour décider si le mari est tenu de nourrir l'enfant illégitime de sa femme, il faudroit déterminer comment & jusqu'à quel point un mari doit être chargé des dettes de son épouse. C'est ce que nous remettons au chapitre troisieme de la seconde Partie, art. 6.

V. Quant à ce qui regarde les veuves, il faut distinguer si les bâtards de leurs maris sont nés devant ou depuis le mariage.

Si le bâtard étoit né avant le mariage, la veuve n'est pas dispensée de contribuer à la nourriture du bâtard de son mari, à moins qu'elle n'ait renoncé à la succession. Basnage le prouve par un Arrêt du 23 Janvier 1641, *qui adjugea à un bâtard cinq cents livres de pension, au paiement de laquelle la veuve contribueroit pour la part qu'elle prenoit en la succession de son mari.* Cela est fort juste. La veuve étant héritiere, doit contribuer au paiement des dettes; à moins qu'il n'y ait quelque bonne raison qui l'en exempte.

C'est ce qui arrive lorsque le bâtard du mari est né *constante matrimonio*. La veuve héritiere n'est point alors obligée de contribuer à la nourriture de ce bâtard. Ainsi jugé par un autre Arrêt du

11 Février 1621, qui, dans ce cas, déchargea la veuve de toute contribution, quoiqu'elle fût devenue héritiere de tous les meubles par la mort de son enfant. Les héritiers aux immeubles furent seuls condamnés à la pension du bâtard.

L'équité de cet Arrêt est encore évidente. Lorsque le bâtard du mari est procréé depuis le mariage, il seroit trop dur d'obliger une veuve, quoique héritiere, à une partie même de la nourriture de ce bâtard. Elle n'a déjà que trop souffert de l'outrage que lui a fait son mari. C'est la réflexion de Basnage. » Il » n'y a rien, *dit-il*, de plus odieux & de » plus intolérable à une femme chaste, » que l'incontinence de son mari. Les en- » fants qui naissent de cet infâme com- » merce avec des femmes impudiques, » sont un perpétuel objet d'indignation à » la femme légitime : *Cùm ad contemptum* » *sui domûsve suæ, cum impudicis mulie-* » *ribus cœtum inierit maritus ; quod maxi-* » *mè castas exasperat. Ex leg. 8. C. de re-* » *pudiis* «. D'où il résulte que, dans ce dernier cas, la veuve ne doit rien au bâtard, que les devoirs communs de la charité.

QUESTION II.

Que faut-il entendre par les aliments qui font dus aux enfants illégitimes ? Quelle regle doit-on fuivre dans la détermination de ces aliments ?

RÉPONSE.

I. Sur la premiere partie de cette queftion, on répond 1°. Que fous le nom d'aliments font compris *la nourriture, les vêtements & l'habitation*. Dictionn. de Droit. V. *Aliments*.

On répond, 2°. Que les pere & mere, ou leurs héritiers, doivent mettre les enfants illégitimes en état de gagner leur vie honnêtement. » Pour fe déchar-
» ger de cette nourriture, non-feule-
» ment (les peres & meres) font tenus
» de leur faire apprendre métier, mais
» auffi de les en faire paffer maîtres. Et
» s'ils ne l'ont pas fait de leur vivant,
» les héritiers après leur mort, doivent
» fournir tout ce qui eft néceffaire pour
» cet effet ; parce que fans la maîtrife, ils
» ne pourroient gagner leur vie «. C'eft ce que dit Bafnage *fur l'art.* 275. *de la Cout.*

II. Sur la Seconde partie, les uns pensent que les aliments ne sont dus aux bâtards, que *secundùm necessitatem naturæ*; c'est-à-dire, ce qui est nécessaire, *ne frigore aut fame pereant*: d'autres croient que les aliments sont dus, *secundùm conditionem & facultates personæ*.

Le second sentiment paroît mériter la préférence. Car 1°. Clément III, parlant d'un pere & d'une mere qui avoient des enfants adultérins, décide qu'ils doivent leur fournir le nécessaire suivant leurs facultés; *secundùm quod eis suppetunt facultates*.

2°. Ce sentiment est adopté par les Jurisconsultes François, & fondé sur la Jurisprudence des Parlements. Les aliments, dit M. de Ferriere, sont dus suivant la qualité des personnes, *& pro modo facultatum*. Voyez les Conf. de Paris *sur le mariage*, tome V. liv. 3. conf. 1. §. 4. Lorsque les Juges n'ont rien prononcé sur des cas particuliers, il faut se déterminer, *ex judicio viri prudentis*: cela dépend des circonstances.

QUESTION III.

Les parents sont-ils obligés de doter leurs filles illégitimes ?

RÉPONSE.

Les Auteurs font partagés fur ce point. Les uns prétendent que les parents ne doivent pas de dot à leurs filles illégitimes, *quia dos non habet rationem alimentorum*. Les autres foutiennent le contraire, *quia dos fuccedit loco alimentorum in feminis*.

En France nous fuivons le fecond fentiment. Voyez les Conf. de Paris, *ubi fup.* Les Commentateurs de notre Coutume font du même avis. On peut confulter Godefroy & Bafnage *fur l'art.* 437. » La dot & les aliments, dit Gode-
» froi, *æquo pede gradiuntur*..... Et con-
» féquemment, tout ainfi que le pere eft
» fujet aux aliments de fa fille naturelle,
» la raifon veut qu'il foit obligé de la
» doter.

» On a jugé au Parlement de Paris,
» ajoute *Bafnage*, que ce n'étoit pas af-
» fez à un pere d'avoir fait apprendre
» métier à une fille naturelle, & qu'elle
» peut encore demander des aliments ou
» une fomme par forme de dot.... On a
» même jugé qu'il y avoit une obligation
» naturelle du pere de nourrir fes filles

» adultérines. Mais comme une fille étant
» en âge d'être mariée, n'a plus besoin
» d'aliments ; (ou plutôt, *comme elle n'a*
» *plus d'action pour en demander*) l'opi-
» nion des Docteurs a été que celui qui
» devoit les aliments, devoit la dot «.

 D'ailleurs, une fille n'étant point do-
tée, ne trouvera personne qui veuille
l'épouser ; ce qui peut avoir des suites
très-funestes. Il faut donc obliger, (même sous peine de refus d'absolution) un
pere à doter sa fille illégitime, lorsqu'il
en a le moyen. Car si ce pere ne peche
pas contre la justice, en refusant à sa
fille une dot modique, il peche du moins
grièvement contre la charité. Il expose
sa fille à imiter la mauvaise conduite de
celle qui lui a donné la naissance, lorsqu'il pourroit la mettre à couvert de ce
danger, en lui procurant à peu de frais
un établissement honnête. Ce refus est de
la part du pere une dureté criante, qui
le rend indigne d'absolution, quoi qu'en
disent quelques Casuistes trop indul-
gents.

 Objection. Suivant la Cout. de Norm.
art. 250, un pere n'est pas même obligé de doter sa fille légitime. Comment
donc peut-on dire qu'il soit tenu de doter une fille bâtarde ?

Réponse. 1°. On verra dans la suite que les pere & mere sont tenus de doter leurs filles légitimes, du moins par une obligation naturelle. 2°. Il est vrai que la Coutume ne donne point d'action à la fille légitime, pour demander une dot à ses pere & mere, qui l'ont mariée sans rien promettre ; parce qu'on présume qu'ils n'ont pas manqué à leur devoir. Mais la même présomption n'a point lieu quand il s'agit d'une fille illégitime. C'est pourquoi il a été décidé que *celui qui devoit les aliments* à une fille naturelle, lui *devoit la dot* ; & cette Jurisprudence est fondée sur l'équité.

Au reste, ce qu'on accorde à une fille bâtarde, peut avec raison être bien inférieur à ce que l'on donne aux filles légitimes. Cela doit néanmoins se déterminer, *pro modo facultatum utriusque parentis.* Ce qui seroit une dot considérable & même excessive en certains cas, ne sera dans beaucoup d'autres qu'un avantage très-médiocre.

QUESTION IV.

Mœvius a une fille adultérine, qu'il pourroit nourrir sans s'incommoder notablement. Il la laisse mendier & vivre dans la misere, sans lui donner aucune éducation. Peche-t-il griévement ?

RÉPONSE.

La conduite de Mœvius fait horreur. Ce pere impitoyable est en quelque sorte pire que les animaux les plus féroces, qui prennent pour la nourriture de leurs petits, des soins si grands & si continuels.

Il est vrai que la fille de Mœvius est en état de chercher elle-même son pain.

Mais 1º. un pere doit fournir à ses enfants, même illégitimes, une subsistance honnête. Or la mendicité n'est pas une voie pour les faire subsister honnêtement : c'est au contraire le véritable moyen d'en faire des fainéants & des libertins. Quel danger sur-tout pour la pudeur d'une jeune fille, lorsqu'elle est contrainte de mendier son pain de porte en porte !

2º. Un pere chrétien doit à ses enfants quelque chose de plus que la nourriture & le vêtement. S'il se borne à leur procurer l'un & l'autre, que fait-il de plus que les païens ? *Nonne & ethnici hoc faciunt ?* Il doit donc à ses enfants, quels qu'ils soient, une éducation chrétienne ; il doit veiller sur eux, les envoyer aux instructions publiques, les faire approcher des Sacrements, &c.

Inferez delà combien sont condamnables les peres & les meres, qui abandonnent de pauvres enfants à leur malheureux sort. Le Concile de Gangres, *can.* 15, frappe d'anathême ceux qui se rendent coupables d'une telle inhumanité. *Si quis suos liberos relinquit, nec eos alit, nec quantùm in se est, ad convenientem pietatem religionemque adducit ; .... sit anathema.* Ce Concile fut tenu vers l'an 324. *Concil. Lab. tom. II. col.* 420.

QUESTION V.

Madeleine a été obligée de nourrir & d'élever à ses dépens, un enfant qui est le fruit de sa débauche avec Marien. Celui-ci est-il tenu en conscience de dédommager Madeleine ?

REPONSE.

Il faut distinguer. 1°. Si Marien a engagé Madeleine au crime par prieres, par promesses, &c. ; il doit être chargé lui seul de la nourriture & entretien de l'enfant. Comme il a été la premiere cause du mal, il est juste qu'il en réponde le premier. Il est le principal obligé, & Madeleine ne l'est qu'à son défaut. Il doit donc restituer à cette fille tout ce qu'elle a dépensé pour la nourriture du bâtard, & s'en charger à l'avenir. Il doit de plus réparer tout le dommage (*a*) qu'il a causé à Madeleine.

Cette décision est conforme à la Jurisprudence du Royaume. » Celui qui a
» engrossé une fille, même sous pro-
» messe de mariage, *dit M. de Ferriere*,
» (*b*) n'est plus aujourd'hui, dans la plu-
» part des Tribunaux de France, con-

___

(*a*) *Il doit de plus réparer tout le dommage, &c.* Nous ne croyons pas pouvoir admettre l'opinion de ceux qui prétendent qu'on ne doit aucun dédommagement à une fille déshonorée, dès qu'elle consent au crime, sans qu'on l'y engage, ni par crainte, ni par violence, ni par des promesses trompeuses, ni par des prieres importunes. L'indigne proposition que l'on fait à une personne qui ne pensoit point au mal, & auquel on la détermine; cette proposition, dis-je, suffit seule pour que l'on soit justement réputé la premiere & principale cause du mal, & de toutes les suites qui en résultent. On est donc tenu d'en répondre, & cela en conscience, sans qu'il soit besoin que le Juge ait prononcé.

(*b*) Dict. de Droit, V. *Grossesse*.

» damné à l'époufer ou à être pendu : il
» eft feulement condamné aux frais de
» géfine, chargé de l'enfant, & condam-
» né envers la mere aux dommages & in-
» térêts; lefquels font plus ou moins con-
» fidérables, felon les circonftances &
» la qualité des parties «.

2°. Si Madeleine avoit eu l'effronterie d'exciter Marien au crime, elle feroit pour lors la principale obligée à la nourriture de l'enfant; & Marien n'y feroit tenu qu'à fon défaut. Ainfi Marien ne feroit point alors obligé, *ante fententiam judicis*, de reftituer à Madeleine ce qu'elle auroit débourfé. Dès qu'une fille eft affez impudente, pour folliciter un homme au crime, elle eft cenfée prendre fur-elle-même toutes les fuites de fon libertinage. C'eft ce que je puis confirmer par la Jurifprudence des Tribunaux féculiers. » Quand on croit, *dit M.*
» *Roupnel* (*a*); avoir découvert l'auteur
» de la groffeffe, on ne le condamne pas
» toujours. Des filles célebres par leur dé-
» réglement, *qui font* dans l'habitude de
» tendre des pieges à des enfants de fa-

(*a*) Notes fur Pefnelle, *à l'art.* 275 *de la Cout. de Norm.*

» mille, ... *ne méritent point* les regards
» favorables de la Justice «.

3°. En supposant que Madeleine se soit livrée à la passion de Marien, sans qu'on puisse savoir lequel a déterminé l'autre, il faut que tous les deux contribuent, chacun de leur côté, à la nourriture de l'enfant. Or, pour régler cette contribution, on peut s'en tenir au sentiment commun des Docteurs, qui enseignent que la mere est obligée de nourrir son enfant illégitime, jusqu'à l'âge de trois ans ; & que le pere doit ensuite s'en charger, jusqu'à ce qu'il l'ait mis en état de gagner sa vie. Ce sentiment est fondé sur le chap. 2. *De convers. infidelium* (a). Concluons que dans cette derniere hypothese, Marien seroit seulement tenu de restituer à Madeleine, ce qu'elle auroit dépensé pour la nourriture & l'entretien de l'enfant, depuis qu'il auroit atteint l'âge de trois ans. Si Marien, dans ce dernier cas, étoit condamné à se

---

(*a*) Ce chapitre est conçu en ces termes : *Cùm puer adhuc infans existat, propter quod magis materno indiget solatio quàm paterno ; .... dictus puer apud eam* (matrem) *debet convenientiùs remanere..... Pueri post triennium, apud patrem non suspectum ali debent & morari.*

charger lui seul de l'enfant ; ce seroit pour lors une peine prononcée contre Marien, à laquelle il n'est point obligé de se soumettre avant la sentence du Juge. Puisque la mere d'un enfant illégitime doit quelquefois le nourrir *primo triennio* ; cela doit certainement avoir lieu dans le cas où elle est aussi coupable que le pere. Car alors on ne peut, ni la charger, ni la décharger de toute la nourriture de l'enfant. Il est donc juste de partager cette obligation, suivant le droit commun qui paroît fort équitable. Et quoique la mere ne nourrisse l'enfant que pendant les trois premieres années, elle est d'ailleurs assez punie par le déshonneur qui lui revient de sa mauvaise conduite.

QUESTION VI.

Fabienne déclare que l'enfant dont elle est grosse, est des œuvres de Guillaume. Doit-on avoir égard à cette déclaration ?

RÉPONSE.

I. Cette déclaration ne peut rien prouver par elle-même. Car, ce que l'accusatrice donnera comme un fait certain, l'accusé pourra avec autant de droit le rejetter comme une insigne calomnie. Aussi, lorsqu'une pareille déclaration est destituée de preuves, d'indices & de conjectures, on n'y a ordinairement aucun égard dans les Tribunaux séculiers. Cette déclaration ne suffit pas pour convaincre celui qui se défend d'être l'auteur de la grossesse. C'est ce qu'on peut induire d'un Arrêt rendu au Parlement de Rouen, le 15 de Mars 1723.

On n'écoute nullement la déclaration des filles ou femmes qui se sont abandonnées à plusieurs hommes ; quoique cette déclaration soit d'ailleurs soutenue par des preuves & des indices. *V.* Basnage, *sur l'art. 275 de notre Coutume* ; & Denisart, V. *Grossesse*.

Enfin, quand il s'agit d'une fille qui a déjà eu un enfant, sa déclaration est rejettée : & elle n'a point d'action contre celui qu'elle prétend être l'auteur d'une seconde grossesse. Ainsi jugé au même Parlement, le 28 Février 1755.

Concluez delà que, quand on rédige l'acte du Baptême d'un enfant illégitime, on ne doit jamais faire mention du pere, sur la simple déclaration de la mere. On ne peut le faire que dans deux cas :

cas : le premier, lorsqu'il y a une sentence du Juge qui déclare le pere, & qui est signifiée au Curé par voie de Justice ; le second cas a lieu, lorsque le pere est lui-même présent, qu'il reconnoît l'enfant & signe l'acte. S'il ne sait point signer, il faudra lui faire reconnoître l'enfant devant plusieurs témoins, qui signeront avec le Curé. *Rit. Rotom. pag. 25 & 305. nov. Edit.*

II. Pour ce qui est du for intérieur, on doit s'en tenir à la déclaration de Guillaume. S'il avoue le fait, il devra être chargé de l'enfant, plus ou moins, suivant les principes ci-devant exposés. S'il nie positivement l'accusation, on ne pourra le charger de rien, à moins que l'on n'ait contre lui des preuves suffisantes pour le convaincre. La raison est que, dans le tribunal de la pénitence, l'homme doit être cru, soit qu'il dépose contre lui-même, soit qu'il parle en sa faveur ; lorsqu'on n'a point de preuve ostensible à lui opposer. *In foro judiciali creditur homini contra se, sed non pro se : in foro autem pœnitentiæ creditur homini pro se & contra se.* S. Thomas, *Quodlib. 1. quæst. 6. art. 22.*

Si Guillaume, en avouant son mauvais commerce avec Fabienne, prétendoit avec fondement que dans le même temps elle vivoit mal avec d'autres; pour lors il y auroit lieu de douter si Guillaume seroit l'auteur de la grossesse. Dans ce cas plusieurs Théologiens veulent que la restitution se fasse *pro ratione majoris vel minoris dubii* ; ce qui n'est guère facile à régler. Comment saura-t-on si une femme, qui est convaincue d'avoir péché avec deux hommes, n'aura point commis le même crime avec trois & avec quatre ? Une telle femme n'est point écoutée dans le for extérieur. Est-elle plus digne de faveur dans le for de la conscience ?

S. Antonin n'a point admis de partage dans le cas du doute, dont il est question. Il enseigne que celui qui a péché, même avec une femme mariée, n'est pas tenu à la réparation du dommage, lorsqu'il y a lieu de douter si le coupable est auteur de la grossesse. Voici les paroles de S. Antonin, *Summ. Part. 2. cap. 7. §. 4.* » Si autem dubitat adul-
» ter, ex eo quòd levis est mulier, &
» cum aliis adulteratur ; vel etiam quòd
» ipsa adultera dubitat utrùm (proles)
» sit ejus vel mariti : relinquatur judicio

« Dei cui omnia nuda funt & aperta ;
» & gravari non videtur de reftitutióne.
» Indecens eft enim ut in re dubiâ certa
» detur fententia «.

Le fage Sylvius adopte la décifion de S. Antonin, *tom. III. pag. 329, concl.* 4. Quand il s'agit d'une femme non mariée, qui a péché avec plufieurs hommes, cette décifion paroît encore plus recevable. Car alors le dommage ne tombe que fur la femme, & elle le mérite bien ; puifque c'eft par une fuite naturelle de fon infâme proftitution, que l'auteur de la groffeffe eft devenu incertain. Elle ne peut donc imputer fon malheur qu'à elle-même ; *Damnum quod quis fuâ culpâ fentit, fibi debet, non aliis imputare.* Reg. 86, *in 6°*. Cependant le confeffeur agiroit prudemment, en impofant au pénitent coupable d'adultere une pénitence pécuniaire, qui feroit appliquée à ceux qui auroient pu fouffrir du dommage.

SECTION II.

De la nourriture des enfants exposés.

ON appelle exposition de part, (*partûs sive infantis*) le crime que commettent les pères & meres, qui exposent leur enfant ou le font exposer dans une rue, ou dans quelque autre endroit, pour en être débarrassés.

I. On ne peut regarder l'exposition de part, que comme un crime très-énorme, & qui approche de l'homicide. Car exposer un enfant, n'est-ce pas assez souvent lui donner la mort? *Tam igitur nefarium est exponere quàm necare*, dit Lactance (*a*). Aussi voyons-nous que dans les Décrétales, après le titre de ceux qui tuent leurs enfants, *De his qui filios occiderunt*, on a mis immédiatement celui des parents qui les exposent, *De infantibus & languidis expositis*. Lib. V. Tit. X & XI.

II. Les loix civiles ont toujours été fort séveres contre l'exposition de part. Ce crime étoit autrefois puni de mort; on se contente aujourd'hui de faire fouetter & flétrir ceux qui sont convaincus de

(*a*) Lib. 6. *Instit. Divin.* Cap. 20.

l'avoir commis. Dict. de Droit, V. *Expo-*
sition de part.

La facilité que l'on a de mettre les enfants à l'hôpital des *Enfants trouvés* de la ville de Paris, fait que l'on n'entend plus parler que ce crime s'y commette. Il seroit à desirer que l'on eût la même facilité dans toutes les villes du Royaume.

QUESTION I.

Y a-t-il des circonstances, où les peres & meres puissent sans péché, exposer ou faire exposer leurs enfants ?

RÉPONSE.

I. Plusieurs Théologiens, dont Grandin (a) adopte le sentiment, soutiennent que les parents peuvent le faire sans péché, *ob extremam aut verè gravem necessitatem.* Voici ce qui paroît le plus sûr & le plus probable sur cette question.

1°. L'indigence des peres & des meres ne peut rendre légitime l'exposition de leurs enfants. On trouve toujours quelque ressource, ou dans l'assistance des parrains & des marraines, ou dans la charité des autres fideles. Mais enfin,

___
(a) Tom. IV. Tract *De Religione*, pag. 148.

comme dit Silveſtre de Prierio, un pere devroit plutôt demander l'aumône que d'expoſer ſon enfant; *Eo caſu teneretur mendicare* (a). Il eſt vrai que Silveſtre ajoute cette reſtriction: *niſi fortè expoſitio tali modo fieret, quòd nullum periculum immineret.* Mais comment expoſer un enfant, ſans qu'il y ait du danger? Ceux qui ſe chargent de cette funeſte commiſſion, cherchent toujours le ſecret, & craignent fort d'être apperçus. Ils penſent bien plus à ſe tirer eux-mêmes du péril, qu'à en préſerver l'enfant. Savent-ils préciſément quand il ſe trouvera quelqu'un qui veuille le ramaſſer & en prendre ſoin? En attendant, combien ne peut-il pas arriver de malheurs, dans un âge ſi tendre & ſi délicat?

2°. La crainte de l'infamie ne peut ſervir d'excuſe à une mere, pour abandonner ſon enfant & le faire expoſer. Il y a des moyens pour mettre ſon honneur à couvert, ſans en venir à une extrémité ſi fâcheuſe. Tantôt on pourra faire épouſer la perſonne ſéduite, à celui qui l'aura débauchée: ſouvent on pourra la faire tranſporter dans un lieu éloigné, où elle

---

(a) Summ. Silveſt. V. *Expoſitus*, num. 3.

accouchera fans être connue. On pourra du moins faire porter l'enfant dans quelque hôpital, en payant fa penfion.

» Mais enfin, *dit Fromageau*, (*a*) quand
» après avoir pris toutes ces mefures, ces
» meres, beaucoup plus délicates fur leur
» honneur que fur le fait de leur confcien-
» ce, s'expoferoient à fe diffamer ; elles
» fe font mifes dans ce danger, elles l'ont
» dû prévoir : elles méritent d'en por-
» ter plutôt la peine, que de manquer au
» plus effentiel de tous les devoirs natu-
» rels, qui eft celui d'une mere envers
» fes enfants, dont il n'eft jamais permis
» d'abandonner le foin. Et s'il étoit libre
» aux femmes d'expofer leurs enfants, ce
» feroit ouvrir la porte au déréglement
» de toutes fortes de perfonnes, dont la
» plupart fouvent ne demeurent dans le
» devoir, que par la crainte des mauvaifes
» fuites, & de l'embarras où l'on fe trou-
» ve, quand on y a manqué «.

3°. Il femble donc qu'il n'y a qu'un feul cas, où l'on puiffe en confcience expofer un enfant ; & c'eft lorfqu'on n'a point d'autre moyen pour fauver la vie de

―――――――――――――――――――

(*a*) Dict. de Cas de confcience. V. *Enfants*, Cas 3.

l'enfant ou de la mere. Nous en trouvons un exemple dans l'expofition de Moïfe fur le bord du Nil. Les parents de Moïfe n'avoient que ce trifte moyen pour lui conferver la vie ; ils étoient donc obligés d'en faire ufage. D'où l'on peut conclure en paffant que Calvin déraifonne vifiblement, lorfqu'il accufe ces pieux Ifraélites de lâcheté & de cruauté. C'eft la remarque de Corneille *de la Pierre*, fur le chap. 2. de l'Exode. *Ferperàm ergò Calvinus hos Mofis parentes ignaviæ & ferinæ immanitatis, ob hanc prolis expofitionem, arguit. Nam non poterant aliter vitam Mofis confervare, nifi eum exponendo.*

On peut appliquer le même principe au cas fuivant. Une femme a un enfant pendant la longue abfence de fon mari, qui eft un homme violent & emporté. Il y a tout à craindre que cet homme étant de retour, ne fe laiffe aller aux plus grands excès contre la mere, & peut-être contre l'enfant. Si l'on fuppofe que la mere de cet enfant, ne puiffe le faire porter fecrétement chez une nourrice, elle tâchera du moins de le faire mettre à l'hôpital. Si cette derniere reffource lui manquoit, l'expofition feroit permife, comme étant le feul moyen praticable. Ainsi une mere ne doit exposer son enfant que dans le cas où elle ne peut absolument faire autrement; & encore n'est-ce qu'en prenant de justes précautions. C'est toujours un mal & un inconvénient. Mais entre deux maux nécessaires, on peut & on doit choisir le moindre.

4°. Il y a bien de la différence entre la permission que l'on donne aux parents, de faire nourrir leurs enfants à l'hôpital; & celle que leur accordent quelques Théologiens, de les faire exposer à la porte d'un hôpital ou ailleurs. Je conviens que les parents peuvent, dans le cas d'une nécessité très-pressante, *ob gravem inopiam aut certum infamiæ periculum*, faire mettre leurs enfants à l'hôpital. Mais il ne s'ensuit pas qu'ils puissent, sans autres raisons, les exposer secrétement & à la dérobée, comme on fait ordinairement.

II. Mais quel conseil doit-on donner à une personne, qui déclare la résolution où elle est de faire exposer l'enfant qu'elle a conçu de sa débauche ?

Réponse. 1°. On doit lui dire que l'exposition de son enfant, seroit un nouveau crime ajouté au premier. Et en l'exhortant fortement à quitter son mauvais dessein, on lui parlera toujours avec beaucoup de douceur & de charité, de peur que le défespoir ne la portât à quelque démarche funeste contre son enfant ou contre elle-même.

2°. En fuppofant qu'il foit à craindre, que cette perfonne ne faffe périr fon enfant, fi elle ne l'expofe pas; on peut & on doit la laiffer faire. Car expofer un enfant eft un moindre mal, que de le faire mourir. Mais on ne peut lui confeiller, ni lui faciliter l'expofition; à moins que ce ne fût dans le cas, où nous avons obfervé qu'elle étoit permife. *Voyez* Fromageau, *ubi fuprà*.

QUESTION II.

Par qui les enfants que l'on trouve expofés, doivent-ils être nourris & entretenus?

RÉPONSE.

I. Suivant la Jurifprudence du Parlement de Paris, les enfants trouvés doivent être nourris & élevés par le Seigneur Haut-Jufticier, dans le reffort duquel on les trouve. La raifon eft que les épaves lui appartiennent, & que ces enfants font comme une efpece d'épaves. D'ailleurs, fi l'enfant trouvé dans l'étendue de la Justice, y acquéroit des biens, & venoit ensuite à mourir sans hoirs ; ces biens appartiendroient au Seigneur. Il est donc juste que pour l'espérance de ce profit, il ait la charge de nourrir l'enfant. Dict. de Droit, V. *Exposition de part.*

II. En Normandie la chose est différente. Quoique, selon notre coutume, les épaves ou *choses gaives*, aussi-bien que le droit de batardise & de déshérence, appartiennent aux Seigneurs féodaux ; cependant ils ne sont pas chargés spécialement de la nourriture des enfants trouvés. Si les Seigneurs y contribuent pour leur part, ils ne le font que comme les autres propriétaires. » Les enfants exposés, *dit* » *Pesnelle sur l'art.* 275 *de la Coutume,* » doivent être nourris & élevés par les » hôpitaux des lieux ; ou quand il n'y a » point d'hôpitaux, par les Trésors des » Eglises, suivant l'avis de Basnage, qui » est fondé sur ce que les biens des Trésors étant provenus d'aumônes, ne » peuvent pas être mieux employés qu'à » une aumône ; les enfants exposés devant » être réputés pauvres de la paroisse où » ils ont été exposés. Que si les Trésors » n'ont pas de biens suffisants, les Sei-

» gneurs de fief & les paroiſſiens doivent
» fournir la dépenſe pour la nourriture
» & entretenement des enfants expoſés:
» ce qui a été jugé par pluſieurs Arrêts
» cités par Berault ſur l'art. 604 «.

Baſnage, *ſur l'art.* 275, obſerve que dans l'étendue de la banlieue de la ville de Rouen, l'hôpital a été condamné de ſe charger de la nourriture des enfants expoſés.

III. Les peres & les meres qui ont fait nourrir leurs enfants à l'hôpital, ſont tenus de le dédommager, lorſqu'ils ſont en état de le faire (*a*). La raiſon eſt que les biens des hôpitaux ſont conſacrés à la nourriture des pauvres; & que l'intention des perſonnes qui les ont fondés ou qui les ſoutiennent par leurs aumônes, n'eſt pas que ces revenus ſoient employés à la ſubſiſtance de ceux qui peuvent être nourris d'ailleurs.

Lorſque le Tréſor de l'Egliſe, ou les propriétaires d'une paroiſſe ont été chargés de la nourriture d'un enfant trouvé;

(*a*) *Qui filios per adulterium vel fornicationem acquirunt, ſed ad occultationem peccati, vel ad tollendum ſcandalum, mittunt ad hoſpitalia, tenentur illos alere expenſis ſuis, & eis providere, ſi poſſunt.* S. Antonin. *Summ.* Part. 2. tit. 1. cap. 24. §. 5.

le pere & la mere, s'ils le peuvent, doivent également reſtituer les frais de la nourriture à ceux qui les ont débourſés. Car, comme ils n'ont fourni ces dépenſes qu'au défaut des hôpitaux; ils ſont cenſés ne l'avoir fait qu'aux mêmes conditions.

Ce dédommagement doit être proportionné au temps que l'enfant a été nourri ſans gagner ſa vie; ce qu'il faut régler ſuivant l'uſage du pays. S'il en avoit coûté quelque choſe pour l'inſtruire, pour lui faire apprendre un métier; les parents feroient de même obligés d'en tenir compte.

Objection. Ce qui eſt donné par un motif de charité & de piété, n'eſt point ſujet à répétition: *quæ pietatis cauſâ dantur, non repetuntur*; ex can. *Sacrorum* XII. *quæſt.* 2. Donc les hôpitaux n'ont pas droit de répéter les dépenſes faites pour la nourriture des enfants; & conſéquemment on n'eſt point tenu de leur en faire la reſtitution.

Réponſe. Ce qui a été donné *pietatis cauſâ*, abſolument & ſans aucune condition même tacite, n'eſt point ſujet à répétition; il ne peut être redemandé. C'eſt le cas du Canon *Sacrorum*, où il s'agit des biens de l'Eglise, employés pour le rachat des Captifs.

Mais ce qui a été donné *pietatis causâ*, sous une condition exprimée ou sous-entendue, peut être répété, lorsque la condition présumée n'existe pas réellement. Or les hôpitaux, ou autres qui se chargent de la nourriture d'un enfant trouvé, ne le font que sous la condition du moins tacite, que les parents de cet enfant soient pauvres. On a donc droit de répéter la dépense, si les parents ont le moyen d'en tenir compte.

IV. On demande si les parents qui ont exposé leur enfant, sont obligés en conscience de le reconnoître.

Réponse. Ils y sont obligés, lorsqu'ils ont pour cela des marques certaines (a). Car si l'enfant est légitime, il profitera des droits de la naissance, dont on ne pourroit le priver sans injustice. D'ail-

---

(a) *Lorsqu'ils ont pour cela des marques certaines.* Les parents qui prennent le dangereux & cruel parti d'exposer leurs enfants, doivent du moins remarquer exactement le temps, le lieu & les autres circonstances de l'exposition, & mettre sur l'enfant quelque marque particuliere ; afin qu'ils puissent dans la suite le reconnoître, & en prendre soin. C'est ce qu'enseignent les Théologiens.

leurs, que l'enfant foit légitime ou non, s'il n'eft pas reconnu, il en peut réfulter de grands inconvénients. Il pourra arriver qu'un frere époufe fa fœur, un fils fa mere, ou une fille fon pere.

Cette derniere raifon prouve que les parents doivent reconnoître leur enfant même illégitime. Mais il y a de grandes précautions à prendre, quand l'enfant eft provenu d'un adultere. Il fuffit alors que les parents tâchent de reconnoître l'enfant, fans fe faire connoître à lui. Ils n'en feront pas moins à portée de lui fournir les fecours néceffaires.

Lorfque les parents n'ont pris aucun moyen pour pouvoir reconnoître l'enfant qu'ils ont expofé, c'eft un mal irréparable pour l'enfant; & il n'y a pas d'autre remede pour eux, que d'en faire pénitence.

ARTICLE II.

De la capacité des bâtards par rapport aux donations.

I. La puissance active des bâtards par rapport aux donations, est précisément la même que dans les personnes légitimes. C'est ce que décide formellement notre Coutume.

Art. 276. » Le bâtard peut disposer de » son héritage, comme personne libre. » *Art.* 416. Les bâtards peuvent tester de » leur meuble, ne plus ne moins que font » les légitimes «. Ainsi le bâtard peut donner entre-vifs & par testament ; *Liber vivit & liber moritur.* Et quoique notre Coutume ne dise pas expressément que les bâtards puissent donner par testament quelque partie de leurs acquêts ou conquêts immeubles ; ils le peuvent néanmoins comme les légitimes, aux conditions exprimées dans l'art. 422.

II. La capacité des bâtards n'est pas si étendue, pour recevoir des donations & des legs. Suivant l'art. 438 de notre Cou-

DES PERSONNES. 113
tume, *les bâtards font capables de toutes donations, d'autres perfonnes que de leurs pere & mere*. Ce qui donne à entendre que la donation faite aux bâtards par leurs pere ou mere, n'eſt pas toujours admiſe.

QUESTION I.

Les peres ou meres peuvent-ils donner des meubles à leurs enfants illégitimes, par teſtament & par acte entre-vifs ?

RÉPONSE.

I. Selon notre Coutume, art. 426, *le pere peut donner par ſon teſtament à ſon fils naturel avoué, telle part de ſon meuble que la coutume lui permet de donner à un étranger*. Ainſi, lorſqu'un homme pourroit donner par teſtament tous ſes meubles à un étranger, il peut également les donner à ſon fils naturel avoué ou reconnu. *En cette Province*, dit Baſnage ſur l'art. 414, *le legs fait par un pere à ſon fils naturel de tous ſes meubles ſeroit valable*, dans le cas où il vaudroit pour un autre légataire.

Mais par *fils naturel*, on ne doit entendre que le ſimple bâtard, qui eſt né *ex ſoluto & ſolutâ*; ce qui exclut les bâtards incestueux & adultérins, de la faveur accordée, par l'art. 426. Cet article ne regarde point les bâtards nés *ex incesto aut nefario coitu*. De tels enfants » sont » réputés indignes de ce qui leur est donné » par le Testament de leur pere ou mere, » si ce n'est ce qui est nécessaire pour leurs » aliments «. C'est ce que dit Pesnelle sur le titre *des testaments*.

Un bâtard de cette espece pourroit néanmoins en conscience percevoir tout ce qui lui est légué, si les héritiers ne contestoient pas le testament fait en sa faveur. Car ne point réclamer en pareil cas, c'est consentir. Mais si les héritiers réclament, ce legs doit être restreint *ad modum alimentorum*.

II. Ce que les pere & mere d'un bâtard peuvent lui donner sur leurs meubles par testament, ils peuvent le lui donner par acte entre-vifs. *Voyez* Berault & Godefroy *sur l'art.* 437.

QUESTION II.

La donation qu'un homme fait à son fils naturel, d'une partie de son héritage, est-elle valide ?

RÉPONSE.

I. Voici ce que porte l'art. 437 de notre Coutume. » Nul ne peut donner à » son fils naturel partie de son héritage, » *ni* le faire tomber en ses mains directe- » ment ou indirectement, que les héri- » tiers ne le puissent révoquer dans l'an & » jour du décès du donateur «.

La Coutume, comme on voit, ne déclare pas cette donation nulle : elle accorde seulement aux héritiers du donateur, le droit de la faire révoquer ; » de » maniere, *dit Berault*, que si les héri- » tiers ont laissé passer l'an & jour, sans » révoquer la donation, *videntur con-* » *sensisse & approbasse*... Et après l'an & » jour, *ils* ne sont plus recevables à la » contredire ni en la possession, ni en la » propriété «. Cette donation, quoique révocable, est donc bonne en elle-même. D'où il suit que, pour la conscience, il est permis au pere de donner, & au fils naturel de profiter de la donation. En effet, le donateur ne cause aucun tort à ses héritiers ; puisqu'il les laisse toujours en liberté de se pourvoir contre la donation dans l'an & jour de son décès, aux termes de l'art. 437.

II. Il sera bon d'ajouter ici quelques observations.

1º. Un majeur, héritier présomptif, qui auroit consenti librement à la donation d'héritage, ne pourroit plus réclamer après la mort du donateur. *Quod semel placuit, ampliùs displicere non potest.* Reg. 21, *in 6º.* Il en seroit autrement, si l'héritier n'avoit consenti que par la crainte de se voir privé de la succession. *Voyez* Basnage, *sur l'art.* 437.

2º. Lorsque les héritiers sont mineurs au temps de la mort du donateur, ils pourront faire révoquer la donation dont il s'agit, dans l'an & jour de leur majorité. C'est une suite de l'art. 435 de notre Coutume, qui est conçu en ces termes : *Les héritiers peuvent révoquer les donations faites contre la Coutume, dans les dix ans du jour du décès du donateur, s'ils sont majeurs ; & dans dix ans du jour de leur majorité : autrement ils n'y sont plus recevables.* Dans le cas d'une donation faite par le pere à son fils naturel, les héritiers n'ont qu'an & jour pour la révoquer ; parce que cette donation étant faite pour les aliments du bâtard, mérite plus de faveur que les autres donations. Berault, *sur l'art.* 437.

3°. Si le pere avoit donné à fon fils naturel, au-delà du tiers de fon héritage ; les héritiers pourroient bien faire réduire la donation dans les dix ans du décès du donateur, ou de leur majorité. Mais après an & jour, ils ne pourroient la révoquer en intégrité ; ils pourroient feulement en demander la réduction au tiers de l'héritage. *Godefroy*, fur le même article.

4°. Par le mot *d'héritage*, il faut entendre ici tous les biens immeubles ou tenants nature d'immeubles. On doit donc comprendre fous ce terme, non-feulement les propres, mais les acquêts & conquêts : non-feulement les rentes foncieres ; mais les rentes conftituées à prix d'argent, qui font réputées immeubles par l'art. 507. de la Coutume. *Berault, fur les art. 426 & 437*.

Ce commentateur veut que l'on entende auffi par *héritage*, l'ufufruit des chofes immeubles, parce qu'il eft réputé immeuble par l'art. 508. Godefroy penfe autrement. » Je tiens, *dit-il*, que » fi (cet ufufruit) eft laiffé *nomine ali-* » *mentorum*, & ne foit exceffif, la dona- » tion qu'en a faite le pere à fes enfants » naturels, eft valable «. S'il y avoit de l'excès dans la donation de l'ufufruit, les héritiers pourroient du moins en demander la réduction.

5°. On doute fi les filles naturelles font comprifes fous la prohibition de l'art. 437. Voyez Berault & Bafnage *ibid*. Quoiqu'il y ait des raifons pour & contre, il femble néanmoins que le pere ou la mere peuvent donner une rente hypotheque à leur fille naturelle; pourvu que ce foit en faveur du mariage, pour lui tenir lieu de dot, & que d'ailleurs cette rente ne foit pas exceffive. Berault le confirme par un Arrêt du 2 Août 1616, & Godefroy eft du même fentiment.

QUESTION III.

La donation indirecte de l'héritage, dans le cas de l'art. 437, peut-elle quelquefois avoir lieu ?

RÉPONSE.

I. La donation *indirecte* n'eft pas plus favorable que celle qui fe fait *directement*; puifque l'art. 437 exclut formellement l'une & l'autre. Ainfi, lorfque le pere vend ou donne partie de fon héritage à un ami, à condition de le faire passer entre les mains de son bâtard; *tout cela*, dit Godefroy, *est révocable par l'héritier du pere.* Il en est de même de toute autre voie oblique & indirecte, quand on peut prouver la collusion.

Si la voie indirecte étoit tellement ménagée, qu'elle mît les héritiers dans l'impuissance de réclamer contre la donation; le bâtard à qui elle seroit faite par ses pere ou mere, ne pourroit en conscience en profiter. Car, dans ce cas, on ne peut pas dire que les héritiers ne réclamant point, sont censés consentir à la donation; puisque la réclamation leur est impossible. Mais à leur défaut, l'équité naturelle réclame contre la fraude commise en faveur du bâtard. Il ne doit donc pas en profiter; *Malitia & dolus nulli patrocinari debent.* Cap. 2. *De dolo & contumaciâ.*

Il faut cependant remarquer 1°. Qu'il n'y a point donation indirecte, sans collusion *expresse ou tacite.* Par exemple, Philippe donne à Fabius, absolument & sans aucune condition, une partie de son héritage. Celui-ci croyant qu'il sera mieux de remettre ce bien à Titius bâtard de Philippe, lui en fait de son propre mouvement une donation pure & simple. Dans le for extérieur, on pourroit présumer de la collusion. Cependant comme il n'y en a point réellement, Titius peut en conscience retenir ce qu'on lui a donné.

2°. » Si le pere ou la mere, *dit Gode-*»*froy*, donnoit de l'argent à un tiers, » pour acquérir certains héritages au » nom de ses enfants naturels; on ne pour- » roit révoquer l'acquêt sous prétexte de » cet article : parce qu'il n'ont donné que » du meuble, ce qui leur est aussi-bien » permis par donation entre-vifs com- » me par testament «. *Voyez* Berault, *ibid.*

II. Mais *quid juris*, dans le cas suivant ? Thibaud vend une terre, pour en donner les deniers à son fils naturel. Cette donation est-elle contraire à la Coutume ?

Réponse. Il est vrai que la Coutume défend à un pere de donner aucune partie d'héritage à son bâtard, *directement ou indirectement*. Mais Thibaud n'est point dans le cas de la défense. Car il n'a donné à son fils naturel qu'une somme d'argent ; ce qui est, non pas une donation d'héritage, mais une donation de meubles.

bles. Or, comme dit Berault, *quant au meuble, le pere le peut tout donner par donation entre-vif à son bâtard* de même qu'à un étranger ; *puisque la Coutume en cet article, prohibe seulement la donation de l'héritage. Cela aura lieu aussi en la mere, &c.*

Cette décision est fondée sur la maxime reçue en France, qu'entre majeurs une somme de deniers est réputée meuble, quoiqu'elle soit provenue de la vente d'immeubles. Dict. de Droit, V. *Meubles*.

Il y a cependant un cas où, selon notre Coutume, les deniers provenus de la vente d'un héritage sont censés immeubles. Cela arrive, lorsque l'héritage vendu étant un propre, ne peut être remplacé sur les acquêts. Car les deniers doivent être réputés immeubles entre majeurs, *en tant qu'il est nécessaire pour fournir le remploi des propres*. Basnage, *sur l'art. 409 de la Cout.* Mais cette exception n'a lieu en faveur des héritiers aux propres, que quand les deniers existent lors du décès du Donateur. Si le Défunt a vendu son propre, & qu'il ait dissipé ou donné entre-vifs les deniers provenus de la vente ; les héritiers ne peuvent point faire la poursuite de ces deniers,

Tome I. F

par la regle générale que *meubles n'ont point de suite par hypotheque*. En effet, comment assujettir au droit de suite des choses qui peuvent, comme dit Charles Dumoulin, *uná horá transire per centum manus*?

On suppose que Thibaud a donné entre-vifs. Ainsi les héritiers n'ont rien à prétendre sur la donation faite au bâtard, quand même la terre vendue auroit fait partie des propres. Si au contraire Thibaud avoit donné par testament, & qu'il n'y eût point d'acquêts, le remplacement du propre aliéné se feroit sur les meubles : & si tous les meubles étoient nécessaires pour le remploi, le bâtard n'auroit rien.

QUESTION IV.

Un homme peut-il donner des immeubles aux enfants légitimes de son bâtard ? Peut-il en donner au bâtard de son enfant légitime ?

RÉPONSE.

I. L'art. 437 porte que *nul ne peut donner à son fils naturel partie de son hé-*

ritage, directement ou indirectement. Cela prouve que le pere ne peut pas plus donner des immeubles aux enfants légitimes ou illégitimes de son bâtard, qu'il n'en peut donner au bâtard même. Autrement il seroit facile d'éluder la Coutume, & de faire *indirectement* ce qu'elle a défendu. Car, dit Berault sur l'art. 438, *un bâtard voyant que son pere ne lui pourroit donner de son héritage, le feroit donner à ses enfants* ; auquel cas il profiteroit autant de la donation, que s'il étoit lui-même le donataire Godefroy est du même avis ; parce que, dit-il, la donation faite au fils, *patri facta videtur*. Cependant Berault, sur l'art. 437, cite un Arrêt du 1 Mars 1617, qui confirma une donation de trente livres de rente, faite par une aïeule aux enfants légitimes de sa fille bâtarde. Mais cette rente fut apparemment considérée comme tenant lieu de dot à la mere de ces enfants.

II. Suivant l'art. 438, *les bâtards sont capables de toutes donations, d'autres personnes que de leur peres & meres* ; sur quoi Basnage dit qu'il est plus conforme à l'esprit de la Coutume, d'étendre à l'aïeul la prohibition faite au pere. Un homme ne pourroit donc pas donner des immeubles au bâtard de son enfant légitime ; puisque l'aïeul, de même que le pere du bâtard, a les mains liées par l'art. 438. Ainsi, en supposant que l'aïeul ou l'aïeule donnent à leurs petits-enfants bâtards, quelque rente ou autre immeuble, *nomine alimentorum* ; les héritiers pourront faire révoquer la donation quant au fonds & à la propriété, à moins qu'il ne fût question d'une rente dotale. Hors ce dernier cas, les bâtards n'auroient tout au plus que l'usufruit & la jouissance de l'immeuble. Les héritiers pourroient même en demander la réduction, s'il y avoit de l'excès.

ARTICLE III.

De l'incapacité des bâtards quant aux successions.

Nous parlerons 1º. Des bâtards connus comme tels ; 2º. De ceux qui sont regardés dans le public comme enfants légitimes.

SECTION PREMIERE.

Des bâtards connus comme tels.

I. Quoi qu'il en soit du Droit Romain & de quelques Coutumes particulieres, il est certain que par le droit commun & général de la France, les bâtards non légitimés, de quelque espece qu'ils soient, sont exclus des successions *ab intestat*. La raison est que des bâtards sont censés n'être d'aucune famille ; *nec familiam nec cognationem habent*. Dict. de Droit, V. *Bâtard*. C'est aussi la disposition de notre coutume, dont voici l'art. 275. *Bâtard ne peut succéder à pere, mere ou aucun, s'il n'est légitimé, &c.* Il y a cependant deux exceptions.

Car 1º. Il est constant que dans notre Province, les bâtards succedent à leurs enfants procréés en légitime mariage, lorsque ceux-ci meurent sans hoirs ; ce qui est très-conforme à la raison & à l'équité. En effet, puisque les enfants légitimes des bâtards leur succedent, par l'art. 147 de la Coutume, il est juste que les parents bâtards fuccedent auffi à leurs enfants légitimes, fuivant cet axiome: *Si vis mihi fuccedere, fac ut tibi fuccedam.* Voyez Berault & Pefnelle, *fur l'art.* 275. Par la raifon contraire, les bâtards ne peuvent fuccéder à leur enfants illégitimes. Godefroy, *ibid.*

2°. La veuve d'un bâtard, quoique illégitime elle-même, n'en releve pas moins ce qui eft une fuite des conventions matrimoniales; c'eft-à-dire, fon douaire, fa dot, la moitié ou le tiers des meubles de fon mari, &c. La raifon eft que le mariage des bâtards n'eft pas moins valide, même quant aux effets civils, que celui des perfonnes légitimes.

Mais cette veuve ne peut avoir, comme héritiere (*a*), la totalité des meubles de fon mari. Car, lorfqu'il laiffe des enfants légitimes, les deux tiers des meubles leur appartiennent. Et s'il ne laiffe point d'enfants habiles à lui fuccéder, le Roi a la moitié des meubles, par droit de bâtardife. *Voyez* Bafnage, *fur l'art.* 147. Cependant fi le mari bâtard avoit

---

(*a*) *Comme héritiere.* On verra ci-après qu'elle pourroit avoir tous les meubles de fon mari, comme héritiere & comme donataire.

laiſſé un enfant légitime, qui fût enſuite décédé avant ſa mere; cette femme, quoique illégitime, pourroit avoir toute la ſucceſſion mobiliaire de ſon mari. Mais elle ne l'auroit que *mediante filio*, comme héritiere de ſon enfant légitime.

II. Quoique les bâtards ne ſoient réputés d'aucune famille, ce défaut de naiſſance n'influe point ſur les droits du ſang & de la nature. A cet égard ils ſont conſidérés comme légitimes.

Ainſi 1°. Le pere ou la mere & l'enfant naturel, ſont admis à venger la mort l'un de l'autre, & à en recevoir les intérêts civils; lorſque les héritiers du défunt négligent d'en pourſuivre la vengeance.

2°. On peut récuſer un Juge, & le faire abſtenir de connoître des procès, où ſon fils naturel ſeroit intéreſſé. On a lieu de craindre que ce Juge n'écoute trop les ſentiments de la nature.

3°. La même raiſon d'humanité, qui oblige le pere de donner des aliments à ſon bâtard, oblige celui-ci d'en fournir à ſon pere, s'il devient néceſſiteux; il doit auſſi en fournir à ſa mere. *Voyez* de Ferriere & Deniſart, V. *Bâtard*.

4°. La naiſſance qui ſuit d'un commerce illicite, ne produit pas moins l'empêchement de parenté naturelle, que la naiſſance qui vient d'un mariage légitime. Cet empêchement s'étend juſqu'au quatrieme dégré; de ſorte qu'un bâtard ne peut ſans diſpenſe, ſe marier avec une parente de ſon pere ou de ſa mere, *intrà quartum conſanguinitatis gradum.* Babin, tom. II. *ſur le Mariage*, pag. 153. Edit. de Paris.

III. Comme les bâtards ne ſont point *civilement* dans la famille de leurs parents, ils peuvent ſe marier ſans obtenir & même ſans requérir le conſentement de leurs pere & mere. De Ferriere & Deniſart, *ubi ſup.* Mais, ajoute M. Pothier, (*a*), » lorſque les bâtards ſont mineurs, ils ont » comme les autres, beſoin pour ſe ma- » rier, du conſentement de leur tuteur » ou curateur; & lorſqu'ils n'en ont point, » on doit leur en créer un «.

IV. Il n'en eſt pas de même à l'égard des mineurs légitimes; parce qu'ils ont des parents qui réguliérement parlant, peuvent leur tenir lieu de tuteurs. *Voyez* le Rituel de Rouen, pag. 218 & 219 de la nouvelle édition.

(*a*) Traité du *Contrat de mariage*, tom. I. nomb. 342.

Ce que porte le Rituel en cet endroit, est tiré de la Déclaration du 6 Août 1686, concernant le mariage des mineurs, dont les peres, meres & tuteurs, faisant profession de la Religion prétendue réformée, sont absents. Dans cette Déclaration le Roi ordonne » que les enfants des » peres & des meres qui sont sortis *du* » Royaume, & se sont retirés dans les » Pays étrangers, puissent en leur absence valablement contracter mariage, » sans attendre ni demander le consentement de leurs peres & meres, ou de » leurs tuteurs & curateurs, qui se sont » retirés dans les Pays étrangers; à condition néanmoins de prendre le consentement & avis de leurs autres parents ou alliés, s'ils en ont, ou à leur » défaut, de leurs amis ou voisins. A cet effet *Sa Majesté veut* qu'avant de passer » outre au contrat & célébration de leurs » mariages, il soit fait devant le Juge » Royal des lieux, *le procureur du Roi* » présent; & s'il n'y a point de Juge » Royal, en présence du Juge ordinaire » des lieux, le Procureur Fiscal de la » Justice présent, une assemblée de six » des plus proches parents ou alliés, tant » paternels que maternels, s'ils en ont;

» ou au défaut, de six amis ou voisins,
» pour donner leur avis & consentement,
» s'il y échet, & dont il *doit-être* fait
» mention sommaire dans le contrat de
» mariage, qui sera signé desdits parents,
» alliés, voisins ou amis; comme aussi sur
» le Registre de la Paroisse, où se fera
» » la célébration dudit mariage; lesquels
» actes seront expédiés sans frais, &c.

Sur quoi il est bon de faire quelques observations.

1º. On pourroit prendre les mêmes mesures qui sont marquées par cette Déclaration, pour marier tous les enfants dont les peres & meres, tuteurs ou curateurs, se seroient absentés depuis long-temps, & auroient abandonné leurs enfants ou mineurs, sans qu'on sût, ni le lieu où ils se seroient retirés, ni s'ils seroient encore vivants. Conf. d'Angers *sur le Mariage*, Tom. 1. pag. 200.

2º. Il semble que l'on pourroit tenir la même conduite, pour marier les mineurs auxquels on n'a nommé ni tuteur ni curateur. Cependant, si l'on est sous un Ressort où les Magistrats veulent que, dans ce cas, on nomme un tuteur, il faut s'y conformer.

3º. Il paroît encore que l'on peut suivre les regles prescrites dans la même Déclaration, pour marier les bâtards mineurs qui n'ont point de tuteur ; à moins que le Juge n'ordonne de leur en établir un.

SECTION II.

Des bâtards regardés comme légitimes.

LES bâtards que l'on regarde dans le public comme légitimes, sont admis aux successions dans le for extérieur. Mais on demande s'ils sont capables de succéder dans le for de la conscience.

QUESTION I.

Un enfant est-il obligé de se croire illégitime ; 1°. Lorsque ses pere & mere assurent que leur mariage, qui est nul, a été par eux contracté de mauvaise foi ; 2°. Ou lorsqu'ils lui protestent qu'il a été supposé & mis en la place d'un véritable enfant qui étoit mort ; 3°. Ou lorsque la mere déclare à cet enfant, qu'elle l'a conçu *ex adulterio* ?

RÉPONSE.

Cette question, comme on voit, en renferme trois différentes. Nous allons les reprendre dans le même ordre.

I. Pour ce qui est du cas d'un mariage nul, il faut supposer, 1°. Que l'enfant a des preuves convaincantes de la mauvaise foi de ses pere & mere : car, dans le doute, il doit toujours présumer en leur faveur. Il faut supposer, 2°. que les conjoints n'ont point obtenu de dispense qui révalidât leur mariage, qu'il n'est plus possible d'en obtenir ; & que l'enfant sait tout cela par la déclaration de ses pere & mere, sans qu'il ait aucun sujet de se défier de leur sincérité.

Toutes ces circonstances étant réunies, nous croyons avec Suarez (*a*), que l'enfant est obligé en conscience de se tenir pour illégitime. En voici la raison. Il s'agit ici d'une chose qui dépend uniquement de la disposition intérieure des pere & mere, & qui ne peut être connue que par l'aveu qu'ils en font. Donc leur déclaration, qui n'est d'ailleurs nulle-

_____

(*a*) Disp. 50. *De irregularitate*, sect. 4. num. 10.

ment suspecte, doit suffire pour convaincre tout esprit raisonnable, ou jamais rien ne suffira ; puisque *nulla major probatio animi afferri potest, quam proprii oris confessio.* Il en seroit de même, si la déclaration n'étoit faite que par l'un des parents, pourvu qu'il prouvât d'une maniere convaincante la mauvaise foi de l'autre.

Objection. La bâtardise est une peine, que l'enfant n'est pas tenu de subir avant la Sentence du Juge. Donc, &c.

Réponse. Toute peine proprement dite suppose une faute ; & le bâtard n'en a commis aucune pour être né bâtard. La bâtardise n'est donc pas une véritable peine. Ce n'est qu'un pur défaut, qui emporte de plein droit l'exclusion des privileges attachés à la naissance. C'est ainsi que la roture exclut, par elle-même, des prérogatives qui appartiennent à la Noblesse.

II. Venons à la seconde difficulté, qui a pour objet la supposition réelle ou prétendue d'un enfant.

1°. Il est certain, dit M. de Ferriere, (*a*) que la seule déclaration du pere &

(*a*) Dict. de Droit. V. *Question d'état.*

de la mere ne suffit pas en Justice, pour priver un enfant de son état; parce que *filius est, quem nuptiæ demonstrant*. Un pere auroit beau déclarer que l'enfant qui porte son nom, ne fait que remplir la place de son véritable enfant mort ; cette déclaration, fût-elle confirmée par serment, ne changeroit rien à la regle.

Il est vrai que le désaveu du pere ou de la mere devient d'un grand poids, quand il persévere jusqu'à la mort. Est-il probable que des parents Chrétiens persistent jusqu'au dernier soupir, à défavouer leur propre enfant ? Cependant les Juges n'auroient point égard à ce désaveu persévérant du pere ou de la mere, à moins qu'il ne se trouvât fortifié par quelques indices.

20. Pour ce qui est du for intérieur, si le pere & la mere disent simplement à leur fils prétendu, qu'il a été changé chez la nourrice ou ailleurs, sans qu'ils y aient eux-mêmes participé : en un mot, s'ils ne parlent que sur le rapport d'autrui; le fils n'est point tenu de les croire, à moins qu'ils ne donnent des preuves certaines & incontestables de ce qu'ils avancent. Si au contraire les parents décla-

rent à cet enfant qu'ils ont été les auteurs de la suppofition, en le fubftituant eux-mêmes à un enfant véritable, on peut encore diftinguer. Car fi les parents dont il s'agit, ont d'autres enfants pour lefquels ils paroiffent plus affectionnés, celui qu'ils veulent exclure, a un très-jufte fujet de fe défier de leur témoignage. Il faudroit alors des preuves démonftratives de la fuppofition, pour la rendre croyable. Mais fi l'enfant que l'on dit fuppofé, eft unique ou tendrement aimé de fes parents, il doit avoir beaucoup d'égard à leur déclaration; puifque pour lors il n'y a rien qui puiffe la rendre fufpecte.

Cependant, comme la déclaration du pere & de la mere ne fuffit point en Juftice, à moins qu'elle ne foit fortifiée de quelques préfomptions; il femble que le fils feroit en droit d'exiger les mêmes indices, avant que de déférer entiérement à la déclaration de fes parents. En effet, il n'eft pas obligé de fe traiter lui-même plus févérement, qu'il ne le feroit par un Juge équitable, dans les mêmes circonftances.

III. On demande encore fi un enfant eft obligé de croire fa mere, lorfqu'elle lui déclare qu'elle l'a conçu *ex adulterio*.

10. Suivant la Jurisprudence reçue dans tous les Tribunaux, cette déclaration ne peut nuire à l'état d'un enfant. Quand même le mari auroit convaincu sa femme d'adultere, il ne peut pas prétendre que son fils soit adultérin; à moins qu'il ne prouve qu'il n'a pu en être le pere lui-même. En vain ajouteroit-il que cet enfant ressemble à quelqu'un, qui conséquemment en est le véritable pere. La ressemblance, quelque parfaite qu'on la suppose, n'est point une preuve de filiation ni même de parenté. *Pater is est quem nuptiæ*, non quem vultûs lineamenta, *demonstrant*. Voyez le Dict. de Droit, sous les mots : *Adultere, Légitime* & *Ressemblance*.

20. Un enfant n'est point obligé en conscience de se croire adultérin, sur la déclaration de sa mere ; à moins qu'elle n'en fournisse, ou qu'il n'en ait d'ailleurs des preuves indubitables. Que la déclaration soit confirmée par serment; qu'elle soit renouvellée dans une derniere maladie, après que la mere a dévotement communié : cela prouve bien que la mere a été coupable. Mais elle a pu l'être, sans que son fils doive se tenir pour illégitime. Cet enfant, si l'on veut, demeurera

convaincu que sa mere n'a pas dessein de le tromper. Mais il pourra craindre qu'elle ne se trompe elle-même ; en croyant avoir conçu pour un autre que pour son mari, avec lequel on suppose qu'elle vivoit conjugalement. Concluons que l'enfant n'est point obligé de se croire adultérin, sur la simple déclaration de sa mere. *Voyez* Sylvius, tom. III. Pag. 368 & 369.

Objection. Dans le cas du mariage nul, l'enfant est obligé de croire ses parents sur leur parole ; dans le cas de la supposition, il est tenu de les croire, pourvu qu'ils ajoutent quelques indices à leur déclaration. Pourquoi donc le fils demandera-t-il des preuves incontestables, lorsque sa mere lui assurera qu'il est adultérin ?

Réponse. 1°. Dans le cas d'un mariage nul, la nullité en est prouvée à l'enfant d'une maniere évidente. Il ne s'agit plus que de constater la mauvaise foi de ses parents. Il ne peut la connoître que par l'aveu qu'ils en font eux-mêmes, & c'est un article sur lequel ils ne peuvent se tromper. L'enfant est donc obligé de les croire, lorsqu'il n'a aucune raison de se défier de leur aveu.

2°. Dans le cas de supposition, dont le pere ou la mere déclarent avoir été les auteurs; le fils ne peut pas dire qu'ils se trompent, ni même qu'ils puissent se tromper. Car est il possible que des personnes, dont le cerveau n'est pas blessé, s'imaginent avoir supposé un enfant, quoique jamais il ne leur soit venu à l'esprit de le faire ? D'ailleurs, cet enfant n'ayant reçu de la part de ses parents putatifs, que des marques de tendresse, il ne peut pas dire non plus qu'ils veulent lui en imposer. Il ne peut donc refuser de les croire, lorsqu'ils ajoutent quelques indices à leur déclaration.

3°. Mais pour ce qui est de l'adultere, dont une femme se reconnoît coupable, il faut raisonner autrement. L'enfant auquel sa mere fait un aveu si humiliant, peut bien le regarder comme sincere, sans qu'il doive pour cela se croire adultérin. En effet, la mauvaise conduite d'une femme, quoique démontrée, ne prouve pas que son enfant soit d'un autre que de son mari. Et quand même le pere putatif ou la mere de cet enfant lui déclareroient qu'ils n'ont point eu de commerce ensemble, dans le temps qu'il a été conçu, cela ne prouveroit rien. L'enfant pourra du moins préfumer qu'ils ont oublié ce qui s'eft paffé entre eux. *Aut probent, aut taceant.*

QUESTION II.

Quel parti doit prendre un enfant, lorfqu'il demeure convaincu de fon illégitimité ? Peut-il ufer du droit de prefcription ?

RÉPONSE.

I. Cet enfant ne peut en confcience prendre part à l'héritage, ni de fon pere putatif, ni de fa mere. Il n'a aucun titre pour fe l'approprier, ni pour le retenir. Car la préfomption du mariage ceffe à fon égard, dès que l'on fuppofe qu'il a des preuves convaincantes de fon illégitimité. Ainfi le parti qu'il doit prendre, c'eft ou d'entrer en Religion, s'il s'y croit appellé de Dieu ; ou de fe retirer dans un pays éloigné, afin que la ceffion qu'il fera de l'héritage, ne déshonore ni lui ni fa mere. *Religionem ingrediatur, vel fe abfentet, ita ut nihil percipiat de bonis putativi patris.* Silveftre, *Summ. V.* Adulterium, *num.* 2 & 4.

Un enfant convaincu de fon illégitimité peut néanmoins prendre ce qui lui est abfolument néceffaire pour vivre ; *poffet capere vitæ neceffitatem*, ajoute Silveftre. Plufieurs autres Théologiens prétendent même qu'un enfant adultérin, qui s'eft mis de bonne foi en poffeffion des biens héréditaires, n'eft point tenu de fe dépouiller de tout, lorfqu'il vient à connoître fon illégitimité avant le temps néceffaire pour prefcrire. Suivant ces Docteurs, il fuffit que l'enfant adultérin diminue fon état, afin de reftituer peu-à-peu, en ne retenant que ce qui lui eft néceffaire pour vivre médiocrement. *V.* Sylvius, *tom. III, pag. 381.*

II. Quant à la prefcription, c'eft une maxime certaine que l'enfant illégitime n'eft point tenu de reftituer pour la partie de l'héritage qu'il a confumée dans la bonne foi, fans en être devenu plus riche. On convient encore que l'enfant adultérin peut en confcience retenir l'héritage de fa mere & de fon pere putatif, s'il la poffédé affez long-temps dans la bonne foi, pour ufer du droit de prefcription. *V.* Sylvius, *tom. III, pag. 369.* Le Dict. *des cas de confcience*, par MM. De Lamet & Fromageau, V. *Enfants*, *cas 2*.

On ne peut pas objecter que la mauvaise foi de la mere doit être imputée à cet enfant, & l'empêcher de prescrire. Car ce n'est pas proprement de sa mere qu'il tient le droit de filiation. Il le tient plutôt de l'opinion du public, de la faveur du mariage, & de l'acte authentique de son Baptême.

Mais le fils adultérin peut-il prescrire non-seulement pour l'héritage, mais pour le droit de filiation ? Par exemple, cet enfant a été réputé fils légitime pendant 39 ans ; & il n'a ensuite possédé l'héritage dans la bonne foi, que pendant une ou deux années. Peut-il user de prescription, en joignant la possession de filiation à la possession de l'héritage ? Pourroit-il prescrire quant au droit seul de filiation ? C'est une difficulté que nous n'entreprendrons pas de résoudre.

QUESTION III.

Une femme est assurée d'avoir un enfant adultérin : doit-elle en faire la déclaration ? Quels moyens doit-elle prendre pour prévenir ou réparer l'injustice qui peut résulter de son crime ?

RÉPONSE.

L. Une femme, quoique très-assurée

d'avoir un enfant adultérin, ne peut être obligée d'en faire la déclaration à son mari. C'est ce que prouve clairement le chap. *Officii 9. De pœnit. & remiſſionibus* (*a*).

Ajoutons, 1°. Qu'on ne doit pas conſeiller à une femme de faire cette déclaration du vivant de ſon mari, quand même le mari ou la femme ſeroient à l'extrémité ; 2°. Qu'un confeſſeur ne doit jamais ſe charger de faire de la part de la femme, une déclaration ſi dangereuſe. Car quand il n'en réſulteroit pas d'autres inconvéniens, le confeſſeur cauſe-

---

(*a*) Dans ce chapitre, il s'agit d'une femme qui, par une fraude aſſez ſinguliere, avoit ſuppoſé un enfant, dans la crainte de voir le bien de ſon mari paſſer à des étrangers. *Significaſti*, dit le Pape Innocent III, *quamdam mulierem in pœnitentiâ tibi fuiſſe confeſſam, quòd timens ne viri poſſeſſio devolveretur ad alios, quarumdam herbarum ſuccum potavit, & ſic venter ejus intumuit; & inde gravidam ſe oſtendens ſibi partum ſuppoſuit alienum: timenſque maritum, non vult facinus ipſi detegere, qui prolem credit ſine dubitatione quâlibet eſſe ſuam.* Innocent III, conſulté ſur ce cas, répondit qu'il ne falloit point refuſer la pénitence, (c'eſt-à-dire, l'abſolution) à cette femme, quoiqu'elle refuſât de découvrir ſon crime à ſon mari. Or la raiſon ſur laquelle le Pape ſe fonde, c'eſt que *mulieri quæ, ignorante marito, de adulterio prolem ſuſcepit, quàmvis id viro ſuo timeat confiteri, non eſt pœnitentia* (ſive abſolutio) *deneganda.*

roit un scandale affreux. Il n'éviteroit pas le reproche d'avoir donné atteinte au secret de la confession ; supposé que la femme adultere fût décédée lorsqu'il déclareroit son crime. Et si elle vivoit encore, ne pouroit-elle pas nier en public ce qu'elle auroit avoué dans le Tribunal de la pénitence ?

Après la mort du mari, une femme peut en certains cas être obligée à déclarer le crime qu'elle a commis. Mais il faut pour cela un concours de quantité de circonstances, qui ne se trouvent presque jamais réunies. C'est pourquoi il est très-rare qu'une femme doive ou puisse même faire la déclaration dont il s'agit. *Voyez* Sylvius, *tom. III, pag. 367 & 368.*

II. Quoiqu'une femme ne soit pas ordinairement obligée de se diffamer, pour empécher que la succession de son mari & la sienne propre, ne passent entre les mains de l'enfant adultérin : cependant elle doit secrétement faire tout son possible, afin de détourner l'injustice, ou du moins de la réparer. Pour cet effet, elle peut conseiller à son enfant adultérin d'embrasser l'Etat religieux, si elle lui voit de la vocation pour cet état. Elle doit, en cas qu'elle survive à son mari, réserver tout ce qu'elle pourra sur son propre bien, afin de le faire passer prudemment, & autant que la Coutume le permettra, aux héritiers légitimes. Enfin, si elle n'a rien pour restituer, il suffit qu'elle fasse pénitence, en attendant que la restitution devienne possible. *Cùm mulier non habet unde satisfaciat, tunc conteratur & taceat*, dit Fagnan sur le chap. *Officii*, num. 6 & 7.

III. Il peut se trouver des cas où la naissance d'un enfant adultérin ne causeroit pas un dommage bien considérable, quand même cet enfant parviendroit jusqu'à un âge avancé.

1°. Supposons que dans une famille, l'aîné des enfants mâles est légitime ; mais que parmi les puînés, il se trouve un adultérin. Si dans cette même famille il n'y a qu'un fief sans rotures, il appartient tout entier à l'aîné ; & les puînés n'y ont qu'une provision du tiers à vie, suivant l'art. 346 de la Coutume. Cette provision s'éteint par le décès de chacun des puînés (*a*). Ainsi, l'enfant adultérin n'aura pour lors que sa part des meubles, &

(*a*) Routier, *pag.* 240 & 241. *n.* VI.

une pension alimentaire. Or, comme il ne s'agit que de meubles & d'argent, il fera facile à la mere de dédommager ses enfants légitimes, si elle survit à son mari.

2°. Lorsque l'enfant adultérin est une fille, qui a des freres, l'embarras n'est pas encore bien grand dans notre Province. La mere peut faire en sorte que ses filles ne soient point réservées à partage. Ainsi, il ne sera question que des aliments & de la dot de la fille adultérine.

IV. Mais il y a d'autres cas où la naissance d'un fils adultérin, cause un dommage presque irréparable.

1°. En supposant qu'il n'y eût qu'un fief sans rotures ; si le fils adultérin étoit l'aîné, il en résulteroit un très-grand préjudice pour le premier des puînés légitimes. Il est vrai qu'on pourroit détourner le dommage, du moins en partie, en changeant la nature du bien, c'est-à-dire, en vendant le fief, & le remplaçant en roture. Mais ce moyen n'est guère praticable, à moins que le mari ne fût extrêmement indigné de la conduite de son aîné prétendu ; car alors la mere pourroit adroitement se servir de ce motif, pour engager le pere à rendre tous ses fils égaux.

2°. Dans une autre hypothese, s'il n'y avoit qu'un fils adultérin, & plusieurs filles légitimes, la mere pourroit engager son mari à réserver ses filles à partage, & à remplacer en bourgeoisie les héritages qu'il auroit en campagne. Par ce moyen, les filles légitimes partageroient du moins également avec le bâtard. Le mari peut faire la même réserve sur la succession de sa femme; & en cas de refus, la femme, après le décès de son mari, pourroit réserver ses filles sur son propre bien, & en changer la nature, comme on vient de le dire.

Au reste, le pere véritable de l'enfant adultérin, contracte aussi l'obligation de dédommager le pere putatif, ou ses héritiers légitimes. *Voyez* Sylvius, *tom. III, pag. 329.* Pontas, V. *Restitution, cas 257 & 258.*

V. Voici un cas relatif aux questions précédentes. André sachant bien que Susanne est grosse du fait d'Alexandre, veut néanmoins épouser cette femme. Le peut-il en conscience?

Rép. Il faudroit qu'un homme fût dépourvu de tout sentiment d'honneur &

de probité, pour contracter un pareil mariage. En le faisant, il pécheroit même contre la justice. Car ce seroit admettre un étranger dans sa famille, au préjudice des enfants légitimes qu'il aura; ou de ses autres héritiers de droit, s'il ne lui vient point d'enfants; d'où il suit manifestement qu'André ne peut en conscience épouser Susanne dans l'état où elle se trouve. S'il veut absolument l'avoir pour femme, il doit attendre qu'elle soit accouchée, & méconnoître l'enfant; après quoi, il pourra l'épouser, s'il le juge à propos.

ARTICLE IV.

De la légitimation des bâtards.

LÉGITIMER, c'est rendre un bâtard capable de succéder à ses parents, de recevoir les saints Ordres, & de posséder des Bénéfices ecclésiastiques.

Il y a plusieurs espèces de bâtards; savoir, 1°. Les simples bâtards, qui sont nés de deux personnes absolument libres, & qui pouvoient s'épouser même sans dispense, *nati scilicet ex soluto & solutâ* : 2°. Les bâtards adultérins, qui proviennent du commerce d'une personne mariée avec un autre que son époux ; *sive unicum, sive duplex fit adulterium* : 3°. Les bâtards incestueux, qui naissent de personnes entre lesquelles il se trouve un empêchement dirimant de parenté ou d'affinité. On met au même rang les enfants des personnes consacrées à Dieu par le vœu solemnel de chasteté, qui se nomment encore *liberi nati ex damnato coitu*. Nous parlerons de la légitimation par rapport à ces différentes especes de bâtards.

La légitimation se fait ; 1°. Par mariage subséquent ; 2°. Par lettres du Prince ; 3°. Par dispense du Pape ; 4°. Par la profession religieuse.

SECTION PREMIERE.

De la légitimation qui se fait par mariage subséquent.

I. CETTE légitimation a lieu, lorsque le pere & la mere d'un enfant illégitime se marient ensemble quelque-temps après la conception, ou même après la naissance de cet enfant. Cette légitimation est appellée *légitimation de droit*, & elle est la plus parfaite de toutes. Quoique notre Coutume ne parle point de la légitimation qui se fait *per subsequens matrimonium*; il est néanmoins certain qu'elle est reçue en Normandie, comme partout ailleurs.

II. Pour légitimer les enfants, il est d'usage en plusieurs Dioceses, comme à Bayeux & à Coutances (a), de les mettre sous le poile ou voile, lorsque leurs pere & mere se marient. Ce qu'on observe, dit M. de Lauriere (b), pour deux raisons. » La premiere, afin qu'ils parti-
» cipent aux Prieres que le prêtre fait,
» comme s'ils étoient les fruits du maria-
» ge. Et la seconde, afin que... leur état

―――――――――――――――――

(a) Dans les Rituels de ces deux Dioceses, on trouve cette regle pour la légitimation des enfants. *Si sponsa suscepit prolem ex eo cui nubit, proles legitima declarabitur per impositionem veli super conjuges & liberos genuflexos*. Mais s'il y avoit quelque scandale à craindre, le Rituel de Coutances avertit de faire la cérémonie secrétement & *extra Missarum solemnia*; & dans le même cas, le Rituel de Bayeux permet de l'omettre entièrement.

(b) Notes sur les Institutes Cout. de Loisel, tom. 1. pag. 70. Paris 1710.

» soit si certain & si public, qu'il ne leur
» puisse point être contesté «.

Cependant l'usage de mettre les enfants sous le poile, quoique très-ancien, ne se pratique plus en bien des endroits. Dans le Diocese de Rouen, pour reconnoître les enfants nés *ante matrimonium*, il n'y a point d'autre formalité, que de faire mention des enfants dans l'Acte du » mariage, en ces termes : » Et lesdits » NN. & NN. ont reconnu pour leur en- » fant N. (*le nom de Baptême*) né *ou* née » le.... jour du mois de..... l'an mil..... & » baptisé *ou* baptisée le... (*le jour & l'an-* » *née*) en la paroisse de N. dont ils ont » requis acte (*a*) «. Le mariage produit la légitimation des enfants, sans autre cérémonie.

QUESTION I.

Un simple bâtard est-il toujours légitimé par le mariage subséquent de ses pere & mere.

REPONSE.

I. Le simple bâtard (c'est-à-dire, ce-

___
(*a*) Rituale Rotom. pag. 232 & 321. édit. novæ.

lui qui eſt né ou du moins conçu *ex ſo-luto & ſolutâ*) eſt parfaitement légitimé, quant à tous les effets civils & ſpirituels. Le mariage ſubſéquent corrige le vice originel de ſa conception; & le rend capable des mêmes droits, avantages & prérogatives, que celui qui eſt vraiment légitime. C'eſt la déciſion d'Alexandre III, dont voici les paroles: *Tanta eſt vis matrimonii, ut qui anteà ſunt geniti, poſt contractum matrimonium legitimi habeantur.* Cap. 6. extrà. *Qui filii ſint legitimi.* Il eſt conſtant que le chap. *Tanta eſt vis*, s'obſerve en France. Mais il faut pour cela que le mariage ſubſéquent ſoit *réellement* & *validement* contracté.

1°. Il faut que le mariage ſoit contracté réellement *per verba de præſenti.* » Ce » n'eſt, *dit M. de Ferriere*, (a) que la bé- » nédiction nuptiale, qui opere la légiti- » mation des enfants nés auparavant. » Ainſi par Arrêt du Parlement de » Rouen, du 9 Décembre 1604, rap- » porté par M. Brillon, une fille fut dé- » clarée illégitime, quoique depuis ſa » naiſſance ſon pere eût été fiancé avec » ſa mere; n'ayant pu, étant mort avant

---

(a) Dict. de Droit, V. *Légitimer.*

» que d'aller à l'Eglife, recevoir la béné-
» diction nuptiale : quoiqu'il l'eût recon-
» nue pour fa fille, qu'il eût reçu la dòt,
» & en eût donné quittance «. D'où il
fuit que les fiançailles, même folemnel-
les & eccléfiaftiques, ne fuffiroient pas
pour opérer la légitimation.

2°. Il faut que le mariage fubféquent foit d'ailleurs validement contracté. Car s'il étoit nul, quoique contracté de bonne foi par les deux conjoints, il ne pourroit point légitimer les enfants nés ou conçus auparavant. Si l'on donne quelquefois au mariage putatif les effets civils ; c'eft lorfque les enfants font nés d'un commerce innocent, au moins de la part de l'une des parties. Mais ceux qui font nés du commerce que les parties ont eu avant ce mariage putatif, étant nés d'un commerce criminel de la part des deux parties, ne méritent pas qu'on s'écarte des regles en leur faveur. Le vice du commerce dont ils font nés, ne peut être purgé que par la force & l'efficace d'un véritable mariage. C'eft le raifonnement de M. Pothier dans fon *Traité du Contrat de Mariage*, Tom. II. nomb. 429.

II. Il y a plufieurs chofes à remarquer, sur la maniere dont le mariage subséquent produit la légitimation.

1°. Par le moyen du mariage subséquent, les enfants naturels deviennent légitimes, sans qu'il soit besoin que ni eux, ni leurs pere & mere, y consentent. La raison est que la loi, sur laquelle est fondée cette légitimation, opere indépendamment de la volonté des uns & des autres. De Ferriere, *Traduction des instit. Tom. I. pag. 222.* Denisart, V. *Légitimation*.

Cependant, quand on dit que cette légitimation a lieu de plein droit & sans le consentement des peres & meres; cela doit s'entendre, pourvu qu'il apparoisse par un extrait baptistaire ou autre acte valable, que les enfants sont nés de ceux qui ont depuis contracté mariage en face de l'Eglise. Brodeau sur Louet, *lettre* D. §. 52.

2°. Pour que la légitimation se fasse, il suffit que le pere & la mere du bâtard aient été libres de s'épouser, au temps de la conception de cet enfant, quoiqu'ils ne le fussent pas au temps de sa naissance. Ainsi la légitimation auroit lieu dans le cas suivant. Jacques & Pauline étant habiles à se marier ensemble, *solutus & soluta*, ont un mauvais commerce. Mais lorsque Pauline met au monde le fruit de son incontinence, Jacques est marié à Genevieve. Après la mort de Genevieve, si Jacques épouse Pauline; le bâtard qu'il avoit eu d'elle, sera légitimé *per subsequens matrimonium*. Il en seroit de même, quoique Pauline eût aussi contracté un autre mariage intermédiaire, avant que Jacques l'épousât. Car l'enfant de Jacques & de Pauline ayant été conçu *ex soluto & solutâ*, est un simple bâtard; & par conséquent il n'y a rien qui s'oppose à sa légitimation. *Voyez* de Ferriere, *ubi sup*. Berault, *sur l'art*. 275 *de la Cout*. M. Pothier, *Traité du Contrat de Mariage*, tom. II. nomb. 422.

3°. La faveur du mariage subséquent a lieu, non-seulement pour le bâtard, mais pour les enfants légitimes du bâtard prédécédé. Par le mariage subséquent, ces enfants sont rendus capables de succéder à leurs aïeux. Par exemple, Léodebert ayant eu de Bernardine un fils naturel, cet enfant nommé Remi est mort bâtard, laissant trois filles qu'il avoit eues d'un légitime mariage. Après la mort de Remi, Léodebert épouse

Bernardine. Les trois filles de Remi hériteront de leur grand-pere Léodebert, & de leur grand'mere Bernardine. Ainsi, comme elles représentent leur pere Remi, elles partageront entre elles ce qui feroit revenu à leur pere, s'il avoit survécu au mariage subséquent. *Voyez* le Brun, *Traité des successions, liv. 2. chap. 2. sect. 2. Dist. 2. nomb. 22.* Denisart V. *Légitimation.* M. Pothier *ubi sup. nomb. 423.*

III. La légitimation qui se fait par mariage subséquent, souffre néanmoins deux exceptions.

La premiere a lieu quant aux effets spirituels. Sixte-Quint déclara en 1585, qu'une telle légitimation ne suffiroit pas pour le Cardinalat. On croit qu'il en seroit de même à l'égard des Bénéfices, qui par leur fondation ne doivent être donnés qu'à des personnes d'une naissance légitime. Car les fondations étant *stricti juris*, doivent être interprétées à la rigueur. Il faut par conséquent les entendre de la naissance véritablement légitime, & non de celle qui ne l'est que par fiction de droit. Gibert, *Usages de l'Egl. Gallic. concern. l'irreg. pag. 663.*

» Cette décision, dit M. Durand de

» *Maillane*, paroît févere, de quelque na-
» ture que foient les titres de la fonda-
» tion. Elle fe concilie au moins difficile-
» ment avec la faveur que tous les Au-
» teurs, après le chap. *Tanta*, donnent
» au Mariage fubféquent. C'eft tout ce
» qu'on peut dire de la légitimation par
» Lettres Apoftoliques ; auquel cas *un*
» bâtard ne peut être admis dans le cha-
» pitre, dont les Statuts portent l'exclu-
» fion des illégitimes «. Dict. de Droit
Canonique, V. *Légitimation*.

La feconde exception eft par rapport
aux effets civils. Le mariage fubféquent
ne peut légitimer les enfants *quoad civilia*, quand il eft contracté à l'extrémité
de la vie du pere ou de la mere. C'eft la
Jurifprudence du Royaume, depuis les
Ordonnances de Louis XIII & de Louis
XIV.

» Nous voulons, *dit Louis XIII*, que
» les enfants qui font nés des perfonnes
» que les peres ont entretenues, & qu'ils
» époufent, lorfqu'ils font à l'extrémité
» de la vie, ... foient incapables de toutes
» fucceffions, auffi-bien que leur pofté-
» rité. Art. 5 & 6 de l'Ordonn. de 1639.

» Voulons, *ajoute Louis XIV*, que
» l'art. 6 de l'Ordonnance de 1639, au

» sujet des mariages que l'on contracte à
» l'extrémité de la vie, ait lieu tant à l'é-
» gard des femmes (a), qu'à celui des
» hommes ; & que les enfants qui sont nés
» de leurs débauches avant lesdits maria-
» ges, ou qui pourront naître après lesdits
» mariages contractés en cet état, soient
» aussi-bien que leur postérité, déclarés
» incapables de toutes successions. *Art.* 8
» *de l'Edit du mois de Mars* 1697.

Il sera bon de faire quelques observations sur cette Jurisprudence.

1°. Quoique les mariages que les con-
cubinaires contractent *in extremis*, soient
valides quant au Sacrement ; ils sont absolument nuls en France, quant aux effets
civils. » Nos Rois en tolérant ces maria-
» ges, qu'ils ont regardé comme des Sacre-
» ments, ont voulu laisser aux personnes
» qui étoient dans des habitudes criminel-
» les, la consolation de mettre leur con-

(a) *Tant à l'égard des femmes, &c.* Pontas, V.
Illégitime, cas 5, dit que l'Ordonnance de Louis
XIII, n'a pas lieu à l'égard d'un mariage contracté par un homme qui se portant bien, épouse sa concubine *qui est malade à l'extrémité & qui
meurt peu de jours après.* M. Collet, dans son *Abrégé
de Pontas*, a copié cette méprise. L'Ordonnance
de 1639 est expliquée bien clairement par l'art.
8 de l'Edit de 1697.

» science en repos par le moyen d'un
» mariage. Mais en privant en même-
» temps ces mariages de tous les effets
» civils, ils ont voulu punir le crime, &
» ôter aux veuves l'occasion de profiter
» de leurs débauches. *Conf. d'Angers* sur
» le mariage, *tom. II. pag.* 105 & 106 «.

En conséquence les Parlements ont étendu l'Ordonnance de 1629 aux veuves. Ils les ont privées du titre & des avantages de femmes légitimes. En pareil cas on adjuge seulement une modique pension à la mere, & des aliments aux enfants, selon la qualité des personnes & des biens.

2°. Les mariages faits *in extremis* ne sont point privés des effets civils, quand il n'y a pas eu de mauvais commerce entre les conjoints avant leur mariage: ni lorsqu'il y a eu mauvais commerce précédent, mais que le mariage n'est point contracté *in extremis*. Pour que le mariage soit privé des effets civils, il faut que les deux circonstances se trouvent réunies.

3°. Le mariage est censé contracté *in extremis*, lorsque l'un des conjoints étoit, en se mariant, attaqué d'une maladie qui avoit *un trait prochain à la mort*; quoique la personne malade ne soit morte que quelques mois après. Le Parlement de Paris l'a jugé dans des cas, où il y avoit eu un intervalle de 42, de 54, & même de 65 jours, entre le mariage & la mort. Au contraire le mariage ne seroit point censé fait *in extremis*, si les parties étoient en bonne santé au temps de la célébration ; quoique l'une fût décédée peu après, par quelque accident. Quand même l'un des conjoints auroit été malade dès le temps de la célébration du mariage, & que cette maladie eût été jugée mortelle ; le mariage ne seroit pas censé fait *in extremis*, si la maladie n'avoit pas encore *un trait prochain à la mort*, mais pouvoit durer plusieurs années. En supposant, par exemple, que dans le temps du mariage, l'un des conjoints fût attaqué d'hydropisie ou de pulmonie ; mais que ces maladies ne fussent pas alors à leurs derniers périodes, pouvant durer plusieurs années : le mariage ne sera pas censé contracté *in extremis*, quoique la personne soit morte de ces maladies. *Voyez* M. Pothier, *ubi sup.* nomb. 430, &c.

4°. Quoique le mariage ait été contracté *in extremis*, il ne doit pas être privé des effets civils, lorsque la personne étant en pleine santé, avoit fait ce qui étoit en son pouvoir pour le contracter, mais qu'elle en avoit été empêchée par les oppositions qu'on lui avoit formées. On ne peut pas dire alors que cette personne ait attendu qu'elle fût *in extremis*, pour contracter son mariage ; ce n'est donc point le cas de la loi. Ainsi jugé par un Arrêt du Parlement de Rouen du 29 Juillet 1717.

5°. Les enfants issus de concubinage, sont légitimés, quant au spirituel, par le mariage subséquent, contracté *in extremis*. Ainsi, quoique ces enfants soient déclarés incapables de successions, ils ne sont pas irréguliers. *Non legitimantur quoad effectus civiles,... licèt legitimentur quoad spiritualia*, dit le Rituel de Rouen, Part. 1. *de Matrim. tit. De filiis illegitimis*. La raison est, qu'il ne faut pas étendre les peines au-delà des termes de la loi. Or les loix ne prononcent contre ces enfants, que la privation des successions.

6°. Cette privation paroît même être une peine, *non latæ sed ferendæ sententiæ*. » Voulons, *dit Louis XIV*, que ces en-» fants soient déclarés incapables de tou-» tes successions «. C'est donc aux parties intéressées de les faire déclarer tels. Pour cela il faut prouver, 1°. Que le mauvais commerce a précédé le mariage ; 2°. Que celui des conjoints qui est mort, étoit *in extremis*, lorsque le mariage a été contracté. En attendant la Sentence du Juge, les enfants dont il s'agit peuvent en conscience se comporter comme enfants légitimes.

QUESTION II.

Un bâtard adultérin est-il légitimé par le mariage subséquent de ses pere & mere ?

RÉPONSE.

I. Il est constant que cette légitimation ne peut avoir lieu en faveur des bâtards adultérins, en quelque temps qu'on célebre le mariage. C'est ce que décide formellement Alexandre III, dans la Décrétale déjà citée. *Tanta est vis matrimonii*, dit ce Pape, *ut qui anteà sunt geniti, post contractum matrimonium legitimi habeantur. Si autem vir, vivente uxore suâ, aliam cognoverit, & ex eâ prolem susceperit, licèt post mortem uxoris eamdem duxerit, nihilominùs spurius erit filius,*

& *ab hæreditate repellendus.* Cap. 6. *Qui filii fint legit.*

Voici la raison dont on appuie ce sentiment. La légitimation par mariage subséquent, est fondée sur une fiction de droit. On suppose que le pere & la mere étoient mariés, lors de la conception du bâtard; ce qui pouvoit avoir lieu, quand il s'agit de deux personnes libres. Mais on ne peut pas feindre qu'un homme qui avoit une autre femme, fût en méme-temps marié à la mere du bâtard, lorsque celui ci a été conçu. Ce seroit supposer que cet homme avoit deux femmes à la fois, ce qui est absurde & impossible. C'est pourquoi, suivant la disposition du droit civil & du droit canonique, les bâtards adultérins ne peuvent être légitimés par mariage subséquent. V. Argou, *Instit. au Droit François*, tom. 1. *liv.* 1. *chap.* 10. Le Dict. de Droit, V. *Légitimer*, &c.

II. Quoi qu'en aient pensé quelques Auteurs, nous croyons que pour la légitimation, il est nécessaire que les pere & mere du bâtard aient été libres de s'épouser au temps de la conception de cet enfant. Ainsi l'enfant conçu *ex adulterio*, ne pourroit être légitimé *per subsequens matri-*

monium, quand même il ne feroit né que depuis le décès de la premiere femme de fon pere. Car quoique le pere & la mere de ce bâtard foient libres au temps de fa naiffance, cela n'empêche pas qu'il ne foit le fruit honteux de l'adultere ; puifque c'eft la conception d'un enfant, & non pas fa naiffance, qui le rend adultérin. D'où il eft aifé de conclure que, quand même le pere & la mere de l'enfant adultérin feroient devenus libres de s'époufer auffi-tôt après fa conception, & long-temps avant fa naiffance ; il n'y auroit pas de légitimation pour l'enfant, quoiqu'il ne vînt au monde qu'après le mariage de fes pere & mere. Car il feroit toujours vrai de dire que le pere de cet enfant, *vivente uxore fuâ, aliam cognovit & ex câ prolem fufcepit;* ce qui eft précifément le cas du chap. *Tanta eft vis.* On peut voir le Dict. de Droit, *ubi fup.* Godefroy, *fur l'art. 147 de notre coutume* ; M. Pothier, *traité du Cont. de mariage, tom. II. nomb.* 417.

III. Mais fi une fille avoit eu des enfants d'un homme, ignorant invinciblement qu'il fût marié, les enfants feroient ils légitimés *per fubfequens matrimonium?* Il y a des Auteurs qui prétendent que les enfants seroient légitimés par le mariage que contracteroit cet homme devenu veuf, parce que la bonne foi de la mere mérite que ses enfants ne soient pas traités comme pleinement adultérins. D'autres soutiennent le contraire, & il vaut mieux s'en tenir à leur sentiment. En effet, cette femme par son mauvais commerce, *dabat operam rei illicitæ.* L'ignorance où elle étoit que l'homme fût marié, n'est donc pas une ignorance entiérement excusable. M. Pothier, *ibid. n.* 416.

Objection. L'ignorance invincible a du moins empêché que la femme ne commît un adultere formel & imputable devant Dieu. Elle ne s'est rendue coupable que d'une simple fornication ; ce qui ne doit pas mettre obstacle à la légitimation de son enfant, *per matrimonium subsequens.*

Réponse. Malgré l'ignorance de la mere, l'enfant ne laisse pas d'être adultérin de la part du pere ; & cela suffit pour que la légitimation ne puisse avoir lieu. Car le Chapitre *Tanta est vis*, n'admet point de distinction ni d'exception pour le cas où une femme ignore invinciblement le mariage de celui avec qui elle a un mauvais commerce. Ce Chapitre dit en général : *si autem vir, vivente uxore suâ, aliam cognoverit & ex eâ prolem susceperit, &c. spurius erit filius, &c.* Il faut prendre la loi telle qu'elle est, sans y mettre des restrictions arbitraires. D'ailleurs, cette question a été décidée au Parlement de Paris. Une fille qui prétendoit avoir été légitimée dans ce cas, fut déboutée de sa prétention par Arrêt du 4 Juin 1697, sur les conclusions de M. d'Aguesseau. *Voyez* M. Pothier, *ubi suprà.*

QUESTION III.

Un bâtard incestueux est-il légitimé quant aux effets civils & spirituels, par le mariage subséquent ?

RÉPONSE.

I. Lorsque l'empêchement qui lioit les pere & mere de ce bâtard, au temps de sa conception, pouvoit être levé par une dispense, le bâtard est légitimé quant aux effets civils, *per matrimonium subsequens, rité & præviâ dispensatione celebratum.* C'est le sentiment le plus suivi en France. On peut voir le Dict.

de Droit, V. *Légitimer*; le Brun, *Traité des Successions*, liv. 1. chap. 2. sect. 1. Dist. 1. n. 12. M. Pothier *ubi sup*. n. 414. Je me contenterai de rapporter ce que remarque M. Denisart, V. *Légitimation*. » Lorsque le mariage pouvoit se » faire avec dispense, & qu'il ne subsis- » toit, par exemple, qu'un empêche- » ment de parenté; le mariage entre pa- » rents, légitime leurs bâtards «. Voilà ce que dit M. Denisart, & il le confirme par plusieurs Arrêts du Parlement de Paris.

La raison vient à l'appui de ce sentiment. En effet, au temps de la conception du bâtard incestueux, ses pere & mere étoient habiles, *fictione juris*, à se marier ensemble. On peut même supposer qu'ils avoient obtenu dispense, & qu'ils étoient mariés dès ce temps-là. C'est ce qui distingue bien clairement le bâtard incestueux, du bâtard adultérin. Car on ne peut pas supposer, *ne quidem fictione juris*, que le pere & la mere d'un enfant adultérin fussent mariés, ni même habiles à se marier ensemble, au temps de la conception de l'enfant; puisqu'on ne peut pas supposer qu'ils eussent obtenu dispense: *impedimentum quippe li-*

gaminis non est dispensabile. En un mot, dans le cas d'un enfant conçu *per incestum*, il n'y a qu'empêchement au mariage du pere & de la mere ; au lieu que dans le cas d'un enfant conçu *ex adulterio*, il y a impossibilité. Ainsi la fiction de droit, ou l'effet rétroactif, peut avoir lieu en faveur du bâtard incestueux, quoiqu'on ne puisse l'admettre en faveur de l'adultérin. Le mariage subséquent légitimera donc le premier, sans légitimer le second.

M. Argou, dans son *Institution au Droit François*, liv. 2. chap. 20, raisonne des bâtards incestueux comme des adultérins. » On tient aussi, *dit-il*, que » les incestueux ne sont pas légitimés par » le mariage subséquent, quand même » le pere & la mere obtiendroient dans » la suite une dispense pour se marier » ensemble «. Nous ignorons quelles étoient les preuves de ce Jurisconsulte, qui n'en apporte aucune. Il est vrai que l'on pourroit nous opposer quelques textes du Droit Romain. Mais ce Droit n'a point force de loi en France ; on doit même l'abandonner, lorsqu'il est contraire à la Jurisprudence du Royaume. C'est précisément ce qui se rencontre dans la question présente.

Objection. On a tort de supposer que la Jurisprudence de ce Royaume favorise la légitimation des bâtards incestueux. Au contraire, un Arrêt du Parlement de Paris, du onze de Décembre 1664, jugea que deux enfants incestueux, nés d'un parent & d'une parente au second degré, n'avoient pu être légitimés par le mariage subséquent que leurs pere & mere avoient contracté après leur naissance avec dispense du Pape. Cet Arrêt déclara la clause de leur légitimation abusive; il prononça qu'ils étoient incapables de succéder, & il accorda seulement trois cents livres de rente à chacun d'eux, pour leur tenir lieu d'aliments.

Réponse. L'Auteur des Conférences de Paris *sur le Mariage*, avoit d'abord pensé que les enfants incestueux étoient, *quantùm ad legitimationem*, traités comme les adultérins. Il se fondoit sur l'Arrêt qui vient d'être cité. Mais ce que cet Auteur avoit dit dans l'édition de 1713, il le corrigea (a) dans celle de 1715.

(a) *Il le corrigea.* La correction n'a point été faite assez exactement. En d'autres endroits, où
Voici

Voici la solution qu'il donne à la difficulté proposée. » Cet Arrêt n'a pas établi
» une Jurisprudence générale sur ce sujet, il a été rendu sur un cas particulier. C'étoit un oncle & un parrain,
» qui avoit épousé sa niece & sa filleule.
» Le cas étoit criant dans un dégré si
» proche, joint à la parenté spirituelle.
» Mais cet Arrêt n'a pas empêché M. le
» Brun de croire que le mariage subséquent légitime les enfants nés de parents
» collatéraux, par exemple, d'un cousin
» & d'une cousine germaine. M. Espiard
» Président à Mortier au Parlement de
» Besançon, & qui a beaucoup d'érudition, m'a assuré qu'il n'y a pas long-
» temps qu'on l'a jugé ainsi à Besançon.
» Fevret remarque même, qu'on a déclaré légitime, à cause du mariage subséquent, le fils que le Comte de Fuentes avoit eu de la tante de sa premiere
» femme, avant qu'il l'épousât en secondes nôces «. *Conférences de Paris sur le Mariage*, Tom. IV. liv. 2. conf. 2. §. 2.

---

il est parlé de la légitimation des enfants incestueux, on a laissé quelque chose de ce qui se trouvoit dans l'édition de 1713. Cela feroit penser que l'Auteur se contredit lui-même, si l'on ne savoit la raison de cette diversité.

II. La légitimation des bâtards incestueux *quoad spiritualia*, est niée par un assez grand nombre de Canonistes & de Théologiens moraux. Leurs raisons ne sont pas de nature à faire beaucoup d'impression. Ils se fondent principalement sur le chap. *Tanta est vis*, qui ne parle que des bâtards adultérins. Ils croient pouvoir étendre la disposition de ce chapitre aux bâtards incestueux, par une parité de raison ; mais la différence est palpable. On l'a bien reconnu dans la nouvelle édition du Rituel de Rouen, pag. 221. tit. *De filiis illegitimis*, où l'on met en principe que les bâtards sont légitimés par le mariage subséquent, à moins qu'ils ne soient adultérins : *nisi fuerint in adulterio nati ; .... modò non fuerint in adulterio procreati*. Le même Rituel ajoute que cette légitimation s'étend *ad omnes effectus, tùm spirituales tùm civiles*.

Objection. Le chapitre *Tanta est vis*, porte cette clause importante : *Spurius erit filius, &c. quoniam matrimonium legitimum inter se contrahere non potuerunt*. Ces derniers mots ont été omis dans la collection de Grégoire IX. Mais ils se trouvent dans les anciennes compilations. Or, ces mots excluent visiblement la légitimation du bâtard incestueux ; puisque ses pere & mere *matrimonium legitimum inter se contrahere non potuerunt.*

Réponse. Les pere & mere du bâtard incestueux pouvoient, dans le temps de sa conception, contracter ensemble un mariage légitime, à l'aide d'une dispense facile à obtenir ; & cela suffit pour que leur enfant soit légitimé. Au reste, pour lever tout scrupule, on peut obtenir double dispense ; l'une pour le mariage, l'autre pour la légitimation même. Il est vrai que la seconde dispense ne servira de rien pour les effets civils ; mais elle pourra servir pour les Ordres & les Bénéfices ecclésiastiques.

III. La légitimation a lieu, lorsque les conjoints ayant contracté de mauvaise foi un mariage nul, obtiennent ensuite une dispense pour le réhabiliter. Voici ce qu'en dit Fevret, *Traité de l'Abus*, liv. 5. chap. 3. nomb. 6. » Quand » l'empêchement canonique étoit connu » à l'un & à l'autre des mariés, s'il ont » passé outre ; bien que le mariage ait » été par eux publiquement solemnisé, » les enfants qui naissent de cette copu-

» lation, font inceftueux & illégitimes.
» Et lorfque les mariés expofent au Saint
» Pere ce qui s'eft paffé felon la vérité,
» & qu'il accorde fon bref de difpenfe,
» *cùm hâc clauſulâ: Prolem fufceptam, fi*
» *qua fortè fit, & fufcipiendam, legiti-*
» *mam decernendo declaramus*; ceux qui
» naîtront depuis la difpenfe fulminée,
» feront cenfés & réputés légitimes &
» fucceffibles. Et quant aux autres, (nés
» auparavant) la difpenfe & légitima-
» tion par refcrit pontifical, fera bonne
» *quoad fpiritualia*; mais non pas pour les
» rendre fucceffibles *in temporalibus*.
» Néanmoins comme nos Princes ont
» introduit & approuvé dans leur royau-
» me, deux fortes de légitimation; l'une
» par lettres & refcrit émanés d'eux, l'au-
» tre *perfubfequens matrimonium*: ceux qui
» s'étoient époufés, *non obſtante impedi-*
» *mento canonico*, en ayant obtenu difpen-
» fe & fe repréfentant de nouveau *in facie*
» *Ecclefiæ*, pour y recevoir la bénédic-
» tion;.... les enfants nés avant le bref de
» difpenfe..... font rendus légitimes &
» fucceffibles, comme ceux qui vien-
» nent à naître après: non par vertu du
» refcrit pontifical, qui ne peut avoir ef-
» fet *in temporalibus*; mais par l'indul-

» gence du rescrit du Prince, qui veut » que le mariage subséquent légitime- » ment contracté, serve de légitimation » aux enfants déjà nés, pour succéder à » leurs pere & mere, comme les autres » qui viendroient à naître depuis le ma- » riage duement solemnisé «.

Le Rituel de Rouen, *ubi suprà*, enseigne aussi que les enfants sont légitimés par la réhabilitation du mariage, lorsque leurs pere & mere avoient d'abord contracté de mauvaise foi..... *Cùm autem, spretis Ecclesiæ legibus & cognito impedimento dirimente, contraxit uterque parens; illegitimi remanent filii; donec sublato per dispensationem impedimento, servatisque servandis, revalidetur matrimonium.* Pour réhabiliter le mariage, il faut le célebrer de nouveau en face de l'Eglise, si l'empêchement (dont on a obtenu dispense,) est public ou de nature à le devenir; ou renouveller du moins le consentement conjugal, si l'empêchement est occulte. *Voyez* le même Rituel, pag. 214 & 215 de la nouv. édit.

Objection. Ce qui est nul dans son origine, ne peut pas devenir valable par la succession du temps. *Non firmatur tractu temporis, quod de jure ab initio non sub-*

sistit. Reg. 18, *in 6°.* Or le mariage dont il s'agit, étoit absolument nul dans son origine. Donc &c.

Réponse. Ce n'est pas la succession du temps qui révalide ce mariage, *non firmatur tractu temporis* ; ce qui s'accorde très-bien avec la regle objectée. Mais il intervient une nouvelle cause qui produit cette révalidation ; ce que la regle n'empêchera jamais. Or la même cause qui réhabilite le mariage, légitime l'enfant qui en provient.

IV. Mais l'enfant est-il également légitimé, lorsque la dispense n'est accordée & expédiée qu'après le décès de l'un des deux époux prétendus ?

Réponse. Fevret, *ubi suprà,* suppose que cette dispense contribueroit à assurer l'état des enfants, si l'un des conjoints avoit ignoré l'empêchement. Mais on ne voit pas à quoi serviroit la dispense en cette occasion ; car la bonne foi de l'un des conjoints suffit seule, pour rendre les enfants légitimes. Si les deux époux prétendus avoient contracté de mauvaise foi, la dispense arrivée après la mort de l'un des deux, ne légitimeroit pas les enfants ; puisque ce n'est pas la dispense, mais le mariage subséquent, qui opere la légitimation : & que, dans ce cas, il ne pourroit y avoir de mariage subséquent. Enfin, si le Pape avoit inséré la clause de légitimation, elle ne profiteroit aux enfants que pour les effets spirituels.

V. Comme les simples Clercs, quoique Bénéficiers, ne sont attachés à l'Eglise, que par un lien volontaire, & qu'ils sont capables de contracter mariage, même sans dispense; il est certain que leurs enfants naturels peuvent être légitimés par mariage subséquent. Mais le pere, en se mariant, perd son bénéfice, & il auroit mérité de le perdre plutôt. *Voyez* M. Pothier, *Traité du Contrat de Mariage*, *tome II*, *nomb*. 414.

QUESTION IV.

La légitimation par mariage subséquent, a-t-elle un effet rétroactif au préjudice d'autrui?

RÉPONSE.

La question peut être proposée ou pour les donations, ou pour les successions.

I. La légitimation a un effet rétroactif

très-étendu, quand il s'agit de donations. Car suivant la Jurisprudence actuelle, toutes donations faites par des personnes ayant un enfant naturel, demeurent *révoquées de plein droit par la légitimation* de cet enfant, *par mariage subséquent ;* quand même le donataire seroit entré en possession des biens donnés. Voyez l'Ordonnance de Louis XV, du mois de Février 1731, *sur les donations, art.* 39, 40, 41, &c.

II. Quand il s'agit de successions, la chose est différente. La légitimation n'a point un effet rétroactif au préjudice de ceux qui ont un droit déjà acquis ; *non retrotrahitur in præjudicium tertii, cui jus est quæsitum.* Ainsi, lorsqu'un bâtard est légitimé par le mariage de ses pere & mere, la légitimation ne le rend capable de succéder que pour l'avenir. Elle n'a pas l'effet de lui acquérir les successions échues *& recueillies*, pendant que son incapacité subsistoit encore. Denisart, V. *Légitimation.*

Sur ce principe, il fut jugé par Arrêt du Parlement de Rouen, le 10 Juillet 1614, qu'un frere né en légitime mariage, ne devoit pas faire part à ses freres légitimés, d'une succession dont il étoit en possession avant le mariage subséquent qui les avoit rendus légitimes. Dans l'espece de cet Arrêt, un homme avoit eu deux fils en légitime mariage ; & après la mort de sa femme, il en avoit eu deux autres d'une concubine. L'un des fils légitimes recueillit la succession de son frere, avant que les deux autres fussent légitimés, & il y fut maintenu à leur exclusion, *sauf à eux de partager la succession de leur pere suivant la Coutume*. Voyez Berault, *sur l'art.* 275.

Mais la légitimation a son effet rétroactif, lorsque les successions ne sont point échues pendant que subsiste l'incapacité du bâtard. Ainsi le fils légitimé excluroit de la succession ses sœurs héritieres présomptives, quoique nées d'un mariage antécédent à celui qui a opéré la légitimation. La raison est qu'en Normandie, les filles ne peuvent hériter qu'au défaut d'enfants mâles. Dans la même hypothese, le fils légitimé n'excluroit pas des freres héritiers présomptifs ; mais il partageroit avec eux la succession du pere.

III. La principale difficulté est de savoir si ce fils légitimé hériteroit du droit d'aînesse, au préjudice de tous ses freres. Cette question n'a lieu que dans le cas d'un mariage intermédiaire, qui a suivi la naissance ou la conception du bâtard. Par exemple, Fabricius ayant eu de Ruffine un fils naturel, a cependant épousé Germaine en premier mariage. Germaine étant morte au bout de trois ou quatre ans, Fabricius épouse Ruffine en secondes noces. Le fils que Fabricius avoit eu de Ruffine, est légitimé par ce dernier mariage, & il exclut du droit d'aînesse & de tout droit successif toutes ses sœurs, soit qu'elles proviennent du premier ou du second mariage de Fabricius. On convient encore que ce fils légitimé jouira du droit d'aînesse au préjudice de ses freres nés du second mariage qui l'a rendu légitime. Mais en doit-il jouir au préjudice de ceux qui sont nés du premier mariage de Fabricius avec Germaine ?

Charles Dumoulin prétend que dans ce dernier cas, le fils légitimé ne doit pas avoir le droit d'aînesse. Le Brun soutient le contraire dans son *Traité des Successions*, *liv.* 2, *chap.* 2, *de la Succession des fiefs*, *sect.* 2, *nomb.* 25. Le sentiment de Dumoulin est le plus commun, & il paroît d'ailleurs le plus conforme à la raison. En effet, le second mariage, qui (dans l'espece présente) rend légitime un fils naturel, le fait réputer enfant de ce second mariage. Or il seroit absurde que l'enfant du second mariage, fût l'aîné de ceux du premier. Quoiqu'il soit venu au monde avant eux, il n'est cependant né à la famille de son pere qu'après eux. *V.* M. Pothier, *nomb.* 425.

Objection. Le second mariage a un effet rétroactif jusqu'au temps de la conception de l'enfant légitimé; & ce mariage *fictione juris* est censé subsister dès ce temps-là. Donc par la même fiction de droit, le second mariage est réputé plus ancien que le premier ; ainsi l'enfant du second mariage est réputé plus ancien que le premier.

Réponse. Ce raisonnement prouve tout au plus que l'enfant du second mariage, pourroit être réputé l'aîné *par fiction de droit*. Mais cela ne peut nuire aux enfants du premier mariage ; qui sont les aînés réellement & effectivement. Car la réalité, *cæteris paribus*, doit prévaloir sur une simple fiction.

IV. Les parents ne peuvent pas se dispenser de reconnoître l'enfant qu'ils ont eu avant leur mariage ; sous prétexte que cet enfant enleveroit le droit d'aînesse à un autre fils né depuis le mariage qui a opéré la légitimation. Ne sert de rien, *dit M. de Sainte-Beuve*, de dire que s'ils le reconnoissent, ils ôtent le droit d'aînesse à un fils venu après le mariage. Car en le reconnoissant, ils ôtent le droit d'aînesse à celui à qui il n'appartient pas ; & ils font ce qu'ils doivent, en rendant ce droit à celui qui doit l'avoir. Résolut. *tom. 2, cas 278.* C'est une suite de ce qui a été remarqué ci-devant, que le fils légitimé jouit du droit d'aînesse au préjudice de ses freres nés du même mariage qui l'a rendu légitime.

SECTION II.

De la légitimation qui se fait par lettres du Prince.

I. CETTE légitimation est appellée *légitimation de grace* ; & elle a bien moins de force & d'étendue que la légitimation de droit, qui se fait par mariage subséquent.

Le droit de légitimer les bâtards en

leur donnant des lettres de légitimation, est un droit de souveraineté, qui ne peut jamais appartenir qu'au Roi. Ces lettres doivent être enregistrées au Parlement & à la Chambre des Comptes. Dict. de droit, V. *Légitimer*.

II. Tout le monde convient que les lettres de légitimation accordées par le Roi, se terminent au civil ; & qu'elles n'ont aucun effet pour le spirituel. Ainsi le bâtard, quoique légitimé par lettres du Prince, n'en demeure pas moins irrégulier, tant pour les Ordres que pour les Bénéfices ecclésiastiques.

» Les bâtards étoient autrefois obligés
» d'obtenir du Roi des lettres de légiti-
» mation, ou pour mieux dire, des dis-
» penses, pour être capables d'avoir des
» charges dans le Royaume. Mais à pré-
» sent ils y sont admis sans dispense. De
» Feriere, *Trad. des Institutes*, tom. I, pag.
» 223. Paris 1760 «.

III. Notre Coutume, *art.* 147, emploie ces expressions : *Si lesdits bâtards n'ont été légitimés par octroi du Prince entériné, appellés ceux qui y doivent être appellés*; ce qui est répété dans l'art. 275. Cela signifie que la légitimation dont il s'agit, doit se faire par Lettres-Patentes du Roi, duement enregiſtrées, les parties intéreſſées appellées à l'enregiſtrement. Par les parties intéreſſées, il faut entendre le pere du bâtard, & ſes plus proches parents. Berault, Baſnage & Peſnelle, *ſur l'art. 275.*

IV. Quoique les lettres de légitimation portent que celui qui les impetre eſt déclaré capable de ſuccéder à ſes parents, tant en ligne directe qu'en ligne collatérale : cependant on prétend que ceux qui ont été ainſi légitimés, ne ſuccedent à leurs parents qu'à l'excluſion du fiſc; & ſeulement au préjudice des parents héritiers, qui auroient conſenti à l'enregiſtrement des lettres de légitimation. *V.* le Brun, *Traité des Succeſſions, liv. 2, chap. 2, ſect. 2, diſt. 2, nomb. 4.* Deniſart, ſous les mots *Bâtard & Légitimation.*

Pour ce qui concerne la Coutume de notre Province, 1°. S'il ne ſe trouve point d'héritiers légitimes en ligne directe ou en ligne collatérale, juſqu'au ſeptieme degré incluſivement ; les bâtards légitimés par lettres du Prince ſuccéderont, au préjudice des Seigneurs, à leurs pere & mere, & à tous autres parents qui auront conſenti à leur légitimation. Car ſuivant l'article 275, *Bâtard ne peut ſuccéder à pere, mere ou aucun; s'il n'est légitimé par lettres du Prince, &c.* Il peut donc succéder à ses pere & mere, ou autres parents, s'il est légitimé. Or, si cela doit quelquefois avoir lieu, c'est sur-tout dans le cas où il n'y a point d'autres héritiers légitimes.

2°. Le bâtard légitimé par lettres du Prince, doit encore succéder, à l'exclusion des parents plus éloignés que lui, qui auroient droit à la succession, lorsqu'ils ont consenti à l'enregistrement des lettres. Car ayant consenti avec une liberté entiere, ainsi qu'on le suppose; ils ne peuvent pas se plaindre à cet égard d'aucune injustice. *Scienti & consentienti non fit injuria neque dolus.* Reg. 27 in 6°.

V. On doute si les bâtards incestueux & adultérins peuvent être légitimés par lettres du Prince. » Il faut, *dit le Brun*, » *n. 6 & 7*, que les enfants soient nés d'un » simple concubinage. Car s'ils sont nés » ou d'un adultere, ou d'un inceste; les » lettres de légitimation ne les rendent pas » capables de succéder «.

Argou est d'un avis un peu différent. » Le Roi peut, *dit-il*, donner des lettres » de légitimation à toutes sortes de bâ- » tards. Il y en a même quelques exemples

» pour les adultérins. Il faut néanmoins » avouer qu'ils font très-rares. *Inftit. au* » *Droit françois, liv. 2, chap. 20* «. Denifart, V. *Bâtard*, répete la même chofe. Mais il refte toujours à favoir fi les lettres de légitimation accordées aux bâtards adultérins, pourroient être mifes à exécution: c'eft ce qu'on ne garantit pas. *Voyez* les Conf. d'Angers, tom II, *fur le Mariage, pag. 203 & 204, Edition de Paris*.

SECTION III.

De la légitimation qui fe fait par difpenfe du Pape.

I. LE Pape ne peut légitimer que pour les Ordres & les Bénéfices, & non pour les fucceffions. Il n'appartient point à la Cour de Rome, de rendre les fujets du Roi capables de fucceffions dans le Royaume; *Quia fummus Pontifex nullum jus habet, in hoc Regno, circa temporalia.* Dict. de Droit, V. *Bâtard*.

» Les Papes, *dit M. Denifart*, en accor-
» dant des difpenfes aux parents pour fe
» marier, y ont quelquefois inféré la

» claufe de légitimation. Ces claufes ne
» peuvent avoir aucun effet en France;
» elles font même abufives. Néanmoins
» *elles* n'empêchent point l'effet du ma-
» riage, par le moyen duquel les enfants
» nés auparavant font légitimés : ainfi la
» claufe eft fuperflue «. Collect. de Décif.
nouv. V. *Légitimation*.

On peut bien dire que cette claufe eft
fuperflue en France, *quoad temporalia*;
mais elle ne l'eft certainement point
quoad fpiritualia. Plufieurs prétendent
que les bâtards inceftueux ne font point
légitimés quant au fpirituel, par le feul
mariage fubféquent. La claufe de légitimation, inférée dans la difpenfe, leve
toute difficulté.

II. On met quelque différence entre la
légitimation parfaite, & la difpenfe du
défaut de naiffance. La légitimation parfaite, quant au fpirituel, differe de la difpenfe du défaut de naiffance, en ce que
celle-ci eft une légitimation partielle, &
que l'autre eft une difpenfe totale.

Il n'y a que le Pape qui puiffe difpenfer de l'irrégularité *ex defectu natalium*,
pour tous les Ordres & pour toute forte
de Bénéfices. L'Evêque peut en difpenfer
pour la Tonfure, les Ordres mineurs

& les Bénéfices simples, mais non pas pour les Ordres sacrés, ni pour les Bénéfices à charge d'ames. C'est la décision formelle du chap. 1. *De filiis presb. in* 6°., que l'on observe en France. *Voyez* Solier sur Pastor, *lib. 3, tit. 25, n. 6.* Cabassut, *Theor. & prax. lib. 2, cap. 9, n. 2.* Gibert, *Usages de l'Egl. Gallic. concern. l'irrég. pag. 664 & suiv.*

III. C'est une question de savoir si le droit qu'ont les Evêques de dispenser les bâtards pour la possession des Bénéfices simples, s'étend aux Prébendes & aux Dignités des Eglises Collégiales & Cathédrales. Habert ne croit point que l'Evêque puisse dispenser les bâtards, à l'effet de posséder un Canonicat. » Advertes, *dit*
» *ce Théologien,* Canonicatum non com-
» prehendi inter Beneficia, ad quæ Epis-
» copus illegitimum dispensare potest;
» quia illegitimus habilis non est ad Ca-
» nonicatum, nisi sit etiam habilis ad ma-
» jores ordines, ad quos promoveri te-
» netur Canonicus. Atqui Episcopus non
» potest dispensare illegitimum ad ma-
» jores ordines ; ergo neque ad Canoni-
» catum «. *Tract. de Ordine, tom. VII, pag. 564, edit. 1734.*

La preuve de Habert n'est point solide. Il suppose qu'un illégitime ne peut être habile à recevoir un Canonicat, à moins qu'il ne soit en même-temps habile aux ordres majeurs. Or, ce principe ne paroît pas vrai. Un jeune clerc, âgé de quatorze ans, peut être pourvu d'un simple canonicat, même dans une Cathédrale; & cependant il n'est point habile *ad majores Ordines*. Aussi les Canonistes François tiennent maintenant pour certain, que la dispense de l'Evêque s'étend en général à tous les Bénéfices simples.

Rebuffe, *dit M. de la Combe*, prétend » que la dispense de l'Evêque ne suffit pas » pour obtenir des Prébendes & des Per- » sonnats (*a*) dans les Eglises Cathédra- » les. Mais.... plusieurs autres Canonistes » sont d'avis contraire, & avec raison; » parce que ces sortes de Bénéfices ne » sont pas de ceux qu'on appelle à char- » ge d'ames, & qu'il ne convient pas de » restreindre le pouvoir des Evêques sans » une loi précise «. Recueil de Jurisp. Can. V. *Bâtard*.

_____

(*a*) *Des Prébendes & des Personnats.* Dans l'usage ordinaire, on confond les termes de Prébende & de Canonicat; de même que les mots *Personnat* & *Dignité*, pris dans un sens étendu, sont synonimes. *La Combe.*

M. Durand de Maillane est du même sentiment, *par la raison qu'il est toujours odieux de restreindre le pouvoir des Evêques, à qui, en matiere de Dispenses, il est permis tout ce qui ne leur est pas expressément défendu.* Dict. de Droit Canonique, V. *Bâtard.* Ce Canoniste cite encore M. Piales, qui est du même avis dans son Traité *des Collations*.

IV. Au reste il y a des cas, où la dispense du Pape même ne suffiroit pas à un illégitime, pour être pourvu d'un Canonicat.

Les dispenses accordées aux illégitimes ne seroient point reçues dans les Eglises cathédrales ou collégiales, si l'exclusion se trouvoit prononcée par le titre de la fondation, ou par quelque Statut confirmé par Lettres-Patentes duement enregistrées. C'est ce qui a été jugé au Parlement de Paris, en faveur du Chapitre de S. Hilaire de Poitiers, par Arrêt du 9 Juillet 1693.

Le Parlement de Normandie a décidé la même chose à l'égard du Chapitre de Bayeux, par Arrêt du 22 Mars 1708. Plusieurs Chapitres, dans le Royaume, jouissent du même privilege pour l'exclusion des bâtards. Il est vrai néanmoins qu'un simple Statut, qui ne feroit qu'une délibération capitulaire, ne seroit pas un moyen suffisant pour exclure un bâtard canoniquement dispensé. *Voyez* l'Abrégé des Mémoires du Clergé, V. *Bâtards.*

SECTION IV.

De la légitimation qui se fait par la profession religieuse.

I. LA profession solemnelle de Religion, & non pas la Prise d'habit ni le Noviciat, leve l'irrégularité qui provient *ex defectu natalium*, en ce qui regarde la réception des Ordres même sacrés, & des Bénéfices simples. *Cap. 2. extrà de fil. presb.* Mais la profession religieuse n'opere rien pour les bâtards, en ce qui concerne l'élection aux dignités ou prélatures; *Prælationes verò nullatenùs habeant*, comme porte le chapitre qui vient d'être cité. Ainsi le bâtard qui a fait profession, ne peut pas être élu Abbé, ni Prieur, ni obtenir aucune autre dignité dans le Monastere, sans avoir été auparavant dispensé à cet effet par le Pape, sur le défaut de naissance. De la Combe, *Recueil de Jurisp. canon.* V. Bâtard, *nomb.* 2.

La difficulté est de savoir ce qu'il faut entendre ici par Prélature. Gibert, *pag. 663*, dit que *par Prélature on entend tout bénéfice ou office perpétuel, qui, élevant au-dessus des autres Religieux ou Chanoines, donne de la jurisdiction sur eux.* Suivant cette définition, un bâtard Religieux pourroit être (sans dispense) Gardien, Prieur, & même Général ou Provincial dans plusieurs Ordres, puisque ces sortes de dignités, loin d'être *un office perpétuel*, n'y sont conférées que pour trois ans, ou pour six tout au plus. Mais il vaut mieux dire que par Prélature on doit entendre toute supériorité en chef, quoiqu'elle ne soit pas à perpétuité. C'est ce qui est insinué par le Rédacteur des Conférences d'Angers, *sur les irrégularités, pag. 82.* On n'estime pas, *dit-il*, » que les Religieux illégitimes aient be- » soin d'aucune dispense, pour être » Prieurs claustraux dans une Abbaye » dont l'Abbé est régulier, & réside dans » le monastere; ni pour être sous-Prieurs » où il y a un Prieur régulier en chef, » ni pour être Maîtres des novices; parce » qu'un Prieur qui est sous un Abbé ré- » gulier, un sous-Prieur & un Maî-

» tre des novices, n'ont d'autorité que
» celle que l'Abbé ou le Prieur leur don-
» ne. Ils doivent obéir à l'Abbé ou au
» Prieur, comme les autres Religieux;
» & ces emplois ne sont proprement ni
» Prélatures ni dignités, mais de simples
» offices amovibles à la volonté de l'Abbé
» ou du Prieur «.

II. Gibert, *ubi suprà*, observe que selon Panorme, *cap. 7. de elect. 25. num. 6*, les Religieuses sont comprises dans l'exception *Prælationes verò nullatenùs habeant*, de sorte que celles qui sont illégitimes, ne peuvent, sans dispense du Pape, être promues aux Prieurés, aux Abbayes, ou autres dignités de leur Ordre. C'est aussi le sentiment de Cabassut, *lib. 5, cap. 19, num. 6*; de Pontas, V. *Abbesse*, cas 6. » Toutefois, *dit le Rédacteur*
» *des Conférences d'Angers*, cela n'est pas
» certain; parce que dans tout le Droit,
» il n'est parlé que des hommes, &
» il n'est pas dit un seul mot des filles «.

Quoi qu'il en soit, la raison qui exclut les hommes bâtards des dignités d'un monastere, n'a pas moins lieu contre les filles illégitimes. Si l'on craint que le bâtard n'imite l'incontinence de ses parents, sur ce motif, que *sæpè solet simi-*

lis filius esse patri, ne peut-on pas avoir la même crainte à l'égard d'une fille illégitime, puisque *insequitur leviter filia matris iter*? D'ailleurs, il est fort important que la supérieure d'une communauté soit exempte d'une tache qui paroît toujours un peu déshonorante.

» Si l'on dit, *ajoute Gibert*, que le chap.
» 43 *de elect. in 6°*. prescrivant les quali-
» tés que doit avoir une Religieuse pour
» être Abbesse ou Prieure, se contente
» d'ordonner qu'elle ait trente ans, &
» qu'elle soit Professe; on répond qu'il
» est clair que ce chapitre n'a marqué que
» quelques-unes de ces qualités. Car il ne
» dit pas un mot de la principale, qui est
» celle des bonnes mœurs, & de la vie ré-
» glée & édifiante «.

Fin de la premiere Partie.

TRAITÉ
DE L'ÉTAT
DES PERSONNES,

Suivant les Principes du Droit François, & du Droit Coutumier de la Province de Normandie.

SECONDE PARTIE.

De l'État des Personnes par les Loix civiles.

Suivant le Droit Romain, on considéroit principalement trois choses en chaque personne; *la liberté, la cité & la famille.* En conséquence, on faisoit trois distinctions des personnes; la premiere, des libres & des esclaves : la seconde, des citoyens Romains & des étrangers : la troisieme, des peres de famille & des fils de famille.

Les deux dernieres distinctions sont de notre usage, quoique nous y observions des regles différentes de celles du Droit Romain (*a*). Et pour l'esclavage, quoi qu'on n'en connoisse pas en France, il ne sera pas inutile d'en dire quelque chose. Ainsi nous parlerons, 1°. Des libres & des esclaves; 2°. Des Regnicoles & des Aubains ou étrangers; 3°. Des peres & des meres de famille; 4°. Des fils & des filles de famille.

Domat, *Loix civiles*, liv. prélim. Tit. 2. sect. 2.

CHAPITRE PREMIER.

Des libres & des esclaves.

On appelle libres, les personnes qui ont conservé leur liberté naturelle; liberté qui consiste dans le droit de faire ce qu'on veut, à la réserve de ce qui est défendu par les loix, ou de ce que la violence empêche de faire. *Libertas est naturalis facultas ejus, quod cuique facere libet, nisi si quid vi aut jure prohibetur.* Leg. 4. *ff. de statu hominum.*

On nomme esclave celui qui est sous la puissance d'un maître, & qui lui appartient de telle sorte, que le maître peut le vendre, & disposer de sa personne, de ses biens, de son travail & de son industrie.

Les affranchis sont ceux qui ayant été faits justement esclaves, ont recouvré leur liberté par une voie légitime. *Libertini sunt, qui ex justâ servitute manumissi sunt.* Leg. 6. *eod. tit.*

QUESTION I.

La maxime, qu'*il n'y a point d'esclave en France* souffre-t-elle exception?

RÉPONSE.

I. Il est certain que depuis plusieurs siecles, l'esclavage est entiérement aboli parmi nous. Tout esclave devient ordinairement libre, dès le moment qu'il a mis le pied dans le Royaume. En 1552, un esclave Maure ayant dérobé un beau cheval à Louis d'Avila, Général de la cavalerie légere de Charles-Quint, se réfugia auprès de M. le Duc de Guise. Le Général Espagnol lui fit redemander l'homme & le cheval. On renvoya le cheval sans difficulté, mais l'homme ne fut point rendu. M. le Duc de Guise répondit que cet esclave étant entré dans la ville de Metz, étoit devenu libre selon la sage & ancienne Coutume de France. *Histoire de Metz.*

Cette maxime si conforme à l'esprit d'humanité, & aux principes du Christianisme, n'est pas particuliere à la France. Depuis long-temps l'esclavage est banni de l'Europe par un consentement unanime de toutes les nations chrétiennes. Les prisonniers de guerre ne deviennent plus, comme autrefois, les esclaves de ceux qui les ont pris ; & ils ne sont obligés que de payer leur rançon. Il n'y a que les Turcs, qui étant par nous pris à la guerre, sont mis aux galeres du Roi. Ils s'en délivroient autrefois, en se faisant baptiser. Mais comme on a vu qu'ils ne demandoient le Baptême, que pour se délivrer de la captivité, & retourner ensuite au Mahométisme, on ne les délivre plus. De Ferriere, *Trad. des Instit.* tom. I, pag. 75. Paris 1760.

II. La regle qui n'admet point d'esclavage parmi nous, n'est cependant pas si générale, qu'elle ne souffre quelques exceptions.

Car 1°. ceux que l'on condamne aux galeres perpétuelles, sont de véritables esclaves de peines ; de même que ceux qui chez les Romains étoient condamnés *ad metalla.* On ne dira pas qu'il reste la moindre apparence de liberté dans un misérable, chargé de chaînes, qui est forcé de travailler jour & nuit ; & qui ne peut jamais, quelque temps qu'il ait à vivre, sortir d'un état si déplorable.

Il est vrai que les galériens à perpétuité sont en la puissance du Prince, & ne tombent point dans le commerce. Voilà ce qui les distingue, & en même temps ce qui les met au dessous des esclaves de naissance. Car, lorsque ces derniers se trouvent dans une condition fâcheuse, ils peuvent du moins en espérer une plus favorable; au lieu que les galériens qui ne sont point délivrés (*a*), ne peuvent espérer un meilleur sort.

2°. Il y a dans quelques Provinces du Royaume des serfs, autrement nommés *gens de main-morte* (*b*). Ils ne sont point esclaves, mais ils ne laissent pas d'être su-

___

(*a*) *Qui ne sont point délivrés.* C'est une erreur, de croire qu'on peut se racheter des galeres. Ce rachat n'a lieu que lorsque la peine a été convertie contre un malheureux, qui n'avoit pas de quoi payer une amende. En tout autre cas, on ne peut sortir des galeres, que par une grace spéciale du Prince, en obtenant en la grande Chancellerie des Lettres de rappel des galeres. Denisart, V. *Galeres*.

(*b* Le mot de *main-morte* a deux sens. Dans l'un il signifie les gens d'Eglise, les Corps-de-Ville, & généralement toutes les Communautés. Dans l'autre sens, *main-morte* signifie les hommes de condition servile. Ils sont appellés gens de main-morte, peut-être parce que le Seigneur met en sa main les biens du serf mort sans hoirs. Denisart & de Ferriere, V. *Main-morte*.

DES PERSONNES. 199

jets à certaines servitudes personnelles, qui diminuent beaucoup leur liberté. Ils dépendent de leurs Seigneurs, tant pour le mariage que pour la réception des Ordres. *Voyez* Argou, *Instit. au droit François*, liv. 2. chap. 2. De Héricourt, *Loix ecclésiastiques*, art. 2. *des irrégularités*, nomb. 7. Comme il n'y a point de serfs dans notre Province, on ne s'étendra pas davantage sur cette matiere.

3°. La principale exception, est par rapport aux Negres des Colonies Françoises. Ils sont vraiment esclaves & sujets à toutes les suites de l'esclavage. Ces Negres ne peuvent se marier sans le consentement de leurs maîtres, & ils sont irréguliers. *Voyez* Denisart, V. *Negres*; de Héricourt, *ubi sup.*

Lorsqu'on amene les Negres en France, ils ne deviennent pas libres par leur entrée dans le Royaume; ni par la négligence de leurs maîtres à se conformer aux regles, quoi qu'en dise Argou (*a*). Mais

___

(*a*) *Quoi qu'en dise Argou.* » Il y a, *dit-il*, dans » les Colonies Françoises des Negres, qui sont » de véritables esclaves. Mais ceux qui en amenent en France, doivent déclarer au Greffe de » l'Amirauté, qu'ils ont intention de les remmener aux Isles; autrement ils deviendroient libres «. *Instit.* I. liv. 1, chap. 1.

pour que les Maîtres conservent leur droit sur les esclaves negres qui viennent en France, ils doivent observer ce qui est prescrit par la Déclaration du 15 Décembre 1738. L'art. 1. porte que ceux des habitants des Colonies, qui *enverront ou ameneront des esclaves negres en France, seront tenus d'en obtenir la permission* des Gouverneurs généraux, ou Commandants dans chaque isle, & de faire regiſtrer cette permiſſion, tant au Greffe de l'Amirauté du lieu de leur résidence, qu'en celui du lieu de leur débarquement, dans la huitaine de leur arrivée.

Suivant l'art. 4. de la même Déclaration, les Negres de l'un & de l'autre sexe, pour lesquels ces précautions ont été prises, restent sous la puiſſance de leur Maître; & ils sont tenus de retourner aux Colonies, quand il le juge à propos. Mais si le Maître n'observe pas ces formalités, les Negres sont *confisqués au profit du Roi, pour être renvoyés aux Colonies*; ce qui prouve clairement qu'ils ne deviennent pas libres. *Voyez* Denisart, *ubi sup*.

QUESTION II.

La traite des Negres, que l'on va acheter en Afrique pour les revendre, peut-elle se faire en conscience ?

RÉPONSE.

I. On convient en général, qu'il n'est point contraire au droit naturel, qu'un homme devienne esclave d'un autre; & que conséquemment l'esclavage a pu être établi par le Droit des Gens & par d'autres loix positives. Il est vrai que la loi 4. *ff. de stat. hom.* porte que l'esclavage est *contra naturam*. Mais cela ne signifie autre chose, sinon que l'esclavage est contraire à l'inclination naturelle de l'homme, & qu'il ne convient point au premier état de la nature. *Servitus non sic dicitur contra naturam, quasi sit jure naturali prohibita; sed partim, quia est contra naturalem inclinationem secundùm se consideratam: partim, quia naturæ primitùs institutæ non convenit.* Silvius, *tom. III. p. 443.*

Ainsi on ne peut pas dire que ce soit une chose mauvaise par elle-même, d'avoir des esclaves. Car comme la liberté, dont il s'agit, n'est point un bien inaliénable de sa nature; l'homme peut en être privé pour de bonnes raisons. Il est donc permis d'acheter des negres comme esclaves, pourvu qu'ils ne soient vendus que par ceux qui ont droit de les vendre.

On peut ajouter, 1°. Que tous les Princes catholiques, de France, d'Espagne, de Portugal, &c. permettent à leurs Sujets de faire ce commerce d'esclaves Negres; 2°. Que le Roi du pays où ils naissent, souffre ce trafic : il permet aux Chrétiens de faire battre le tambour, pour avertir tous ceux qui ont des esclaves à vendre, qu'un tel jour il se présentera des Marchands pour les acheter; 3°. Que c'est un grand avantage pour ces pauvres Negres, parce qu'étant portés dans un pays catholique, ils y sont instruits & baptisés. (*a*) C'est à quoi ils

---

(*a*) *Ils y sont instruits & baptisés.* Tous les Negres de nos Colonies doivent être instruits dans la Religion Catholique; & les habitants qui en achetent de nouveaux arrivés, sont tenus, à peine d'amende arbitraire, d'en instruire le Gouverneur & l'Intendant, dans huitaine au plus tard, afin qu'ils puissent donner les ordres nécessaires pour l'instruction & le Baptême des Negres. Art. 2. de l'Edit de 1685, appellé le *Code noir.*

Le P. de Charlevoix, dans son *Histoire de S. Domingue*, tom. III. pag. 297 & 298, parlant de l'attachement des Negres pour leurs Maîtres, ajoute qu'*il faut convenir que les François recueillent en ce point les fruits de la douceur avec laquelle ils*

n'ont aucune répugnance ; au contraire, on trouve en eux une facilité admirable. Ils seroient privés de la grace du Baptême dans leur pays, qui est tout idolâtre, & où il n'y a point de Missionnaire Catholique. De Lamet & Fromageau, V. *Esclaves*.

II. Mais la difficulté n'est pas de savoir en général si l'on peut vendre & acheter des esclaves. L'embarras est de décider si ce commerce est juste, de la maniere qu'il se fait ordinairement. Des Auteurs qui ont examiné cette question, soutiennent que le commerce d'esclaves qui se fait dans la Guinée, en Ethiopie, & en d'autres pays infideles, est ordinairement plein d'injustice ; que les Marchands qui achetent là des esclaves, pechent mortellement, & doivent leur rendre la liberté. Pour le prouver, il suffira d'exposer ce qui se pratique chez les Barbares, où l'on va prendre les esclaves.

On avoue que les hommes peuvent devenir esclaves en quatre manieres dif-

---

traitent les Negres, & plus encore du soin qu'on a dans la Colonie d'en faire de bons Chrétiens. Mais peut-on dire que les François aient toujours soutenu cette réputation de douceur & d'humanité envers les pauvres Negres ?

férentes ; *jure belli , condemnatione , nativitate & emptione.* Tous ces titres font juftes en eux mêmes. Mais il arrive fouvent qu'ils ceffent de l'être par les circonftances.

1°. La guerre donne droit de faire des efclaves, quand elle eft jufte ; *quos enim licet occidere, licet fervituti fubjicere.* Mais chez les Barbares, c'eft une chofe affez ordinaire de fe faire la guerre par paffion, pour de légeres caufes ; & dans la feule vue de faire des efclaves, lorfqu'on prévoit que les Portugais ou autre Marchands viendront pour les acheter. Or une telle guerre ne peut donner droit de faire des efclaves ; *injuftitia enim juftitiam parere non poteft.*

2°. Pour ce qui eft de la condamnation, elle doit auffi être jufte. Or, il arrive fouvent que ces Barbares condamnent à perdre la liberté, par un pur motif de haine & de vengeance. En un mot, prefque toutes les loix de ces pays-là font injuftes & tyranniques, fuivant le rapport des mêmes Auteurs. On ne peut donc guère plus fe fonder fur ce fecond titre, que fur le premier.

3°. La naiffance peut rendre un homme efclave. L'enfant, à cet égard, fuit la condition de sa mere; *Partum ancillæ, matris sequi conditionem. ..... explorati juris est.* Leg. 7. C. *De rei vindicat.* Mais pour que l'enfant soit justement esclave, il faut que sa mere l'ait été justement aussi. Or est-il toujours bien facile de le présumer, dans un pays si rempli d'injustices, de fraude & de violence?

4°. Il en est de même de la vente & de l'achat. Est-il bien sûr que ceux qui vendent ces esclaves aient droit de les vendre? La plupart des Negres sont pris & enlevés de force; ils se dérobent réciproquement, c'est un vol usité parmi eux, le plus foible devient la proie du plus fort. Il est vrai que les peres & meres peuvent vendre leurs enfants en certains cas de nécessité; mais souvent ils le font hors les circonstances où cela leur est permis. Enfin, on convient que ces Negres, quand ils sont libres, peuvent se vendre eux-mêmes. *Homo enim est dominus suæ naturalis libertatis, cui proindè renuntiare potest.* Mais le plus souvent ces misérables ignorent en quoi consiste l'esclavage auquel ils vont s'engager; & ceux qui les achetent ne pensent guère à leur en faire le détail. Ce dernier titre est donc encore pour le moins fort équivoque.

Concluons qu'il eft très-rare que la vente des efclaves negres fe faffe avec toutes les conditions néceffaires. Si néanmoins, tout bien examiné, ceux que l'on achete paroiffent être efclaves à jufte titre ; & que du côté des acheteurs, il n'y ait ni injuftice ni tromperie ; pour lors ce commerce devient licite, fuivant les principes établis. C'eft ce qui fut décidé en Sorbonne le 15 Avril 1698. Voyez le *Dictionn. de Cas des Confcience*, par MM. De Lamet & Fromageau, V. *Efclaves*.

III. M. Collet, *tom. 2. in 8°. pag. 231*, penfe, après Sylvius, qu'il n'eft point maintenant permis à un Chrétien de vendre ou d'acheter un Chrétien. *Nulli jam Chriftiano permiffum eft emere Chriftianum.* Cela n'a point lieu par rapport aux Negres, quoique Chrétiens. Il eft vrai que fuivant la Déclaration du 15 Décembre 1738, ils ne peuvent *être ni vendus ni échangés en France*. Mais on peut les vendre dans nos Colonies, comme les autres biens qu'on y poffede. Tout ce que l'on doit exiger des Catholiques, c'eft qu'ils ne les vendent jamais ni aux Infideles ni aux Hérétiques, *propter periculum feductionis*. La défenfe de vendre des efclaves Chrétiens aux Infideles, fe trouve dans les Capitulaires de nos Rois, liv. 6. nomb. 423. *Præcipimus generaliter omnibus, ut mancipia Christiana Paganis vel Judæis non tradantur.*

CHAPITRE II.

Des Regnicoles, & des Aubains ou Etrangers.

ON appelle Regnicoles, les sujets du Roi qui habitent dans ce Royaume. Les Aubains ou Etrangers, sont les sujets d'un autre Prince ou d'un autre Etat. Lorsque les Aubains ont été naturalisés par des lettres du Roi, ils participent aux privileges des François originaires. Nous parlerons, 1°. Des Aubains non naturalisés; 2°. De leur naturalisation.

ARTICLE PREMIER.

Des Aubains non naturalisés.

I. AUBAIN signifie proprement celui qui est né dans un autre Royaume; *Albinus dicitur, quasi alibi natus.* Cependant on peut être réputé Aubain, quoiqu'on soit né en France; & on peut être au contraire censé Regnicole, quoiqu'on soit né en pays étranger.

1°. On peut être réputé Aubain, quoique l'on soit né en France. Les Juifs en fournissent un exemple frappant. » Un » Juif n'a proprement point de domici- » le ; il n'a point d'état dans le Royaume. » Il est, ainsi que tous les membres de sa » nation, errant ; il n'est citoyen nulle » part : & quoique né François, il est » étranger dans chaque ville «. Denisart, V. *Juifs*.

Il y a un autre cas, où les François d'origine sont réputés Aubains. C'est lorsqu'ils ont abandonné leur patrie & se sont établis dans un pays étranger, sans la permission du Roi. Quand cet établissement est prouvé, ils perdent le droit de citoyens. Les successions qui seroient ouvertes en leur faveur, accroissent à leurs cohéritiers, s'ils en ont, ou passent aux parents d'un dégré plus éloigné. Cependant, lorsqu'ils reviennent en France, *animo manendi*, ils jouissent du droit de retour pour l'avenir, sans qu'ils aient besoin de lettres du Prince. Mais ils ne peuvent être réintégrés dans leurs droits en ce qui concerne le passé, qu'en obtenant des lettres de réhabilitation. De Ferriere,

V. *Aubain & Regnicole*. Denisart, V. *François*.

2°. On peut être censé Regnicole, quoiqu'on soit né dans un pays étranger. » Quand un François est capable de succé- » der à ses parents en France, ses enfants » ont la même capacité, quoique nés en » pays étrangers «. Denisart, *ibid*. Voyez ci-après la Quest. I.

II. Autrefois les étrangers étoient obligés de payer au Roi par chaque année, au jour de S. Remi, douze deniers parisis, pour pouvoir demeurer en France ; & ce droit s'appelloit *Chevage*. Mais aujourdhui ils ne paient aucun tribut au Roi, pour faire leur résidence dans ce Royaume.

Tant que les étrangers demeurent en France, ils sont soumis à nos Loix. S'ils commettent quelque crime, ils sont punis des mêmes peines que les Regnicoles. Les Soldats Suisses ont néanmoins un privilege spécial. Lorsqu'ils commettent quelque crime dans le Royaume, ils peuvent demander d'être renvoyés devant les Juges de leur nation, par lesquels ils sont jugés suivant les loix de leur pays. Les Juges ordinaires de France peuvent bien décréter ces Soldats ; mais ils doivent être remis à leurs compatriotes, s'ils font revendiqués, ou s'ils réclament eux-mêmes les privileges de la nation. Denifart, V. *Etrangers*.

III. Pour ce qui est du crime commis par des étrangers dans leur pays; voici la Jurifprudence que l'on obferve à l'égard de ces étrangers, lorfqu'ils paffent en France.

1°. Si le crime a été commencé en pays étranger, & qu'il ait eu une fuite dans le Royaume, alors la Juftice de France peut en connoître, & punir les coupables. Ainfi par Arrêt du 13 Février 1671, deux Vénitiens qui avoient volé à Venife une boîte de diamants, & étoient venus à Paris les expofer en vente, furent condamnés aux galeres pour neuf ans, quoiqu'ils euffent allégué le déclinatoire, & demandé qu'on les renvoyât à Venife, pour leur être fait leur procès. L'expofition des diamants faite par ces Venitiens en la ville de Paris, étoit un crime fuffifant pour les y punir; *ubi delictum, ibi forum*.

2°. Mais fi le crime a été entiérement confommé en pays étranger, & qu'il n'ait eu aucune fuite en France, on ne punit point l'étranger coupable qui s'eft réfugié dans le Royaume, à moins que le crime n'eût été commis contre un François; & quand même il y auroit des décrets ou autres jugements contre le criminel, on ne permet pas de le venir arrêter dans le Royaume, pour le conduire dans son pays, à moins que d'avoir la permission expresse du Roi. Ce qu'il n'accorde presque jamais, excepté dans le cas où l'étranger réfugié en France, est réclamé par son Souverain, comme criminel de leze-Majesté. Argou, *Instit. au Droit François*, liv. 1. c. XI. De Ferriere, V. *Aubain*; Denisart, V. *Etranger*.

QUESTION I.

Les enfants d'un pere ou d'une mere François, sont-ils réputés étrangers, lorsqu'ils sont nés hors du Royaume?

RÉPONSE.

I. Ces enfants, quoique nés hors du Royaume, ne sont pas réputés étrangers, pourvu qu'ils viennent demeurer en France. C'est ce qui a été jugé par plusieurs Arrêts. Ainsi ces enfants sont admis à la succession de leurs parents légitimes & regnicoles. Mais outre qu'on les oblige de demeurer dans le Royaume, on leur interdit l'aliénation des biens héréditaires. Et à cette fin, on a même ordonné que les meubles du défunt seroient remplacés en rentes ou en héritages. Basnage & Pesnelle, *sur les art.* 148 & 245. *de la Cout.*

II. Cette décision ne souffre pas de difficulté, lorsque les pere & mere se sont mariés en France. La chose est plus difficile, lorsque leur mariage a été fait hors le Royaume. Cependant des majeurs qui se marient en pays étranger, suivant la forme usitée dans l'Eglise catholique, sont regardés comme regnicoles, lorsqu'ils reviennent en France. Les enfants nés de ce mariage, doivent par conséquent avoir le même privilege. C'est ce qui résulte d'un Arrêt du Parlement de Rouen, rendu le 3 Février 1752, dans le cas suivant. Un François qui avoit passé en Angleterre, où il s'étoit marié, fut jugé habile à recueillir les successions qui lui viendroient en France, sans être obligé de prêter serment de fidélité, pourvu qu'il résidât en France avec sa famille. L'Arrêt lui fit seulement défense de vendre les immeubles, & la totalité des meubles, sinon à charge de remplacement.

III. Mais il y a des cas, où la célébration du mariage en pays étranger pourroit préjudicier aux enfants, quand même ils seroient nés dans le Royaume.

Car 1°. si le François qui s'est marié en pays étranger, étoit mineur, & qu'il n'eût pas obtenu le consentement de ses pere & mere; ce mariage seroit déclaré abusif & nul quant aux effets civils. Cela auroit lieu, quoique le mariage eût été célébré dans un pays où l'on suivoit la discipline du Concile de Trente, qui ne requiert point pour de tels mariages le consentement du pere & de la mere des mineurs contractants. La raison est qu'en France on regarde les Ordonnances qui défendent aux mineurs de se marier sans consentement des peres, meres, tuteurs ou curateurs, comme des loix personnelles qui suivent par-tout les fils de famille en quelque lieu qu'ils se trouvent. Dict. de Droit, V. *Mariage d'un François en pays étranger.*

La Déclaration du 16 Juin 1685, fait même défense sous de très-grandes peines aux sujets du Roi, de marier leurs enfants, ou ceux dont ils sont tuteurs ou curateurs; de les marier, dis-je, hors le Royaume, sans la permission expresse de sa Majesté.

2°. Par Arrêt du 16 Mars 1725, rendu au Parlement de Paris en la Grand'-Chambre, conformément aux Conclusions de M. l'Avocat-Général Talon, la Cour déclara nul & abusif un mariage célébré en Angleterre, suivant le Rit Anglican par un Ministre Protestant, entre un François majeur domicilié à Londres, nommé Charpentier, & une fille mineure Catholique, née à Londres d'une Françoise réfugiée. Charpentier étoit lui-même appellant comme d'abus de son mariage ; & son principal moyen étoit qu'un Ministre Protestant n'avoit pu valablement marier deux Catholiques. La femme le soutenoit non recevable dans cet appel ; & elle disoit qu'il ne pouvoit pas demander à la Cour qu'elle détruisît ce qui étoit du propre fait de lui Charpentier. Mais le célébre Avocat-Général fit voir que les moyens d'abus proposés par Charpentier étant absolus, ils pouvoient être invoqués par toutes sortes de personnes, même par les contractants. C'est ce qui détermina la Cour à déclarer le mariage nul. Denisart, V. *Mariage*.

QUESTION II.

De quelles choses les Aubains, non naturalisés, sont-ils capables ou incapables ?

RÉPONSE.

I. Les Aubains sont capables de faire toutes sortes de contrats entre-vifs. Ils peuvent acquérir & posséder des meubles & des immeubles ; ils peuvent les vendre ou les hypothéquer. Ils peuvent contracter mariage en France avec des François & avec des Etrangers ; faire & accepter des donations entre-vifs, soit de la propriété, soit de l'usufruit ; ils peuvent emprunter, prendre & donner à louage, &c. En tous ces cas & autres semblables, les Aubains sont considérés de la même maniere que les véritables François.

II. Mais les Aubains ne peuvent pas faire de donation à cause de mort, ni testament, ni aucune disposition de derniere volonté ; ce qui est si général, qu'on n'auroit aucun égard aux legs pieux qu'ils feroient. Ils ne peuvent non plus rien recevoir par testament ; *non habent testamenti factionem, neque activam neque passivam.*

fivant. C'est ce qui a donné lieu de dire, que l'Aubain vit en homme libre & meurt en esclave ; *vivit ut liber, moritur ut servus.*

Cependant les Aubains peuvent recevoir par testament des rentes viageres ; par la raison que ces rentes tiennent lieu d'aliments, & que les aliments peuvent être donnés à toutes sortes de personnes. Si ces rentes viageres étoient exorbitantes, elles seroient seulement réductibles. Mais l'étranger donataire ne peut les percevoir, à moins qu'il ne demeure en France.

Enfin les Aubains ne peuvent posséder ni charges ni bénéfices en France, sans avoir une dispense expresse du Roi, dont il y a peu d'exemples. Car comme ces dispenses ne servent que pour la charge ou le bénéfice pour lequel elles sont accordées ; la plupart aiment mieux obtenir des lettres de naturalité. *Voyez* Argou, *liv. 2. chap. XI.* Basnage, *sur l'art. 248 de la Cout.* De Ferriere, V. *Aubain & Rente viagere* ; Denisart, V. *Etrangers & Naturalisation.*

❊

Tome I.   K

QUESTION III.

Que faut-il entendre par le droit d'Aubaine, & à qui ce droit appartient-il ?

RÉPONSE.

I. Les Aubains non naturalisés, étant privés de faire testament, ne peuvent pas non plus avoir des héritiers *ab intestat*; lorsqu'ils n'ont point d'enfants regnicoles, nés en légitime mariage. Ainsi les biens qu'ils laissent en France, en mourant, appartiennent au Roi; c'est ce qu'on nomme droit d'Aubaine.

Suivant l'article 148 de notre Coutume, » les héritages & biens tant meubles » qu'immeubles des Aubains & étran- » gers, appartiennent au Roi après leur » mort, aux charges de droit, comme dit » est, encore qu'ils soient tenus d'autres » Seigneurs, s'ils n'ont été naturalisés, & » qu'ils aient des héritiers légitimes re- » gnicoles. «

1°. Dans le cas d'Aubaine, tous les biens de l'étranger, meubles & immeubles, nobles & roturiers, rentes & autres quels qu'ils soient, dont l'Aubain n'a pas disposé par actes entre-vifs ; tous ces biens, dis-je, appartiennent au Roi seul, sans que nul autre Seigneur de fief y puisse rien prétendre directement ou indirectement ; soit que l'Aubain demeurât dans l'étendue de son fief & seigneurie, soit que les héritages & immeubles de l'Aubain y fussent situés. La possession même, quelque ancienne qu'on la suppose, ne peut attribuer aux Seigneurs le droit d'Aubaine ; s'ils n'en ont une concession particuliere du Roi, en bonne forme. *Voyez* Denisart, V. *Aubaine*.

2°. Le Roi a les biens de l'Aubain décédé, *aux charges de droit, comme dit est* ; c'est-à-dire, à charge de payer les dettes de l'Aubain, de même que dans les cas de confiscation, de déshérence & de bâtardise dont il est parlé dans les art. 145, 146 & 147 de la Cout. de Norm.

II. On objecte que le droit d'Aubaine est contraire à l'humanité ; que c'est une chose odieuse de n'admettre des étrangers dans le Royaume, que pour s'emparer de leurs dépouilles.

Réponse 1°. il est faux qu'on n'admette les étrangers dans ce Royaume, que pour profiter de leurs dépouilles. Si cela étoit, on leur refuseroit des lettres de naturalité ; on les empêcheroit de disposer de leurs biens entre-vifs, & de se marier. Or il arrive précisément le contraire.

2°. Le Roi pourroit refuser aux étrangers l'entrée de ses Etats ; il est donc maître de ne les y recevoir qu'à certaines conditions. Il pourroit les empêcher d'acquérir des biens en France ; il peut donc aussi ne leur en accorder la permission que conditionnellement, & en se réservant certains droits sur les acquisitions qu'ils pourront faire.

3°. Les Princes voisins ont établi les premiers, dans leurs Etats, le droit d'Aubaine sur les François. Il étoit donc juste que les Rois de France l'établissent aussi sur les sujets des autres Princes ; & cela par droit de représailles. Au reste les Souverains abolissent insensiblement le droit d'Aubaine.

QUESTION IV.

Les enfants légitimes & regnicoles d'un Aubain, peuvent-ils lui succéder en Normandie, lors même qu'il n'a point été naturalisé ? *Quid juris*, lorsqu'il ne laisse que des parents collatéraux ?

RÉPONSE.

I. En prenant à la rigueur les termes de notre Coutume, il sembleroit que les enfants de cet Aubain ne peuvent lui succéder. Car l'art. 148 porte que les biens des Aubains après leur mort, appartiennent au Roi, *s'ils n'ont été naturalisés, & qu'ils aient des heritiers légitimes regnicoles*. Ce qui semble marquer que pour exclure le Roi du Droit d'Aubaine, il faut non-seulement que les Aubains laissent des héritiers légitimes regnicoles; mais encore que ces Aubains aient été naturalisés.

Cependant, comme l'observe Basnage sur cet article, » c'est une maxime géné-
» rale dans tout le Royaume, que les en-
» fants *légitimes*, nés en France d'un
» étranger, bien qu'il n'ait point été na-
» turalisé, succedent à leur pere.... car
» leur naissance en France leur sert de
» lettres de naturalité « Ces enfants, selon Basnage, succedent à leurs pere & mere; quoique le mariage qui leur a donné la naissance, ait été célébré en pays étranger : il suffit qu'ils naissent en France.

II. Mais si l'Aubain non naturalisé ne laissoit que des parents collatéraux, ils ne pourroient lui succéder, quoique légitimes & regnicoles. C'est ce que remarque Denisart, V. *Aubaine*. On doit dire la même chose pour la Normandie. Car selon notre art. 148, l'Aubain ne peut avoir d'héritiers regnicoles, à moins qu'il n'ait été naturalisé. Et quoique cet article souffre une exception en faveur des enfants de l'Aubain, il n'en admet pas en faveur de ses parents collatéraux. En effet Basnage observe que l'une des prérogatives que les lettres de naturalité procurent à l'étranger, *c'est de rendre ses parents nés dans le Royaume, ou naturalisés regnicoles, capables de lui succéder*. Ils n'en seroient donc pas capables, si l'Aubain décédoit sans être naturalisé lui-même.

Il est aisé de conclure que si les enfants légitimes & regnicoles de l'Aubain non naturalisé, meurent avant leur pere, sans laisser de descendants habiles à leur succéder, le Droit d'Aubaine reprend sa force. Ainsi le Roi succede pour lors à tous les biens du pere, à l'exclusion de tous les parents collatéraux, quoique légitimes & regnicoles.

III. Il y a plus ; c'est que le Droit d'Aubaine a quelquefois lieu, quoique l'Aubain ait été naturalisé. Car pour empêcher le Droit d'Aubaine, la naturalisation de l'Aubain ne suffit pas. Il faut encore qu'il laisse après lui des enfants légitimes, ou d'autres parents regnicoles habiles à lui succéder ; ou enfin qu'il ait disposé de ses biens par acte testamentaire. Autrement tout ce qui restera après sa mort, appartiendra au Roi à titre d'Aubaine.

Ainsi quoique l'Aubain soit naturalisé, les Seigneurs de fief ne peuvent rien prétendre sur sa succession, en vertu du droit de déshérence. La raison est que les lettres de naturalité ne sont pas censées accordées au préjudice du Roi qui les donne ; & n'attribuent aucun droit sur les biens de l'étranger à l'exclusion du Roi, sinon lorsqu'il se trouve des parents capables d'en hériter. Pesnelle, *sur l'art.* 148.

Non-seulement la succession de l'Aubain appartient au Roi, au préjudice de tout autre Seigneur ; elle lui appartient encore à l'exclusion de la femme de l'Aubain décédé. Car la succession *unde vir & uxor* introduite par le Droit Romain, en vertu de laquelle le survivant des conjoints par mariage succede au prédécédé, à l'exclusion du fisc; cette succession, dis-je, n'est point admise en Normandie.

» Mais, *dit Routier, pag.* 19. *nomb.* V. les » Seigneurs succedent à droit de déshé- » rence aux enfants de l'étranger natura- » lisé, s'ils ont succédé *eux-mêmes* à leur » pere naturalisé «. La raison de cette différence, selon Basnage *ubi suprà*, c'est que les enfants de l'étranger naturalisé ont succédé à leur pere, non point en vertu de la grace du Roi, *sed proprio jure*, comme personnes capables des droits civils. Or possédant ces biens comme de véritables François, ils sont sujets aux mêmes loix que ceux du pays; & les Seigneurs succédant par déshérence, ils doivent aussi succéder aux biens des enfants de l'étranger naturalisé : le Roi ne pouvant étendre jusques-là l'effet du Droit d'Aubaine, parce qu'il n'y en a jamais eu aucun.

QUESTION V.

Tous les étrangers, non naturalisés, qui meurent en France, sont-ils sujets au Droit d'Aubaine ?

RÉPONSE.

I. Ce Droit n'a aucun lieu à l'égard de ceux qui naissent de personnes libres dans nos Colonies. Car suivant l'article 38 de l'Edit du mois d'Août 1664, ils jouissent des mêmes libertés, privileges & franchises, que s'ils étoient nés dans le Royaume. Denisart, V. *Colonies Françoises.*

II. Quoique tous les Aubains soient incapables de posséder des Charges & des Bénéfices en France, sans une dispense préalable ; ils ne sont pas tous sujets au Droit d'Aubaine. Il y a plusieurs Nations qui en sont affranchies ; comme les Savoyards, les Génevois, les Suisses, les Hollandois, les Anglois, les Suédois & autres. Mais le privilege accordé à ces différentes Nations, est plus ou moins étendu. Par exemple, les Anglois & autres sujets actuels de la Grande-Bretagne, ne sont pas soumis au Droit d'Aubaine pour les meubles. *Déclar. du* 19 *Juillet* 1739. Mais ce Droit a lieu contre eux pour les immeubles, qui se trouvent situés en France. Les Hollandois & les Suisses ont des privileges plus étendus. *Voyez* M. Denisart, sous les mots : *Aubaine, Anglois, Hollandois, Suisses, &c.*

Il y a des Lettres-Patentes du mois de Juillet 1770, par lesquelles Louis XV. déclare les citoyens & habitants des villes Impériales de Ratisbonne, Cologne, Ausbourg, Nuremberg, &c. exempts du Droit d'Aubaine dans toute l'étendue de son Royaume; Sa Majesté voulant qu'ils y soient favorablement traités, pour leurs personnes & leur commerce, à condition que ses sujets jouiront dans lesdites villes, des mêmes exemptions du Droit d'Aubaine, & y seront aussi favorablement traités que les sujets d'aucune autre nation étrangere.

Il restoit encore vingt trois Villes Impériales, qui étoient privées de ce bienfait. Mais par de nouvelles Lettres-Patentes, données à Fontainebleau, au mois de Novembre 1774, & regiftrées au Parlement de Paris le 7 Janvier 1775, le Roi accorde à ces Villes l'exemption du Droit d'Aubaine & la liberté du commerce.

III. M. de Héricourt prétend que ceux qui sont nés sujets des Etats exempts du Droit d'Aubaine, peuvent sans dispense posséder des Bénéfices dans ce Royaume; pourvu que leur Patrie ne soit point en guerre avec la France, dans le temps qu'ils prennent possession du Bénéfice. *Loix Eccl. Part.* 2. *chap.* 2. *nomb.* 21. M. De la Combe pense le contraire; *parce que*, dit-il, *le Roi en renonçant au droit de succéder, ne renonce pas au droit de s'assurer de la fidélité de ceux à qui il confie l'administration des Bénéfices de son Royaume.* Rec. de Jurisp. Canonique, V. *Etranger*, nomb. 2.

IV. Les Ambassadeurs & ceux de leur suite, ne sont point sujets au droit d'Aubaine. Ils peuvent disposer de leurs biens mobiliers par testament. Et s'ils décedent en France, sans en avoir disposé, leurs héritiers légitimes y succedent, quoique étrangers & demeurants hors le Royaume. Ceci est admis entre tous les Souverains.

Cependant le privilege des Ambassadeurs souffre quelques exceptions.

Car 1°. s'ils avoient acquis des immeubles ou des rentes constituées dans le Royaume, ils demeureroient à cet égard sujets au Droit d'Aubaine, à moins que leur nation n'en fût totalement affranchie.

2°. Ni l'Ambassadeur ni ceux de sa suite, ne peuvent recueillir des successions dans ce Royaume; si leur nation n'a d'ailleurs un privilege spécial. Dict. de Droit, V. *droit d'Aubaine*; Denisart, V. *Ambassadeur*.

V. Les Marchands étrangers, fréquentants les foires de France, & qui ne passent en ce Royaume que dans le dessein de s'en retourner incontinent dans leur pays, ne sont pas sujets au Droit d'Aubaine pour leurs marchandises & autres effets mobiliers. Cela est fondé sur la nécessité du Commerce, qui est le soutien d'un Etat ; *quia scilicet commercio gens una supplet alterius inopiam.* Si ceux qui trafiquent étoient sujets au Droit d'Aubaine, il ne se trouveroit personne qui osât entreprendre un voyage, où il pourroit risquer la fortune de sa famille. Dict. de Droit, V. *Droit d'Aubaine.*

Au reste le Privilege des Marchands étrangers, souffre les mêmes restrictions que celui des Ambassadeurs. Les Marchands fréquentants les Foires de Lyon, n'ont point un privilege plus étendu à cet égard. Voyez M. Argou. *Livre I. chap. XI.*

VI. On prétend que les Ecoliers étrangers, qui viennent dans ce Royaume, pour y faire leurs études, & qui y décedent, sont sujets au droit d'Aubaine.

Quelques-uns soutiennent à la vérité, qu'ils sont exempts de ce droit, par un Edit de Louis X, de l'année 1315. Mais cet Edit ne se trouve nulle part. Dict. de droit, V. *Droit d'Aubaine*.

QUESTION VI.

Lorsqu'on doit quelque chose, *ex contractu vel ex delicto*, à un étranger (non naturalisé) mort en France ; à qui faut-il payer ou restituer ?

RÉPONSE.

I. Quand l'étranger a quelque titre qui l'exempte du Droit d'Aubaine, le paiement ou la restitution doit se faire à ses héritiers légitimes, quoique étrangers eux-mêmes & demeurants hors le Royaume. Cela suit évidemment des principes exposés dans la réponse précédente.

II. Il faut raisonner autrement, si l'étranger étoit sujet au Droit d'Aubaine. Pour savoir à qui l'on doit payer ou restituer dans cette hypothese, il faut faire attention à une remarque de M. Argou, *ubi sup*. » Le Roi, *dit-il*, donne ordinai-

» rement les successions des Aubains...
» Mais les Fermiers du Domaine doivent
» avoir, en vertu de leur bail, toutes les
» Aubaines qui n'excedent pas la valeur
» de deux mille livres, & le tiers de celles
» qui sont au-dessus; en telle sorte toute-
» fois que la part des Fermiers soit au
» moins de deux mille livres, & le Do-
» nataire du Roi ne profite que du sur-
» plus.

Suivant cette regle, 1°. Si le Roi n'a point donné la succession de l'Aubain décédé, tout ce qui étoit dû à cet étranger, doit être remis aux Fermiers du Domaine.

2°. Si le Roi a donné la succession de l'Aubain, & que la somme qui est due, étant jointe au reste de la succession, n'excede pas deux mille livres, il faut encore payer ou restituer tout aux Fermiers du Domaine.

3°. Si ces Fermiers avoient déjà relevé, ou s'ils devoient relever au moins la somme de deux mille livres, indépendamment de celle qui étoit due à l'Aubain; la restitution entiere devroit être faite au Donataire du Roi, supposé que l'Aubaine ne fût pas bien considérable.

4°. S'il falloit une partie de la dette

en question, pour compléter aux Fermiers du Domaine la somme de deux mille livres ; il faudroit restituer cette partie aux Fermiers, & le surplus au Donataire du Roi. Par exemple, si la dette étoit de quinze cents livres, & que les Fermiers n'en eussent touché que quinze cents ; on devroit leur restituer cinq cents livres, & en donner mille au Donataire.

5°. Si l'Aubaine excédoit de beaucoup la valeur de deux mille livres, il faudroit restituer deux tiers de la dette au Donataire du Roi, & un tiers aux Fermiers du Domaine. Un étranger, par exemple, laisse en mourant pour douze mille livres de bien ; & on lui devoit outre cela trois mille livres. Quoique les Fermiers du Domaine aient déjà relevé quatre mille livres, on doit encore leur en restituer mille, & en rendre deux mille au Donataire du Roi.

ARTICLE II.

De la naturalisation des Aubains.

I. LES lettres de naturalité ne peuvent être accordées que par le Roi; mais elles ne se refusent jamais à ceux qui les demandent. Ces lettres s'obtiennent en la grande Chancellerie. Elles doivent être vérifiées en la Chambre des Comptes; & il est d'usage de les faire de plus enregistrer dans les Chambres des Domaines & aux Bureaux des Finances. Il faut même qu'elles soient enregistrées au Parlement, pour avoir leur plein & entier effet. L'étranger naturalisé, dont les lettres sont enregistrées à la Chambre des Comptes, succede à ses parents regnicoles, à l'exclusion du Roi. Mais il ne succede pas au préjudice d'autres parents François, à moins que les lettres ne soient enregistrées au Parlement. De Ferriere & Denisart. V. *Naturaliser & Naturalisation.*

II. L'étranger qui a obtenu des lettres de naturalité, duement enregistrées, peut posséder des Charges & des Bénéfices en

France ; il est affranchi du Droit d'Aubaine, lorsqu'il a des héritiers légitimes regnicoles ; il peut disposer de ses biens par testament ; ses parents regnicoles, même collatéraux, lui succedent, il devient lui-même capable de recueillir des successions dans le Royaume. En un mot, il jouit des mêmes privileges, franchises, libertés, immunités & droits dont jouissent les François originaires.

Observez cependant 1°. Que les étrangers naturalisés doivent faire une résidence constante & permanente en France. S'ils n'y faisoient qu'une résidence momentanée, & qu'ils demeurassent tantôt dans un pays, tantôt dans un autre ; les lettres de naturalité par eux obtenues, seroient sans effet. *Voyez* les Déclarations de 1718 & 1720.

2°. Un étranger pourvu de Bénéfice, qui contre la clause de ses lettres de naturalité, se retire du Royaume, ne perd pas son Bénéfice de plein droit. Mais après l'avoir mis en demeure par des Sommations au lieu de son Bénéfice, on peut le conférer à un autre. De la Combe, V. *Etranger*, *n*. 8.

3°. Les Aubains, quoique naturalisés, ne peuvent pas posséder en France toutes sortes de Bénéfices. Car voici ce que porte l'art. 4. de l'Ordonnance de Blois : » N'entendons que ci-après aucun puisse » être pourvu d'Archevêchés, Evêchés, » ni d'Abbayes chef-d'ordre; soit par mort, » résignation, ou autrement, qu'il ne » soit originaire François, nonobstant » quelque dispense ou clause dérogatoire » qu'il puisse obtenir de nous, à laquelle » ne voulons qu'on ait aucun égard «. Mais les étrangers naturalisés peuvent être nommés Grands-Vicaires des Evêques, & gouverner le Diocese sous leur autorité. Denisart, V. *Etrangers*.

III. Les lettres de naturalité n'ont point un effet rétroactif, au préjudice de ceux qui ont un droit acquis. La raison est qu'elles ne s'accordent que *sauf le droit d'autrui*.

Ainsi 1°. lorsque l'étranger n'a obtenu des lettres de naturalité, qu'après les provisions d'un Bénéfice qui lui a été conféré ; ces lettres ne réhabilitent point son incapacité originelle. D'où il suit que l'étranger n'exclura point de ce Bénéfice le François, qui en a été pourvu le dernier ; mais qui a reçu ses provisions, avant l'impétration & enregistrement des lettres de naturalité. Denisart, *ibid*.

2°. Par la même raison, un étranger

(quoique plus proche parent) ne pourra priver un François de la succession qu'il avoit déjà recueillie avant la naturalisation de cet étranger.

CHAPITRE III.

Des Peres & des Meres de famille.

LEs peres & les meres de famille étant des personnes unies par les liens sacrés du Mariage, nous devons parler, 1°. Du contrat de mariage; 2o. Des avantages que le mari peut faire à la femme; 3o. Des avantages que la femme peut faire au mari; 4o. Des obligations communes aux peres & meres de famille; 5°. Des droits du mari sur les biens de sa femme; 6°. Des droits de la femme sur les biens de son mari.

ARTICLE PREMIER.

Du Contrat de Mariage.

LE contrat de mariage se prend quelquefois pour le consentement solemnel prêté entre le mari & la femme, par lequel ils s'épousent & se promettent la foi conjugale. Mais par contrat de mariage, nous entendons ici l'*acte* ou *écrit* qui précede la bénédiction nuptiale, & qui contient les clauses & conventions faites entre les époux, par rapport au mariage. Commençons par quelques observations.

I. Il n'est point nécessaire, ni pour la validité du mariage, ni pour les droits qui en résultent, de faire un contrat par écrit. » Si les parties, *dit Routier*, *p*. 347. *n*. x, » ne font point de contrat de mariage ; » la Coutume de leur domicile, lors du » décès de l'une ou de l'autre, ou celle » dans laquelle ils se marient, leur tient » lieu de contrat & de regle pour les » conventions matrimoniales ; & ce con- » trat tacite est aussi inaltérable qu'un con- » trat exprès «. Ainsi les époux qui n'auroient point fait de contrat par écrit, n'en seroient pas moins fondés à jouir de tous les droits que la Coutume leur attribue ; tels que sont le droit de viduité pour le mari, le douaire pour la femme, &c.

Cependant il est plus avantageux aux personnes qui se marient, de faire un contrat par écrit ; parce que l'on peut y mettre des clauses & des conventions particulieres, que la Coutume laisse à la liberté des contractants, mais qu'elle ne supplée pas. Cette liberté est assez étendue ; car les contrats de mariage sont susceptibles de toutes sortes de clauses, conventions & conditions, qui ne sont contraires ni aux loix, ni à la Coutume, ni aux bonnes mœurs.

II. Le contrat de mariage peut être fait sous signature privée. Mais il n'emporte point hypotheque, à moins qu'il ne soit passé ou reconnu devant Notaires. Lorsqu'il a été fait sous signe privé, & qu'il est ensuite reconnu devant Notaires ; il n'a hypotheque que du jour de la reconnoissance.

Autrefois les contrats de mariage n'étoient point sujets au Contrôle ; & pour acquérir hypotheque, ils n'avoient point besoin d'autre solemnité que d'être passés ou reconnus devant Notaires. Mais les contrats de mariage, de même que tous les autres actes passés devant Notaires, ont été depuis assujettis au contrôle. *Voyez* Basnage *sur l'art. 367 de la Cout.* édit. de 1709 ; & son *Traité des hypotheques*, part. 1. chap. 12.

III. Ces principes donnent lieu d'examiner le cas suivant. Cécile voyant son mari mort, & sachant qu'il a laissé plus de dettes que de biens, s'empare d'un sac de trois mille livres pour se remplir de sa dot. Cécile a-t-elle pu le faire, vu que son contrat de mariage n'étoit que sous signature privée, & qu'il y avoit plusieurs créanciers hypothécaires, qui perdront considérablement?

Réponse. Comme on suppose un homme qui en mourant, laisse plus de dettes que de biens; ce sont les créanciers qui héritent, & qui de droit sont réputés saisis des biens de la succession. Or ces biens sont affectés aux créanciers suivant l'ordre de leur privilege ou de leur hypotheque.

Cela posé, il est clair que Cécile n'a pu s'emparer du sac de trois mille livres. Elle a commis une injustice, puisqu'elle a pris un bien qui appartenoit aux créanciers hypothécaires, en vertu de la Coutume & de la Jurisprudence. On avoue que Cécile est créanciere elle-même pour le fait de sa dot. Mais comme son contrat de mariage n'est que sous signature privée, il n'emporte point hypotheque sur les biens de son mari; & conséquemment les créanciers hypothécaires ont droit de passer avant elle. En effet, l'hypotheque étant fondée sur la foi publique, elle doit évidemment prévaloir sur un acte privé. Cécile est donc tenue de restituer tout ce qui sera nécessaire pour le paiement des créanciers ; de sorte que si leur créance surpasse ou égale la somme de trois mille livres, il faut qu'elle restitue cette somme en entier.

Au reste on ne peut pas dire que la veuve soit dans ce cas créanciere privilégiée. Car, comme l'observe Basnage, » dans la France coutumiere on ne » met pas entre les créanciers privilé- » giés, les femmes pour la répétition de » leurs deniers dotaux. Cette prérogati- » ve ne leur a été conservée que dans les » pays où le Droit Romain est encore » suivi «. *Traité des Hypotheques*, part. I. chap. 14.

QUESTION I.

Le contrat de mariage a-t-il toujours son effet, quand le mariage est valide ? L'a-t-il quelquefois, quoique le mariage soit nul ?

RÉPONSE.

I. Le mariage peut être valide quant au Sacrement

Sacrement, quoiqu'il foit nul quant aux effets civils. C'eſt ce qui arrive à l'égard de ceux qui contractent mariage, étant morts civilement, ou qui fe marient *in extremis*, après avoir vécu enſemble dans la débauche. Nous avons vu que dans tous ces cas, & autres ſemblables ; on ne donne aucune exécution aux clauſes du contrat de mariage.

II. Lorſque le mariage eſt nul quant au Sacrement, le contrat n'a aucun effet, excepté dans le cas de la bonne foi.

1°. Le mariage nul ne produit par lui-même aucuns effets civils, tant à l'égard de ceux qui l'ont contracté, qu'à l'égard de leurs enfants ; parce que ce qui eſt nul, ne peut produire aucun effet. Les conventions matrimoniales ne peuvent valoir en conſéquence d'un tel mariage. D'où il ſuit que dans cette hypotheſe, il n'y a point de dot, de douaire, &c. ni aucun des droits réſultants de l'union conjugale. On permet ſeulement aux époux prétendus, de reprendre ce qu'ils ont apporté. C'eſt ce que remarque M. de Ferriere. » Chez les Romains, *dit-il*, » lorſque le mariage étoit nul, ce que » l'un des deux avoit donné à l'autre en

» faveur de ce mariage, étoit ordinaire-
» ment confisqué. Mais parmi nous, ce-
» lui qui a donné quelque chose en vue
» du mariage, peut reprendre ce qu'il à
» donné lorsque le mariage est déclaré
» nul. On condamne seulement à une
» amende, ceux qui ont contracté un tel
» mariage, lorsqu'ils ont eu connoissan-
» ce de l'empêchement «.

2°. Nous avons excepté le cas de la bonne foi. Car si les conjoints ou l'un des deux, avoient eu une juste cause d'ignorer l'empêchement qu'il y avoit à leur mariage ; cette bonne foi feroit valider les conventions matrimoniales, tant par rapport aux époux, ou à celui des deux qui auroient ignoré l'empêchement, que par rapport aux enfants. Ainsi, lorsqu'un homme marié suppose la mort de sa femme, pour se remarier à une autre ; la seconde femme doit jouir des conventions portées par son contrat de mariage, à cause de sa bonne foi, sans préjudice néanmoins des droits de la premiere. *Voyez* M. de Ferriere, *Traduct. des Institutes*, tom. 2. pag. 204 & suiv. M. Pothier, *Traité du Contrat de Mariage*, tom. II. nomb. 396, 437 & suiv.

DES PERSONNES. 243

III. L'Auteur des *Réfolutions de plu-fieurs cas de confcience fur la Coutume de Normandie* (a), a donné fur la queftion préfente une décifion qui ne paroît pas affez exacte. Voici le cas qu'il fe propofe : » Jeanne fachant bien qu'elle ne pou- » voit époufer Pierre, à caufe d'un em- » pêchement dirimant, provenant d'un » crime occulte qu'elle a commis avec le » frere de Pierre, l'époufe cependant, » fans en avoir obtenu difpenfe avant, ni » pendant fon mariage. A la mort de » Pierre, elle a pris fon douaire & fa » part des meubles. L'a-t-elle pu faire en » confcience? *chap. 2. cas 2* «.

1°. L'Auteur commence par diftinguer fi *Jeanne a des enfants de fon prétendu mariage ou fi elle n'en a point* ; par où il fembleroit infinuer que les droits de Jeanne font plus réels & plus étendus

___

(a) L'Auteur de cet Ouvrage, imprimé en 1764, eft M. Jofeph Dufort, Prêtre du Séminaire de Caen, où il mourut en 1767, âgé de 80 ans. Le Livre de M. Dufort eft vraiment utile ; & s'il y a quelques défauts, on peut en dire autant de tout ce qui part de la main des hommes. Nous ne citons point la nouvelle édition, parce que nous la fuppofons conforme à la premiere. Si elle differe en quelques points, cela n'empêche pas que ce ne foit au fond le même ouvrage.

dans un cas que dans l'autre. Cependant elle est toujours également destituée de tout droit, tant pour le douaire que pour les meubles.

2°. L'Auteur a raison de dire que si Jeanne a des enfants, il faut la laisser vivre avec eux. Mais il falloit ajouter qu'elle n'a pas droit de vivre à leurs dépens, à moins qu'elle ne fût dans l'impuissance de vivre autrement.

3°. Dans le cas où Jeanne n'auroit point d'enfants ni de revenu en propre, l'Auteur dit qu'*il faut lui laisser prendre tout ou partie de son douaire, jusqu'à la concurrence de ce qu'il lui en faut pour vivre selon l'état où son mari se trouvoit à sa mort*; parce que *dans ce cas les héritiers de Pierre sont censés consentir qu'elle prenne son douaire*. Mais quoique cette femme n'ait point de *revenu en propre*, s'ensuit-il qu'elle soit hors d'état de subsister sans le douaire? Le remboursement de sa dot & de la valeur des meubles qu'elle avoit apportés à son mari prétendu, son industrie & son travail, ne pourroient-ils point suffire pour lui procurer une honnête subsistance? Pourquoi *faut-il* qu'elle vive *selon l'état où son mari se trouvoit à sa mort*? Elle avoit acquis cet état de la maniere la plus injuste ; donc elle mérite d'en déchoir. Les héritiers de Pierre font bien *cenſés conſentir qu'elle prenne* ce qui lui eſt abſolument néceſ-ſaire pour vivre ; mais non pas qu'elle prenne ce qu'il lui faut pour ſoutenir un état uſurpé, & qui ne lui appartient nullement *(a)*.

En vain dira-t-on que cette femme ne pourroit renoncer à ſon douaire & à ſa part des meubles ſans ſe diffamer. Le danger de diffamation, en le ſuppoſant réel, n'ajouteroit rien à ſes droits. Du moins il ne la diſpenſeroit pas de reſ-

---

(a) Qui ne lui appartient nullement. Cette Femme, malgré la préſomption du for extérieur, n'a réellement aucun titre pour s'attribuer les droits d'une épouſe légitime. Il lui faudroit pour cela, ou un mariage valablement contracté, ou la bonne foi, ſuppléant au défaut du mariage. Or il eſt viſible qu'elle n'a ni l'un ni l'autre. Ceux qui prétendent que cette femme doit être cenſée de bonne foi, tant qu'elle ne ſera point condamnée dans le for extérieur, n'ont pas même l'idée de ce qu'on appelle bonne foi. Comment ne voient-ils pas que la *bonne foi* dépend de la conſcience d'un chacun, & non point de l'opinion du public ? Si quelqu'un s'aviſoit de dire : *il eſt clair que je ſuis dans la bonne foi*, *puiſque tout le monde le croit ainſi* ; daigneroit-on répondre à un pareil raiſonnement ?

L 3

tituer secrétement ce qu'elle auroit pris en public, pour sauver son honneur.

Objection. Selon M. Pothier, » l'affi- » nité qui naît du commerce illicite, n'est » un empêchement dirimant de mariage, » que lorsque ce commerce est connu & » a éclaté dans le public.... C'est la déci- » sion du Pape Alexandre III, au chap. 4 » du titre *De eo qui cognovit consang.* «. Traité *du Contrat de Mariage*, tom. I, nomb. 167. Cela étant, tout ce qui a été dit ci-dessus porte à faux.

Réponse. On avoue que tel est le sentiment de M. Pothier. Mais, sans manquer au respect que mérite ce grand Jurisconsulte, on peut dire que la Décrétale d'Alexandre III, ne lui est nullement favorable. Il s'agissoit d'un homme qui ayant eu un commerce illicite & secret avec une femme, avoit ensuite épousé la fille de cette même personne. Le Pape consulté, dit seulement que le mari ne doit point être séparé de son épouse; *nec est ab uxore quæ tanti sceleris inscia est, separandus.* Cela ne prouve point que le Pape regardât le mariage comme valide. Car quoiqu'un mariage soit nul & très-nul, on ne doit pas séparer les conjoints, lorsque l'empêchement qui produit la nullité, eft occulte. Outre que cette féparation cauferoit du fcandale, ce feroit fournir aux perfonnes mariées un prétexte pour faire diffoudre leur mariage, auffi-tôt qu'elles s'ennuieroient d'être enfemble. C'eft la raifon que donne Céleftin III, dans le chap. 5 du même titre, *De eo qui cognovit confang. uxoris fuæ.* Voici comment il s'exprime : *Separari non debet conjugatus ; cùm & quandoque nonnulli inter fe contra matrimonium velint colludere, & ad confeffionem inceftûs facilè profilirent, fi fuo judicio crederent per judicium Ecclefiæ concurrendum.*

D'ailleurs M. Pothier, *nomb. 236*, convient que *l'adultere commis en fecret, auquel eft jointe une promeffe de s'époufer, forme un empêchement dirimant de mariage.* Il s'enfuit que le mariage contracté dans ce cas, feroit nul. Cependant on ne fépareroit point les époux prétendus, tant que le crime demeureroit occulte. Donc enfin la non-féparation des conjoints dans le for extérieur, ne prouve pas toujours que leur mariage foit valide.

Tout ce que l'on peut conclure des décifions d'Alexandre III & de Céleftin III,

L 4

c'est qu'ils ont dispensé les époux prétendus de l'empêchement occulte d'affinité. Tous les jours on obtient des dispenses pour révalider les mariages en pareil cas. On les croit absolument nuls, quoique le commerce illicite soit demeuré fort secret. L'exécution de ces dispenses souffre même de grandes difficultés. *V.* le Rituel de Rouen, pag. 214 & 215 de la nouv. édit.

Au reste nous ne parlons ici de l'affinité, que suivant le Droit canonique. M. Durand de Maillane prétend que le Droit civil ne reconnoît point l'affinité qui provient d'une conjonction naturelle hors mariage. Il est du moins certain que le droit civil ne peut admettre cette affinité, quand elle vient d'un crime secret, & qui ne peut être prouvé en Justice.

QUESTION II.

Que faut-il entendre par contre lettre, en fait de contrat de mariage? Les contre-lettres sont-elles prohibées par la Coutume de Normandie?

REPONSE.

I. On appelle contre-lettre, tout acte

qui va contre la teneur du contrat de mariage; qui en détruit les clauses, qui les altere, les diminue, ou y déroge. Il n'y a donc que les actes qui donnent quelque atteinte aux clauses du contrat de mariage, qui soient réputés contre-lettres. Ces actes sont permis, lorsqu'on ne les fait que pour expliquer ce qu'il y a d'obscur ou de douteux dans le contrat. Ils sont légitimes, à plus forte raison, quand ils ajoutent quelque nouvelle disposition favorable au mariage; comme si quelqu'un des parents donnoit en faveur de mariage, par un billet secret, dans lequel il expliquât sa volonté. Basnage & Pesnelle, *sur l'art. 388 de la Coutume*. Cependant, si la donation étoit portée sur le contrat de mariage, il faudroit la signature des parents qui auroient quelque intérêt à y mettre opposition. Voyez *infrà*.

II. Les contre-lettres véritables, en quelque temps qu'on les fasse, sont illicites & nulles quand elles ont été faites à l'insu des parents qui ont signé le contrat de mariage. C'est ce que porte formellement l'art. 388 de notre Coutume, où il est dit : »Si les accords du mariage sont portés par écrit, nul ne sera

» reçu à faire preuve outre le contenu
» en iceux ; & toutes contre-lettres qui se
» sont faites au déçu des parents présents
» audit mariage, & qui l'ont signé, sont
» nulles, & on n'y aura aucun égard «.
C'est aussi le Droit commun de la France.
Voyez De Ferriere, V. *Contre-lettres en
fait de contrats de mariage*. Ainsi les conventions portées par ces contrats, doivent être inviolables. C'est une foi publique, qui ne peut être éludée par aucunes pactions secretes. Il n'y a qu'une exception, que l'on verra dans la question suivante.

Nous ne parlons ici que des contre-lettres qui se font *à l'insu des parents*. Car lorsqu'elles sont faites avant les noces en la présence & du consentement des mêmes parents & amis qui ont signé le contrat de mariage; elles ne sont pas réputées nulles & contraires à la Coutume.

Ajoutez que pour rendre les contre-lettres valables, il n'est pas toujours nécessaire que tous les parents des conjoints y souscrivent. La souscription de tous les parents est requise, quand il s'agit d'un changement auquel ils sont tous intéressés. Mais il n'en seroit pas de même, s'il s'agiſſoit d'une donation faite à l'un des conjoints. » Il ſemble, *dit Baſnage*, » que c'eſt ſatisfaire à l'intention de la » Coutume, que d'appeller les parents » qui auroient intérêt de s'y oppoſer. » Car ils n'ont pas ſujet de ſe plaindre » que la donation ſoit clandeſtine, étant » faite en leur préſence & de leur con- » ſentement. Et les parents de celui qui » reçoit la donation, n'ont pas droit de » ſoutenir que leur préſence fût nécef- » faire; puiſqu'il ne ſe paſſe rien au pré- » judice de leur parent «.

III. On peut quelquefois réformer le contrat de mariage, pourvu que ce ſoit avant la célébration des noces. Lorſqu'on a d'abord fait ce contrat, dans le deſſein de s'en tenir aux clauſes qu'il renferme, & qu'on y remarque enſuite quelque in- convénient, il eſt permis d'y faire les changements convenables. Mais cela ne peut ſe faire que de l'avis & du conſen- tement des futurs époux, & des mêmes parents qui ont ſigné le contrat. *Voyez* Routier, *pag. 347*, *nomb. XI.* Lorſque le contrat de mariage a été paſſé devant Notaires, la réformation doit être dans la même forme. Mais ſi le contrat avoit été fait ſous ſeing privé, la réformation pourroit être faite de la même maniere au bas de ce contrat, sous la signature des mêmes parents.

Il faut toujours supposer que les contre-lettres ou changements se font avant le mariage. Car il est certain qu'après la célébration des noces, le contrat de mariage ne peut être réformé en aucune maniere, non pas même du consentement des conjoints & des parents qui ont signé ce contrat. *Nihil unquam reformari potest de pactis dotalibus constante matrimonio*, dit Mornac, *ad leg. 26, ff. de pactis dotalibus.* Voyez de Ferriere, V. *Contre-lettres, &c.* Denisart, V. *Contrat de Mariage*.

On pourroit objecter cette regle du Droit, *Omnis res, per quascumque causas nascitur, per easdem dissolvitur*. Reg. 2. *Ad calcem lib. 5. Decretal.* Mais il est aisé de répondre, 1º. Qu'il n'y a point de regle sans exception. Les époux, par leur consentement mutuel, forment le lien conjugal; & il ne dépend pas d'eux de le dissoudre. 2º. Les mêmes causes qui ont produit le contrat de mariage, ne concourent pas toutes à sa réformation *post nuptias*. Car alors il y manque la loi, qui a autorisé les conventions du contrat, & qui défend abfolument de les réformer après la célébration des noces.

QUESTION III.

La contre-lettre, quoique non appuyée du confentement des parents, peut-elle valoir au préjudice du mari qui l'a donnée devant ou après le mariage ?

RÉPONSE.

I. La Jurifprudence a changé fur ce point, ainfi que l'obfervent Bafnage & Pefnelle. » Il faut remarquer, *dit ce dernier*, que contre les anciens Arrêts & les » termes de cet article 388, qui font fi » évidents pour la rejection des contre- » lettres ; on a eu égard à quelques-unes » baillées par des enfants, pour diminuer » les avancements ou penfions que les pe- » res avoient promis en faveur de ma- » riage. Les Arrêts en font rapportés par » Bafnage, *fur l'art. 388* «.

Mais la contre-lettre, dénuée du confentement des parents, n'eft jamais admife qu'au préjudice de celui qui l'a donnée. Car pour la femme & les enfants, c'eft une maxime inconteftable que toute contre-lettre qui altere ou diminue leurs droits, est entiérement nulle à cet égard, à moins qu'elle n'ait été signée des parents & amis qui ont signé le contrat. Les Arrêts cités par Basnage, prouvent que le mari qui avoit donné la contre-lettre, étoit partie contre son pere ou contre son beau-pere. » Hors ce cas, » dit M. Roupnel (a), les pactions du Ma- » riage sont inviolables; & la Cour a quel- » quefois ajouté en prononçant contre le » fils : *sans préjudice des droits de la fem- » me & de ses enfants* «.

Pour faire l'application de ces principes, supposons Paul, qui, en mariant son fils Guillaume, lui accorde par le contrat de mariage douze cents livres de rente, & une somme de quinze cents livres (b). Mais Guillaume donne à son pere un billet, par lequel il s'engage à ne pouvoir exiger de lui que six cents livres de rente, & la somme de neuf cents livres une fois payée. Cela posé, Guillaume ne pourra rien deman-

---

(a) Notes sur Pesnelle, à l'art. 388 de la Cour.

(b) On suppose que cet avantage ne renferme rien, qui soit contraire à la Coutume.

der au-delà de ce qui est porté par la contre-lettre. Mais, 1°. la femme, survivant son mari, aura douaire sur la rente entiere de douze cents livres. Elle pourra aussi demander le tiers ou la moitié des quinze cents livres, si le mari n'en a rien touché. Du moins elle aura sa part de ce qui restera à payer jusqu'à concurrence de la somme promise. 2°. Les enfants, après la mort de Guillaume, seront pareillement admis à poursuivre leurs droits conformément au contrat de mariage. Ainsi les droits de la femme & des enfants ne souffrent aucune atteinte.

Il est pourtant vrai qu'ils se trouvent ordinairement lésés par les contre-lettres, quand elles subsistent contre le mari. S'il ne remettoit pas l'avancement qui lui est fait, cet avantage accroîtroit son bien; il en pourroit faire des acquisitions; la condition de la femme & des enfants en deviendroit meilleure. Mais ce dommage n'étant qu'indirect & accidentel, on n'y a point égard.

II. Ce que nous venons de dire n'a lieu que quand la remise accordée par le mari, est libre, & non extorquée par la crainte. D'où il suit que la contre-lettre donnée avant le mariage n'eſt pas toujours aſſez libre, pour fonder une obligation étroite. *On ne préſume pas*, dit Baſnage ſur l'art. 388, *que le mari ait agi librement, lorſqu'il a donné la contre-lettre pour parvenir à ſon mariage; ce qui excuſe le reproche d'ingratitude ou d'infidélité qui pourroit lui être fait*, dans le cas où il refuſeroit de s'en tenir à ſa contre-lettre. Mais celle qui eſt donnée après le mariage, étant pleinement volontaire, elle doit toujours obliger le mari, & valoir à ſon préjudice.

A cette occaſion, nous examinerons un cas qui eſt aſſez fréquent. Richard donne à ſon pere une quittance de trois mille livres, par laquelle il reconnoît avoir reçu cette ſomme qui lui étoit promiſe par ſon contrat de mariage. Cependant Richard n'a rien reçu, ou il n'a touché qu'une partie de la ſomme. N'eſt-il point coupable d'injuſtice envers ſa femme?

Rép. Il faut diſtinguer. Si Richard a donné cette quittance avant le mariage, il a trompé ſa femme & lui a fait injuſtice, en la privant frauduleuſement des droits qui lui étoient acquis par ſon contrat de mariage. Pour lors, il ſera tenu de la dédommager, en lui donnant (s'il se peut) par testament, une somme égale à la part qui lui seroit revenue sur les trois mille livres. Mais si Richard n'avoit donné la quittance qu'après le mariage contracté, & qu'il ne l'eût pas promise dès auparavant, il n'auroit fait aucune injustice à son épouse. La raison est que le mari étant le seul maître de ses meubles, il peut les donner, sur-tout entre-vifs, à qui il voudra, sans avoir besoin du consentement de sa femme.

La premiere partie de cette réponse n'a lieu, que quand le mari donne la quittance à l'insu & au préjudice de sa femme. Car il peut arriver que cette quittance ne lui fasse aucun tort. Supposons, par exemple, que le pere de Richard lui ait promis six mille livres dans le contrat de mariage, qui porte que les parents de la future épouse lui donneront deux mille livres en dot. Le pere de Richard apprend dans la suite que ces gens ont promis la moitié plus qu'ils ne pouvoient tenir. En conséquence, il exige de son fils une quittance de six mille livres, quoiqu'il n'en paie réellement que trois ou quatre mille. La femme qui n'a apporté tout au plus que mille livres pour sa dot, ne peut pas se plaindre que son mari l'ait trompée, ni qu'il lui ait fait injustice.

ARTICLE II.

Des avantages que le mari peut faire à la femme.

En général, on nomme *avantage* tout ce qui est donné à quelqu'un, au-delà de ce que la Loi ou la Coutume lui attribue. Il s'agit donc ici des donations que le mari peut faire à sa femme par contrat de mariage, par testament, &c.

QUESTION I.

Le mari peut-il donner à sa femme quelque partie de ses immeubles ? Peut-il en donner aux parents de sa femme ? Peut-on en donner à la personne que l'on a dessein de demander en mariage ?

RÉPONSE.

I. C'est en Normandie une regle constante, que le mari ne peut jamais donner à sa femme aucune partie de ses immeubles, propres ou acquêts, devant ni après la célébration du mariage, ni par acte entre-vifs, ni par donation testamentaire.

Art. 73 du Réglement de 1666. » Le » mari ne peut, en faveur de mariage, » donner à sa femme aucune part de ses » immeubles (*a*) «.

Art. 420 de la Coutume. » Gens mariés » ne se peuvent céder, donner ou trans- » porter l'un à l'autre, quelque chose que » ce soit ; (*ce qui s'entend des immeubles*) » ni faire contrats ou concessions, par » lesquels les biens de l'un viennent à l'au- » tre, en tout ou partie, directement ou » indirectement «

Art. 422. » Homme n'ayant enfants » peut disposer par testament ou dona- » tion à cause de mort, du tiers de ses ac- » quêts & conquêts immeubles, à qui » bon lui semble, autre toutefois qu'à sa » femme & parents d'icelle, &c «.

(*a*) L'art. 73 du Réglement doit s'entendre dans le sens de l'art. 410 de la Coutume ; c'est-à-dire, que le mari ne peut en faveur de mariage, céder, donner ou *transporter* à sa femme aucune part de ses immeubles. Or dès que le mari ne peut *transporter* à sa femme, ce qu'il prétend lui donner ; il s'ensuit que la donation est tout à la fois illicite & nulle.

Cette disposition de notre Coutume paroîtra sans doute bien rigoureuse. Pourquoi, dira-t-on, défendre au mari de faire à une épouse fidelle, le même avantage qu'on lui permet de faire à un étranger ? Si l'on craignoit que les maris ne portassent trop loin l'affection pour leurs femmes, en leur faisant des donations excessives; n'étoit-il pas facile d'y apporter le même tempérament que l'on a mis pour les autres personnes, en accordant seulement aux maris la liberté de disposer d'une partie modique de leurs immeubles ?

Il est vrai que notre Coutume en ce point paroît un peu dure. Mais enfin la loi est formelle, & on ne peut se dispenser de la suivre; *Quod quidem perquàm durum est, sed ita lex scripta est*.

II. Il y a cependant quelques cas où le mari peut faire avantage à sa femme, sans agir contre la Coutume (a).

1°. Il peut libérer les héritages de sa femme des charges & dettes réelles, ou des rentes auxquelles ils sont engagés. Le

---

(a) *Voyez* Berault, Basnage & Pesnelle, *sur l'art.* 410 *de la Cout.* Routier, *pag.* 209. *nomb.* III. *& IV.*

mari, dans ce cas, n'est point censé donner à sa femme. Ni lui ni ses héritiers ne peuvent en demander récompense comme d'un avantage indirect; pourvu que le mari n'ait point aliéné ni hypothéqué son propre, pour parvenir à cette libération. La raison est que l'augmentation du bien de la femme est censée ne provenir que du bon ménage des deux époux. D'ailleurs le mari en profite lui-même, par la jouissance qu'il a des biens de sa femme. Il en est de même de toute autre amélioration.

Mais si le mari avoit été obligé de payer quelque supplément pour conserver la propriété du bien de sa femme, cela pourroit être répété. Ainsi jugé par un Arrêt du 27 de Mars 1630 ; ce qui suppose néanmoins quelques conditions. Car si le mari ne s'étoit réservé à aucune récompense, & que d'ailleurs il n'eût payé qu'en deniers, sans avoir aliéné pour cet effet aucune partie de son propre ; il pourroit être considéré comme ayant donné ces deniers à sa femme, par cela seul qu'il ne se seroit réservé à aucune action.

2°. Le mari peut réparer ou bâtir sur les héritages de sa femme ; & ces dépenses ne sont pas réputées un avantage indirect. La femme reprend son bien dans l'état qu'elle le trouve ; *Et quidquid œdificatum est, solo cedit.*

3°. Les frais du procès que le mari auroit soutenu pour la conservation du bien de sa femme, ne sont point regardés comme un avantage indirect, & ne peuvent être répétés.

4°. Le mari peut revendre une terre qu'il a acquise en campagne depuis son mariage, pour en remplacer les deniers en bourgeoisie, afin que sa femme en ait la moitié en propriété. Car le mari étant parfaitement le maître de ces sortes d'acquêts, il peut les vendre & les remplacer ailleurs, sans que personne ait droit de s'en plaindre. Mais cela ne doit s'entendre que des acquêts qui ont été faits *constante matrimonio*. En effet, les acquêts dont un homme est saisi lorsqu'il se marie, tiennent nature de propres à l'égard de la femme qu'il épouse, de sorte que si le mari les vend ou les aliene, de quelque façon que ce puisse être, la veuve ne peut rien prétendre aux meubles ni aux conquêts, que les héritages dont il s'agit ne soient remplacés.

III. On demande encore, si le mari

peut donner partie de ses immeubles aux parents de sa femme. Tant que sa femme est vivante, il ne peut le faire ni par testament, ni par acte entre-vifs. Pour ce qui est de la donation testamentaire, l'article 422 de la Coutume est formel contre la femme & ses parents. Et, comme dit Basnage sur l'article 410, » C'est » une Jurisprudence certaine en Norman- » die, que la prohibition de donner aux » parents de la femme, a lieu pour les » donations entre-vifs, comme pour les » testamentaires «. Basnage rapporte plusieurs arrêts en confirmation; ensuite il ajoute : » Après tant d'arrêts, on ne » peut plus douter que la donation entre- » vifs faite par le mari aux parents de sa » femme est prohibée ; & que pour an- » nuller ces donations, la seule qualité de » parent est suffisante, sans être obligé » d'en alléguer d'autre preuve ni d'autre » raison «.

Mais le mari peut donner aux parents de sa femme, comme à tout autre lorsqu'elle est décédée. Car alors la cause de la prohibition cesse ; n'y ayant plus d'induction à craindre du côté de la femme. Il en seroit de même, si la donation faite du vivant de la femme, étoit confirmée par son mari, depuis qu'elle est morte. *Tunc enim res deveniret ad eùm casum, à quo incipere poterat.* Basnage, *ibid.*

Objection. La donation faite par le mari aux parents de la femme, quoique décédée, n'est pas sans inconvénient. Par exemple, Louis ayant contracté deux mariages, a eu des enfants de l'un & de l'autre. Après la mort de Julie, sa derniere femme, il donne le tiers de ses immeubles à la sœur de Julie. Cette sœur venant ensuite à mourir sans enfants, le tiers des immeubles, dont elle est donataire, revient aux seuls enfants de Louis & de Julie : au lieu que le bien devoit être partagé entre tous les enfants de Louis, provenus tant du premier que du second mariage.

Réponse. Cette difficulté ne paroît pas être tout-à-fait *ad rem.* L'inconvénient que l'on objecte, ne vient point de ce que Louis a fait une donation d'immeubles à la sœur de sa derniere femme ; mais de ce que, par le moyen de cette donation, Louis semble avoir voulu éluder l'art. 434 de la Coutume, qui défend aux pere & mere, d'avantager l'un de leurs enfants héritiers plus que l'autre, directement ou indirectement. Ainsi, en
supposant

supposant que la donation dont il s'agit fût rejettée, comme renfermant un avantage indirect au profit des enfants de Louis & de Julie ; il ne s'ensuit pas qu'elle fût révoquée précisément pour avoir été faite à la sœur de cette femme. Au contraire, la donation seroit très-valide, & ne souffriroit aucune difficulté, 1°. Si Louis n'avoit eu aucuns enfants de son second mariage ; 2°. Si la donataire elle-même avoit laissé des enfants habiles à lui succéder.

Voici un cas relatif à la question présente. Un homme n'ayant point d'enfants, voudroit donner le tiers de ses acquêts au neveu de sa femme. Mais étant arrêté par la Coutume, il vend ce tiers au neveu ; & quelques jours après le contrat passé, il lui remet le prix de la vente. N'est-ce point-là un avantage indirect, prohibé par la Coutume ?

Rép. 1°. Si, comme il arrive ordinairement, il y avoit eu une collusion secrete entre le vendeur & l'acheteur ; c'est-à-dire, si l'homme supposé avoit fait entendre au neveu de sa femme, que son intention étoit de lui remettre le prix de la vente dès qu'il l'auroit touché : la remise seroit frauduleuse & contraire à la Coutume. La raison est que dans cette hypothese, il n'y auroit point de vente réelle; mais une vrai donation d'immeubles, prohibée par l'art. 422. En effet la donation d'immeubles faite par le mari aux parents de sa femme, est prohibée quand elle se fait par acte de donation. On ne doit donc pas l'admettre par une autre voie, telle que seroit une vente simulée. *Cùm quid unâ viâ prohibetur alicui, ad id aliâ non debet admitti.* Reg. 84 *in* 6°.

Il faudroit donner la même décision, quand même la collusion n'auroit été faite que tacitement entre le vendeur & l'acheteur. Par exemple, si le mari, dans le contrat de la vente prétendue, reconnoissoit avoir reçu le prix convenu, quoiqu'il n'eût rien touché; s'il fournissoit au neveu de sa femme les deniers que celui-ci donneroit en paiement, ce seroit une collusion, tacite à la vérité, mais équivalente à une collusion formelle.

2°. Si au contraire il n'y a eu aucune espece de collusion, le neveu peut retenir le bien qu'il a acheté: quoique son vendeur lui ait fait remise de ce qu'il avoit payé, ou de ce qu'il devoit pour son achat. Car la Coutume ne défend point à un mari de vendre des immeubles aux parents de sa femme. Et s'il veut ensuite leur remettre le prix dont il est convenu avec eux, & qu'il est en droit d'exiger; il ne leur donne que des meubles (*a*): ce qui n'est point non plus défendu par la Coutume.

Dans cette derniere hypothese, quoique le mari n'ait vendu au neveu de sa femme que par un desir secret de l'avantager; le neveu, à qui cette intention n'a point été déclarée avant la passation du contrat de vente, n'est pas moins en droit de profiter de la remise. Car une intention qui n'est point manifestée au-dehors, ne peut avoir aucune influence sur un contrat fait & passé de bonne foi. Et quand même ce vendeur déclareroit ensuite au neveu, quelle a été son intention en vendant; cela ne suffiroit pas pour troubler dans sa possession, l'acheteur de bonne foi. Il pourroit se

---

(*a*) *Il ne leur donne que des meubles.* Dans le temps que la remise est faite au neveu, on ne lui donne pas un immeuble, puisque cet immeuble lui appartient déjà en vertu d'un vrai contrat de vente.

défier d'une pareille déclaration, & présumer qu'elle viendroit de l'inconstance du vendeur, ou du repentir qu'il auroit d'avoir accordé la remise.

IV. Reste à examiner si un homme peut faire donation d'immeubles, à la personne qu'il a dessein de demander en mariage.

1°. Si cette donation n'est précédée d'aucune promesse ni convention relative au mariage, & qu'elle ne soit point faite dans cette vue, on doit la tenir pour légitime. Mais si avant la donation, les recherches étoient déjà faites & les conventions arrêtées, quoique non rédigées par écrit; si les parties s'étoient déjà engagées par des promesses même secretes, la donation d'immeubles ne pourroit subsister : parce qu'étant visiblement faite en faveur de mariage, elle va contre l'art. 73. du Réglement de 1666. Basnage, *sur l'art. 410 de la Cout.*

2°. La difficulté est de savoir, si la donation seroit légitime dans le cas où il n'y auroit eu aucune proposition de mariage, quoique l'homme n'eût donné que dans l'intention secrete d'épouser la donataire, si elle vouloit y consentir.

D'un côté, il semble que cette donation ne doit point être regardée comme légitime. Car elle eſt réellement faite dans la vue du mariage, & pour obtenir plus ſûrement le conſentement de la donataire. D'ailleurs, ſi l'on admet une pareille donation, il ſera facile d'éluder l'art. 73 du Réglement de 1666, qui défend au mari toute donation d'immeubles en faveur de celle qu'il doit épouſer. Enfin il eſt conſtant qu'une telle donation ſeroit révoquée par les Magiſtrats, s'il y avoit un peu d'intervalle entre la donation & le mariage contracté avec la donataire ; & que cette donation ne parût pas avoir d'autre motif ni d'autre cauſe que le mariage. *Voyez* M. Roupnel ſur Peſneile, à l'art. 410 de la Coutume.

Cependant on peut répondre que ſi le Juge révoquoit cette donation ; il ne le feroit qu'en préſumant qu'elle auroit été précédée de quelque promeſſe ou propoſition de mariage, entre le donateur & la donataire. C'eſt pourquoi il ſemble qu'on devroit les laiſſer en paix l'un & l'autre, s'il n'y avoit eu entre eux aucune promeſſe ni propoſition tendante à cette fin ; *ſi fi.les aut propoſitio futuri matrimonii non interveniſſet* En effet quoique la donation ſoit un moyen propre à obtenir le confentement de la donataire ; elle peut néanmoins accepter la donation, & refufer enfuite le mariage. Ajoutons que, quand les Commentateurs de notre Coutume rejettent la donation d'immeubles faite en vue du mariage, ils fuppofent toujours des promeffes, des conventions ou du moins des propofitions de mariage antérieures à la donation. Au furplus, les héritiers auront le pouvoir de faire révoquer la donation (s'il y a lieu) aux termes de l'art. 435 de la Coutume. Ainfi ils ne peuvent pas fe plaindre que l'on préjudicie à leurs droits. Enfin quand même il refteroit quelque doute, comme la donataire eft fuppofée de bonne foi, on peut lui appliquer la maxime : *in dubio melior eft conditio poffidentis.*

QUESTION II.

Le mari peut-il donner des meubles à fa femme, par contrat de mariage & par teftament? Comment faut-il régler la donation, foit que le mari ait des immeubles, foit qu'il n'ait que des meubles ? Peut-il quelquefois donner tous fes meubles à fa femme ? Peut-il faire les mêmes avantages à une seconde femme, lorsqu'il a des enfants d'une premiere ?

RÉPONSE.

I. Il est constant, par l'art. 429 de notre Coutume, que le mari peut donner des meubles à sa femme par testament; & il n'est pas moins certain qu'il peut lui faire la même donation par contrat de mariage.» Le mari, *dit Basnage sur l'art.* » 429, pourroit par donation entre-» vifs, donner à sa femme telle part de » ses meubles qu'il pourroit lui laisser » par testament; ce qui a été jugé par » Arrêt *du Parlement de Rouen*, le 23 de » Décembre 1644 «.

Mais le mari ne peut-il point donner plus par contrat de mariage, que par testament ? Il paroît que non, & en voici la preuve. La donation du mari à la femme, quoique faite entre-vifs, n'est dans le fond qu'une véritable disposition testamentaire, puisqu'elle ne peut avoir son effet qu'après la mort du mari. Ainsi la Coutume en limitant ce que le mari peut donner par testament, est censée lui prescrire les mêmes bornes pour ce qu'il donne par contrat de mariage.

M. Roupnel (*a*) semble être d'un avis contraire. » L'opinion la plus commune » au Palais est, *dit-il*, que les restrictions » de cet art. 429, à l'égard des disposi- » tions mobiliaires des maris en faveur » de leurs femmes, n'ont point lieu dans » les contrats de mariage «. M. Roupnel ajoute deux raisons.

La premiere est tirée de Basnage, dont voici les paroles : » Il me semble » qu'on ne doit pas considérer cette pac- » tion de mariage (*par laquelle le mari* » *donne des meubles à sa femme*) com- » me une donation ; mais comme une » clause, sans laquelle le mariage n'eût » peut-être pas été fait «.

Rép. 1°. Cette raison prouve trop. Car qui empêcheroit une femme de dire qu'elle n'auroit jamais consenti au mariage, si son mari ne lui eût fait une donation d'immeubles ? Cela suffiroit-il, pour valider la donation ?

2°. Basnage lui-même n'a pas cru cette raison suffisante, puisqu'il ajoute incontinent : » Néanmoins on a si peu de » disposition en Normandie, à favoriser » la condition des femmes, que l'on

---

(*a*) Notes sur Pesnelle, *à l'art.* 429.

» n'entend jamais la Coutume à leur » avantage «.

30. On ne doit pas leur être plus favorable dans le cas préfent. Car, comme l'avoue M. Roupnel, l'opinion qu'il propofe *peut avoir* de grands *inconvénients dans la pratique*, fur-tout *parmi les gens de commerce. Une femme pourroit réduire fes propres enfants dans un trifte état*, fi fon mari étoit libre de lui donner par contrat de mariage, telle part de fes meubles qu'il jugeroit à propos.

L'autre raifon de M. Roupnel eft conçue en ces termes : » L'art. 429 regle les » teftaments; il ne comprend donc pas » les actes entre-vifs. L'art. 73 du Régle-» ment de 1666, n'ayant pour objet que » les immeubles, il laiffe le mari, par » rapport aux meubles, dans fa liberté » naturelle «.

Rép. 1º. La donation mobiliaire du mari à la femme, n'eft point réellement un acte entre-vifs; puifque cette donation ne peut avoir aucun effet du vivant du donateur.

2º. L'art. 429 étant le feul qui permette au mari de donner des meubles à fa femme, c'eft la feule regle que l'on doive consulter pour de pareilles donations. Ainsi l'art. 73 des Placités, ne laisse pas le mari dans sa liberté naturelle. Il le laisse plutôt dans l'obligation de suivre l'art. 429 de la Coutume.

Il s'agit maintenant d'expliquer ce que le mari peut donner à sa femme par testament.

II. Voici ce que porte l'art. 429. » Le » mari n'ayant enfants, ne peut don- » ner de ses meubles à sa femme, si- » non jusqu'à la concurrence de la moi- » tié de la valeur des héritages & biens » immeubles qu'il possede lors de son » décès ; & s'il a enfants, il ne lui en » peut donner qu'à l'avenant du tiers de » ses immeubles «. Sous le nom *d'enfants*, il faut comprendre tous autres descendants du mari, habiles à lui succéder ; de quelque mariage qu'ils soient provenus.

Pour rendre l'application de cet article plus sensible, supposons un mari dont la succession consiste en trente mille livres de meubles ; & en héritages dont la valeur soit de vingt-quatre mille livres. Cela posé ;

1°. Si le Mari a des enfants, la femme relevera d'abord comme héritiere, le tiers des meubles qui est de dix mille livres. Mais le mari ne pourra lui donner que huit mille livres, qui montent précisément jusqu'au tiers de la valeur des héritages. Ainsi la femme aura comme héritiere & comme légataire, la somme de dix-huit mille livres sur les meubles de son mari.

2°. Si le mari n'a point d'enfants, ni d'autres descendants habiles à lui succéder; la femme prendra d'abord comme héritiere la moitié des meubles, qui est de quinze mille livres. Le mari pourra encore lui donner sur ses meubles douze mille livres, qui égalent la moitié de la valeur des immeubles. Ainsi la veuve pourra avoir, comme héritiere & comme légataire de son mari, la somme de vingt-sept mille livres. Il en seroit de même, si le mari n'avoit laissé pour tous enfants, que des filles déjà mariées, du mariage desquelles il fût entiérement quitte. *Voyez* l'art. 419 de la Cout.

III. Dans le cas où le mari possede des immeubles, quoiqu'il ne laisse point d'enfants, sa veuve ne peut avoir sur les meubles, comme héritiere & comme légataire, que la moitié de tous les biens de la succession. Et si elle a tous les meubles; il faut que les héritiers collatéraux du mari aient autant qu'elle, en valeur d'immeubles. Mais lorsque le mari a laissé des enfants ; la veuve, comme héritiere & comme légataire ne peut jamais avoir sur les meubles que le tiers de tous les biens de la succession ; les deux autres tiers demeurant aux enfants.

Ainsi, en supposant que toute la succession du mari consiste en trente mille livres de meubles, & en pareille somme de valeur d'immeubles ; 1°. S'il n'y a point d'enfants du mari, la veuve (comme héritiere & comme donataire) poura avoir trente mille livres en meubles: mais les héritiers collatéraux du mari auront aussi trente mille livres en valeur d'immeubles.

2o. S'il y a des enfants, la veuve (comme héritiere & comme donataire) ne pourra avoir que vingt mille livres sur les meubles ; & les enfants auront quarante mille livres, tant en meubles qu'en valeur d'immeubles. Voyez *infrà*, n. VI.

IV. On demande ce qu'il faut entendre par les *héritages & les biens immeubles*, dont il est parlé dans l'art. 429 ; & comment doit se faire l'estimation de ces biens.

Rép. 1°. Sous le nom d'héritages &

biens immeubles, (dont l'évaluation sert à régler la donation mobiliaire du mari à la femme) il faut entendre non-feulement les fonds de terre ; mais toutes les rentes tant foncieres qu'hypotheques, les charges ou offices : parce que toutes ces chofes font réputées immeubles, & qu'elles produifent un certain revenu.

Par les mêmes immeubles, on doit entendre non-feulement les propres ; mais encore les acquêts & conquêts. Cependant lorfque la femme a la moitié en propriété, fur les conquêts fitués en bourgeoifie ; on ne doit évaluer que la moitié de ces conquêts, pour régler la donation. Ainfi en eftimant fur le pied du denier vingt ; un conquêt de cent livres de rente en bourgeoifie, n'eft évalué que mille livres : la raifon eft qu'il n'y a réellement que mille livres pour les héritiers du mari. Pour ce qui eft des conquêts fitués en campagne, on en raifonne comme des propres. J'ajoute que les rentes doivent être eftimées fur le pied de leur création.

2°. Dans l'eftimation des héritages ou immeubles, on ne doit ici avoir égard qu'à leur revenu annuel, fans confidérer leur valeur intrinfeque. Car quand il s'agit d'estimer les biens d'un pere, pour donner mariage avenant à ses filles, on n'a égard qu'au revenu annuel des biens paternels. On doit donc *à fortiori* régler de la même maniere la donation faite à la femme, cette donation étant sans contredit moins favorable que la légitime des filles.

3°. L'estimation des héritages ne doit se faire qu'après la déduction des charges réelles; comme des rentes foncieres, hypotheques, &c. Ainsi la rente dotale qui sera due à la veuve, en diminuant le revenu annuel des héritages de son mari, diminuera dans la même proportion, la donation mobiliaire qui sera faite à cette même veuve.

4°. Quoique le mari soit fort riche en meubles & en argent; cependant s'il n'a que très-peu d'immeubles, c'est sur la valeur de ces immeubles que l'on doit régler & restreindre la donation faite à la femme. » Quand même *le mari* n'auroit, » dit *Basnage*, que cinquante livres de » rente; il ne pourroit toutefois lui don- » ner de ses meubles, que jusqu'à con- » currence *du tiers ou* de la moitié *de la va-* » *leur* desdits cinquante livres de rente «. Il en seroit de même, quand le mari n'auroit que dix livres de rente, & encore moins. Cela est fort juste. Car, moins il y a d'immeubles pour les héritiers, moins on doit retrancher sur la part des meubles qui leur revient.

5°. Soit que le mari ait donné à sa femme par contrat de mariage, ou par testament, la donation doit être réglée eu égard aux immeubles que le mari possede lors de son décès, & aux meubles qui se trouvent dans la succession, toutes dettes payées: parce que *bona non intelliguntur, nisi deducto ære alieno.*

V. On demande encore si le mari peut faire quelque don à sa femme, lorsqu'il n'a que des meubles, sans aucuns immeubles.

Rép. On suivoit autrefois à la rigueur l'art. 429; & quand le mari n'avoit point d'immeubles, les legs qu'il faisoit à sa femme demeuroient nuls & caducs. *Voyez* Berault, Basnage & Pesnelle *sur l'art.* 429. Routier, *pag.* 210, *n* IX. Godefroy n'approuvoit pas cette ancienne Jurisprudence; & il trouvoit que c'étoit une *chose par trop dure de préférer l'étranger à la femme vertueuse, qui a passé sa vie & sa jeunesse au service du mari.* Mais cette raison de Godefroy n'est pas fort concluante. En Normandie, le mari peut donner des immeubles à un étranger, quoiqu'il ne puisse en donner à sa femme; & souvent ce qu'il peut donner à sa femme sur ses meubles, est bien moindre que ce qu'il pourroit donner à un étranger.

Cependant l'opinion proposée par Godefroy a prévalu dans la suite. » La » Coutume, *dit Basnage*, (a) omet de » régler la part que *le mari* peut donner » *à sa femme*, lorsqu'il n'a point d'im- » meubles. Il faut dire, en suppléant ce » cas omis, qu'il ne peut donner que la » moitié de la moitié de ses meubles, lors- » qu'il n'a point d'enfants ; & le tiers de » cette moitié, lorsqu'il laisse des enfants «. *Voyez* la nouvelle édition de Pesnelle, à l'art. 429.

Suivant cette Jurisprudence, supposons un mari qui ait pour tout bien douze mille livres en meubles, sans aucuns immeubles.

1°. Si cet homme n'a point d'enfants, il pourra donner à sa femme trois mille livres, qui font la moitié de la moitié;

(a) Sur l'art. 429. Ce texte de Basnage ne se trouve que dans les éditions de 1694 & de 1709.

c'eſt-à-dire, le quart de tous ſes meubles. Ainſi la femme, comme héritiere & comme légataire, pourra prendre neuf mille livres.

2°. Si le même mari a des enfants, il ne pourra donner à ſa femme que deux mille livres, qui font le tiers de la moitié, ou la ſixieme partie de tous ſes meubles. Ainſi la veuve, comme héritiere & comme légataire, ne pourra relever que ſix mille livres.

Au reſte il eſt bon de remarquer qu'on ne trouve point d'Arrêts, qui permettent au mari de donner à ſa femme la moitié de la moitié de ſes meubles, lorſqu'il n'a point d'immeubles. L'Arrêt du 13 Janvier 1701, jugea qu'un homme décédé ſans enfants, & qui n'avoit que des meubles, avoit pu en léguer le tiers de la moitié à ſa femme. Routier, *pag. 210*, *nomb. IX*, rapporte un autre Arrêt ſemblable, qui eſt du 14 Décembre 1677.

Mais *quid juris* dans le cas ſuivant? Ariſtarque, riche Marchand, voudroit faire un avantage à Fabiole ſon épouſe. Et, comme il n'a pour tout immeuble qu'une petite maiſon de campagne, dont il a hérité de ſon pere, & qui vaut cinquante livres de rente; il prend le parti de la vendre, afin de n'avoir plus que des meubles. Aristarque n'a point d'enfants, & dans son testament il donne à sa femme telle part sur ses meubles que la Coutume lui permet de donner. Fabiole, après la mort de son mari, prend cinquante mille livres comme héritiere; & prétend qu'elle doit encore avoir vingt-cinq mille livres comme légataire. *An benè* ?

Rép. Fabiole se trompe, en ce qui concerne la donation. Car, comme la maison vendue par Aristarque étoit un propre, il doit être remplacé ; & il est toujours réputé subsistant, de même que s'il n'eût point été vendu. En effet, suivant l'art. 409 de la Coutume, les deniers provenants de l'aliénation des propres, *qui n'auront été remployés lors du décès, ne seront censés meubles, mais immeubles.* C'est donc sur la valeur de cette maison de campagne, qu'on doit régler la donation, qui se trouvera conséquemment réduite à cinq cents livres. Tout ce que Fabiole peut faire, c'est de demander son douaire sur le remplacement du propre.

Cependant si la maison d'Aristarque avoit été par lui acquise depuis son mariage avec Fabiole, il auroit pu vendre cette maison, sans qu'il y eût lieu au remplacement. Ainsi, comme après la vente il n'auroit plus absolument que des meubles : Fabiole obtiendroit pour lors ce qu'elle demande ; à moins que la donation ne fût restreinte au tiers de la moitié.

V. Il faut maintenant examiner si le mari peut quelquefois donner tous ses meubles à sa femme.

D'abord il est constant que cela ne peut se faire, quand le mari n'a que des meubles. Il ne peut en donner à sa femme que le quart ou la sixieme partie, comme on vient de l'expliquer. Si le mari laisse quelques immeubles, il faut distinguer. Ou il a des enfants, ou il n'en a point.

1°. S'il a des enfants, la femme ne peut avoir tout au plus que le tiers des meubles par donation. C'est la regle générale, fondée sur l'art. 418 de la Coutume, qui ne permet point à un homme de donner par testament au-delà du tiers de ses meubles, quand il a des enfants. Ainsi dans cette premiere hypothese, la femme pourra avoir le tiers des meubles, s'il n'excede point la valeur du tiers des immeubles : elle aura moins, à proportion que le tiers des immeubles vaudra moins : & quelle que puisse être la valeur de ce tiers d'immeubles, elle ne pourra jamais avoir au-delà du tiers des meubles. La raison est, que l'art. 429 a été fait non pour étendre, mais pour restreindre l'art. 418 à l'égard de la femme. D'où il suit que souvent elle doit avoir moins que le tiers des meubles, en vertu de l'art. 429 ; mais qu'elle ne peut jamais avoir plus que le tiers, par l'obstacle qu'y met l'art. 418.

2°. Si le mari qui laisse quelques immeubles, n'a point d'enfants ; ou s'il n'a que des filles mariées dont il ait acquitté le mariage : la femme pourra avoir tous les meubles de son mari, pourvu néanmoins que la moitié de la valeur des immeubles égale la moitié des meubles. C'est ce qui fut jugé par un Arrêt que rapporte Basnage. La veuve auroit pour lors une moitié des meubles comme héritiere, & l'autre moitié comme donataire.

3°. Soit que le mari ait des immeubles, ou qu'il n'en ait point ; il peut donner tous ses meubles à sa femme dans deux autres cas particuliers.

Le premier a lieu, lorfque les conjoints font originaires d'une autre Province, où le mari peut donner tous fes meubles à fa femme, & que le contrat de mariage a été paffé dans cette Province étrangere; Bafnage à *l'art. 429* le prouve par un Arrêt du 1 de Juillet 1659. Ce Commentateur, fur l'art. 329, fait mention d'un autre Arrêt du 19 Août 1646, qui jugea différemment. Mais dans cette derniere efpece, il s'agiffoit d'un homme qui étant domicilié à Rouen, avoit été fe marier à à Valenciennes; d'où il étoit revenu à Rouen avec fa femme, quelque temps après fon mariage. Il étoit raifonnable de juger pour lors fuivant la Coutume de Normandie.

Le fecond cas arrive, lorfqu'un mari bâtard ne laiffe point d'enfants légitimes. Il peut encore donner tous fes meubles à fa femme, quoique les deux conjoints foient originaires de Normandie, & que leur contrat de mariage y ait été paffé. » Il faut remarquer, *dit Bafnage*, que » l'art. 429 n'a point de lieu au profit du » fifc, mais feulement pour les héritiers » du mari. La donation d'un bâtard à fa » femme de tous fes meubles, porté par » fon contrat de mariage & par fon tef-

» tament, fut confirmée; quoique les » meubles *donnés* excédaſſent la valeur » de la moitié des immeubles, & que le » donataire du Roi en demandât la ré- » duction..... Le fiſc n'étoit pas ſi favora- » ble que la femme qui réclamoit des » meubles *provenants* de la mutuelle col- » laboration de ſon mari & d'elle. Ce qui » la rendoit beaucoup plus favorable, » qu'aucun autre légataire «. Ceci ne peut s'entendre que des meubles. Car en fait d'immeubles, le mari bâtard ne peut pas plus donner à ſa femme, que le mari dont la naiſſance eſt légitime. *Voyez* l'art. 94 des Placités, que l'on entend de la donation d'immeubles (*a*).

Il eſt bon d'obſerver que, quand un mari donne tous ſes meubles à ſa femme, ſi la donation ne peut avoir lieu dans ſon intégrité, elle n'eſt pas nulle pour cela, mais ſeulement réductible aux termes de la Coutume. Le parti le plus ſimple eſt que le mari qui veut avantager ſa femme, lui donne en général tout ce que la Coutume permet au mari de donner.

_____

(*a*) Suivant cet article, *celui qui n'a point d'héritier, ne peut donner par teſtament ni entre-vifs, au-delà de ce que pourroit donner celui qui auroit des héritiers.*

VII. On demande enfin si le mari peut faire les mêmes avantages à une seconde femme, quand il a des enfants d'une premiere.

Rép. 1°. L'art. 405 de la Coutume porte que » la femme convolant en secondes » noces, ne peut donner de ses biens à son » mari, en plus avant que ce qui en peut » échoir à celui de ses enfants qui en aura » le moins «. Mais cet article doit-il être étendu au mari qui prend une seconde femme ? Godefroy soutient l'affirmative ; parce que, quoique l'art. 405 ne parle expressément que *de la femme convolante en secondes noces*, la raison & l'équité demandent qu'on en fasse l'extension au mari qui se trouve dans le même cas.

Berault est opposé à Godefroy, dont le sentinment paroît néamoins le plus équitable. En effet, comme dit Godefroy, » il n'y a non plus d'apparence de » permettre au mari surpris de l'amour » d'une seconde femme, de l'avancer au » préjudice de ses enfants, pour les en-» voyer à l'aumône, qu'à la femme d'a-» vancer son second mari. Car les enfants » du mari sont aussi chers que ceux de la » femme «. On peut ajouter que souvent le mari seroit passer à une seconde femme, les biens qui appartenoient à la premiere. Ce qui semble peu conforme à la justice, & très-opposé à la tendresse que le mari doit avoir pour les enfants de son premier mariage.

2°. Godefroy ne donne pas sa décision comme générale, mais il la restreint *ou à la faveur des enfants, ou au for de conscience.* Il semble que l'on pourroit dire quelque chose de plus. Car l'art. 405 est tiré de l'Edit *des secondes noces.* Or selon Froland, » il y a des Arrêts du mois de » Juin 1577, du 16 Mai 1578, du 22 » Mai 1586 & autres, qui ont jugé que » les maris étoient compris dans la dis- » position de cet Edit «. *Recueil d'Arrêts du Parlement de Normandie*, pag. 216. Cela prouve que le for extérieur s'accorde très-bien avec le for de la conscience.

QUESTION III.

Quelles sont les voies indirectes, dont se servent les maris, pour avantager leurs femmes contre la Coutume ?

RÉPONSE.

I. Il y a une de ces voies indirectes, qui se

se pratique tantôt avant, tantôt après le mariage ; c'est de donner par le moyen d'une personne interposée. On emprunte le nom de quelque confident, qui engage sa parole de remettre à la femme ou à ses parents, les choses qu'on ne pourroit leur donner directement ; c'est ce qu'on appelle donner *par Fidéi-commis*. Ce moyen est illicite & injuste. Car la Coutume en défendant, par exemple, aux gens mariés de s'avantager d'immeubles, directement ou indirectement, leur défend de le faire *tam per se quàm per interpositas personas*. La difficulté consiste ordinairement dans la preuve. Mais quoi qu'il en arrive dans le for extérieur, nous sommes persuadés que ni la femme ni ses parents, ne peuvent en conscience retenir ce qui leur est donné par cette voie oblique & indirecte. Car tout cela se fait *in fraudem legis*, pour éluder les dispositions de la Coutume ; & l'acte est nul en lui-même, quoique la nullité ne puisse être prouvée.

Mais si le mari vendoit un acquêt, pour en donner les deniers à sa femme, avec les autres meubles à lui appartenants, seroit-il censé avoir agi indirectement contre la Coutume ?

Rep. 1°. Dans ce cas le mari ne donne point d'immeubles à sa femme, puisqu'il ne lui donne qu'une somme d'argent. Ce n'est donc réellement qu'une donation mobiliaire, qui est très-permise. On convient qu'il n'a vendu sa terre, que pour en transmettre les deniers à son épouse. Mais en cela il n'a fait que ce qu'il avoit droit de faire. Il étoit aussi libre de changer son acquêt en argent, qu'il l'avoit été de convertir sont argent en acquêt. La femme donataire peut donc prendre les meubles, quoique les deniers provenus de la vente de cet acquêt en fassent partie. C'est ce qui fut jugé par un Arrêt du 6 Mars 1630, que rapporte Basnage sur l'art. 422 de la Coutume. Dans l'espece de cet Arrêt, la vente du fonds avoit été faite après le testament, & le mari étoit mort huit jours après avoir reçu le prix de la ferme vendue. Les deniers provenus de cette vente furent adjugés à la veuve légataire.

2o. Cette donation ne doit souffrir aucune difficulté, quand il s'agit d'un acquêt qui a été fait par le mari depuis son mariage ; par ce que cet acquêt n'est point sujet à remplacement. Mais si l'acquêt avoit été fait avant le mariage, la veuve donataire ne pourroit avoir les meubles de son mari, qu'après le remplacement de l'acquêt par lui vendu. Car, comme l'observe Basnage sur l'art. 408, les acquêts faits par le mari avant son mariage sont réputés propres à l'égard de la femme, quoiqu'ils tiennent nature d'acquêt entre les héritiers du mari. L'Arrêt du 24 Juillet 1665, dont Basnage fait mention, ordonna que les acquêts faits avant le mariage & que le mari avoit depuis aliénés, seroient remplacés sur ceux qui avoient été faits *constante matrimonio*; & au défaut de ces conquêts, sur les meubles. Ainsi dans cette derniere hypothese, la veuve donataire auroit les deniers provenus de la vente de l'acquêt, supposé qu'il y eût des conquêts suffisants pour le remplacement. Mais s'il falloit prendre le remplacement sur les meubles, il est bien clair que la donation en seroit diminuée d'autant; & qu'elle seroit même réduite à rien, si tous les meubles étoient nécessaires pour fournir le remploi.

II. Il y a deux autres voies indirectes, qui n'ont lieu que dans les contrats de mariage. Pour éluder l'art. 410 de la Coutume & l'art. 73 des Placités, on se sert de ces deux moyens. Le premier est, que le mari confesse avoir reçu des sommes considérables pour la dot de sa femme ; quoique dans la vérité il ne les ait pas reçues. Le second est d'accorder à la femme qu'elle remporte ses bagues & joyaux ; ou une somme qui excede de beaucoup la valeur de ses bagues & joyaux, & celle des meubles que l'on reconnoît qu'elle a apportés.

QUESTION IV.

Un homme peut-il reconnoître avoir reçu pour la dot de sa femme, une somme plus considérable que celle qu'il a reçue réellement ? Peut-on attaquer cette reconnoissance ?

RÉPONSE.

I. Cette reconnoissance est par elle-même illicite & dangereuse ; on doit absolument la bannir des contrats de mariage. Car, sans parler du mensonge, inséparable d'une pareille reconnoissance ; le mari qui la donne, s'expose à commettre lui-même & à faire commettre aux autres un grand nombre d'injustices.

En effet, 1°. Il peut arriver que la dot se releve sur les immeubles du mari, parce qu'il ne se trouvera pas assez de meubles pour la remplir. Or dans ce cas, la partie d'immeubles qui répondra à l'excédent de la dot réelle, sera une véritable donation d'immeubles, faite par le mari à sa femme: ce qui est injuste.

2°. Du moins le mari donnera souvent à sa femme beaucoup plus de meubles, qu'il n'est permis par la Coutume. La raison est, que la dot ne recevant point de restriction ni de modification, il faudra la rembourser en entier à la femme ou à ses héritiers ; quand même *l'enflure* de la dot surpasseroit de beaucoup la portion de meubles, que le mari peut donner à sa femme : ce qui est encore injuste.

3o. Par le moyen de cette fausse reconnoissance, les créanciers postérieurs au contrat de mariage passé devant Notaires, perdront ce qui leur sera dû le plus légitimement ; parce que la prétendue dot absorbera toute la succession du mari: ce qui est le comble de l'injustice.

II. Cependant on s'en tenoit autrefois à la reconnoissance du mari ; parce qu'on

la présumoit conforme à la vérité. Non-seulement on n'obligeoit pas la femme à vérifier qu'elle ou ses parents avoient payé les deniers, dont son mari avoit donné quittance; on ne recevoit pas même la preuve des faits contraires. *Voyez* Basnage & Pesnelle *sur l'art. 420.* Mais aujourd'hui, comme l'a observé M. Roupnel, (a) » quand les circonstan-
» ces décelent la fraude, on ne refuse
» point aux tierces personnes intéres-
» sées, la liberté d'attaquer la reconnois-
» sance du mari par les voies de Droit.....
» La Jurisprudence la plus ordinaire per-
» met aux héritiers (*ou aux créanciers*) du
» mari, de demander la déclaration & le
» serment de la femme sur la sincérité
» de la dot qu'elle a apportée à son mari.
» On peut même faire intervenir ses do-
» nateurs; quoique dans l'un ou l'autre
» cas, la quittance du mari soit devant
» Notaires «.

Il y a sur ce point deux Arrêts du Parlement de Rouen. L'un, qui est du 20 Décembre 1730, décide qu'une femme est obligée de prêter serment sur la

---

(a) Notes sur Pesnelle, *à l'art.* 410 *de la Cout.*

sincérité de sa dot, *quand elle n'est mariée, ni par son pere, ni par sa mere, ni par ses freres ; & que c'est elle-même qui a fait la promesse*, quoique la quittance du mari soit devant Notaires. L'autre Arrêt, qui est du 13 Mars 1742, prononce que celui qui n'est point obligé de doter une fille, & qui cependant intervient au contrat de mariage sous le titre de donateur, peut être assigné de la part des héritiers du mari, pour passer sa déclaration sur la vérité des promesses par lui faites, quoique la numération des deniers soit attestée par quittance authentique du mari.

Cette Jurisprudence souffre néanmoins quelques exceptions, remarquées par M. Roupnel. » Ce n'est pas, *ajoute-t-il*, que
» l'on ne doive rendre hommage aux clau-
» ses authentiques d'un contrat, qui ren-
» ferme les conventions d'un mariage
» bien assorti, & formé avec l'agrément
» de la famille des deux conjoints. C'est le
» titre le plus respectable de la société....
» Concluez qu'une fille mariée en mino-
» rité par ses parents, dont elle suit aveu-
» glément les volontés, ... ne doit être
» obligée à aucune affirmation ; puisque
» *ce ne pourroit* être qu'une déclaration de
» son ignorance «.

QUESTION V.

En suppofant la fauffe reconnoiffance déjà donnée, la femme peut-elle relever la fomme portée par le contrat de mariage, quoiqu'elle fache bien n'en avoir fourni qu'une partie; peut-elle, dis-je, relever cette fomme en entier, lorfque ce qui excede fa dot effective a pu lui être donné par fon mari, que cet excédent n'eft pris que fur les meubles, & que d'ailleurs aucun créancier n'en fouffre?

RÉPONSE.

I. M. de la Paluelle prétend que la femme peut *jouir du bénéfice de cette donation*, pourvu qu'elle ne foit pas exceffive. *Réfolut. pag. 222, 3e. édit.* M. Dufort, *pag. 20 & fuiv.* a cru devoir prendre un autre fentiment; parce que, dit-il, *depuis que M. de la Paluelle a écrit, la Jurifprudence de cette Province a changé: il faut donc auffi changer la décifion du cas.* Ce même Auteur, *pag. 22*, oblige à reftituer quiconque fuivroit à préfent (dans la pratique) l'opinion de M. de la Paluelle.

M. Collet qui ne fut jamais partifan de la morale relâchée, ne penfoit pas comme M. Dufort. Etant confulté fur le cas préfent, il répondit que la femme pouvoit retenir toute la dot, comme une donation mobiliaire de fon mari; quoique d'ailleurs il foutienne que cette maniere de donner eft illicite, & fouvent injufte. *Ipfe tamen*, dit-il, *cenfui uxorem, dotem falfò recognitam à conjuge, retinere fibi poffe; quia deerant & filii & creditores qui fraudari poffent: & aliundè non plus datum erat, quàm lege permiffum effet.* Tom. I. in-8o. pag. 783. & 784, édit. 1747. Les Conférences d'Angers adoptent le même fentiment; *Voyez* le Tome II. *fur le mariage*, pag. 276 & 277 *de l'édit. de Paris*.

II. Il ne nous appartient point de prononcer fur une queftion, qui a fes difficultés. Nous dirons feulement que M. Dufort ne paroît pas appuyé fur des preuves bien convaincantes.

1°. Il fe fonde principalement fur la Jurifprudence moderne, fuivant laquelle une veuve eft obligée de prêter ferment fur la fincérité de fa dot; & déboutée de fa demande, quand elle n'ofe jurer.

A cela on peut répondre que la Jurifprudence n'est pas là-dessus aussi uniforme, ni aussi invariable que M. Dufort voudroit le supposer. Nous avons vu qu'il y a des cas, où les veuves ne seroient point obligées à une pareille affirmation. Et quand même il y auroit sur ce point une Jurisprudence générale, pourroit-on en conclure que la donation dont-il s'agit, est nulle par le seul fait & avant la Sentence du Juge ? Nous ne voyons pas bien la justesse de cette conséquence. Tout ce qui résultera de la Jurisprudence actuelle ; c'est que les héritiers ou les créanciers du mari auront droit de faire casser la donation.

20. Que peut-on reprocher à la veuve dans l'hypothese présente ? Elle ne retiendra que ce que son mari a pu, & ce qu'il a réellement voulu lui donner. Donc la donation est bonne quant à la substance. Dira-t-on qu'elle est nulle quant à la maniere ? Il sera difficile de le prouver. La voie indirecte que le mari a voulu prendre, ne tourne point *in fraudem legis*. Ce n'est point agir en fraude de la Coutume, quand on ne donne par une voie indirecte, que les mêmes choses qu'on pourroit donner directement.

Mais, dira-t-on, la fausse reconnoisfance de dot, n'eſt dans le fond qu'un menſonge formel. Or le menſonge peut-il paſſer pour un acte de donation ? Eſt-ce un titre légitime, & tranſlatif de quelque droit ?

Réponſe. 1º. Quoique le menſonge ſoit toujours illicite, il ne s'enſuit pas que le contrat où il ſe trouve du menſonge, ſoit toujours injuſte & nul. Il y a de la différence entre un péché contre la vérité ſeule, & un péché contre la juſtice.

2º. Dans le cas préſent, le menſonge étant accidentel à la donation, n'empêche point que le mari n'ait réellement voulu faire un avantage à ſa femme; & cela ſuffit. Jugez-en par cette comparaiſon. Je devois à Titius une ſomme de mille livres. Titius voulant m'en faire la remiſe, m'envoie un billet par lequel il reconnoît avoir reçu de moi la ſomme de mille livres, quoique je ne lui en aie pas payé un ſou. Le billet renferme donc un menſonge. Mais cela empêche-t-il que la remiſe ne ſoit valide & ſuffiſante ?

3º. Les héritiers du mari ne peuvent pas ſe plaindre, de ce qu'il a pris ce moyen pour donner. C'eſt au contraire leur avantage, puiſque ſouvent ils pourront faire révoquer la donation ; au lieu qu'ils ne le pourroient point, s'il y avoit un testament ou un autre contrat de donation en bonne forme. Enfin on suppose qu'il n'y a point de créancier qui en souffre la moindre perte. Où est donc l'injustice que l'on reproche à la veuve ? Il faut cependant examiner les raisons du parti opposé.

Premiere raison. Le Confesseur qui est consulté sur la donation dont il s'agit, doit se comporter comme feroit le Magistrat en pareil cas. Or le Magistrat n'auroit aucun égard à cette donation prétendue. Le Confesseur ne doit donc non plus y avoir aucun égard.

Réponse. Lorsqu'un homme a donné partie de ses héritages à son fils naturel, la donation est constamment révoquée par le Juge, pourvu que les héritiers du donateur forment leur plainte dans le temps marqué par la Coutume. S'ensuit-il que le Confesseur puisse révoquer de lui-même cette donation ? Nullement, parce que le Confesseur n'a point de jurisdiction sur les choses temporelles, & qu'il ne peut par conséquent annuller un acte qui est du ressort des Magistrats. Il en est de même pour la donation contestée.

Seconde raison. La reconnoissance du mari (a) ne peut être regardée comme une donation véritable ; puisque tout acte de donation doit, à peine de nullité, faire mention de trois choses : savoir du donateur, du donataire & de la chose donnée ; ce qui ne se trouve pas dans l'acte de reconnoissance de la dot.

Réponse. On y trouve le nom du mari qui est le donateur ; celui de la femme qui est la donataire ; & la somme reconnue qui est la chose donnée. On convient que la donation n'est qu'indirecte & implicite. Mais cela suffit pour donner validement, *ubi lex non obstat* ; & il n'y a personne qui en voyant la reconnoissance du mari, ne conclue aussi-tôt que si le mari n'a pas reçu la somme entiere, il a voulu faire à sa femme donation du surplus.

Mais, reprend M. Dufort *pag. 15, le mari ne pouvoit donner à sa femme aucune partie de ses meubles, que par une donation formelle & explicite.* Voilà ce qu'il falloit prouver. Or M. Dufort ne le prouve point, & il enseigne positive-

---

(a) Résolutions de M. Dufort, *pag.* 13 *& suiv,*

ment le contraire en plusieurs endroits de son ouvrage.

1°. Il décide, pag. 29, qu'*on ne doit pas faire un crime à un homme de souffrir que les parents de la fille qu'il veut épouser, estiment les meubles qu'ils lui donnent en mariage, un peu plus qu'ils ne valent.* Dans ce cas le mari ne donne-t-il pas réellement à sa femme, ce qui excede la juste valeur des meubles qu'elle lui apporte ? Cependant il est évident qu'il ne le fait point par une donation *formelle & explicite.*

2°. Le même Auteur décide encore, *pag. 72 & suiv.*, qu'un mari peut donner à sa femme douze cents livres par un testament, qui est fait, non pas au nom de la donataire ; mais au nom d'un ami, qui se charge de remettre la somme aux mains de cette femme. Est-ce là une donation formelle & explicite ? Le nom de la donataire se trouve-t-il dans le testament ? Point du tout. Le nom de l'ami s'y trouve à la vérité ; mais ce n'est pas lui qui est donataire. Y a-t-il une donation moins formelle & plus indirecte, que celle qui se fait par fidéi-commis ?

En vain l'Auteur dira-t-il que le fidéi-commis qu'il approuve, n'est sujet à aucun inconvénient. Ce n'est pas-là de quoi il s'agit maintenant. Il faut toujours qu'il convienne que le mari peut donner des meubles à sa femme, autrement que par une donation formelle & explicite; puisqu'il avoue que cela peut se faire par un fidéi-commis. Qu'il n'y ait ni inconvénient, ni injustice à craindre, *transeat*. C'est aussi ce que l'on suppose dans le cas contesté.

Troisieme raison. La prétendue donation (a) dont il s'agit ici, n'est sujette ni aux accidents ni aux charges des véritables donations que le mari peut faire par son contrat de mariage. Car 1°. Elle n'est point révocable, en cas d'ingratitude de la part de la femme. 2°. Elle ne devient point nulle, quoique la femme meure avant son mari. 3°. Elle est exempte de toutes charges. Donc, &c.

Réponse. 1°. La *révocabilité* n'est pas essentielle à la donation. Elle n'en est qu'une condition accidentelle, introduite par les loix en faveur du donateur, & à laquelle il peut par conséquent renoncer. Ajoutez que la donation contestée,

---

(a) Résol. de M. Dufort, *pag*. 15. & *suiv*.

est révocable par rapport au mari. Car pour la révoquer, ou du moins pour la rendre révocable au gré de ses héritiers, il n'auroit qu'à faire un acte en bonne forme & devant Notaires, par lequel il reconnoîtroit ce qui excede la dot de sa femme. Et c'est à quoi le mari est obligé en conscience, lorsqu'il a lieu de craindre que la fausseté exprimée dans son contrat de mariage, n'occasionne quelque injustice.

2°. Si la donation dont nous parlons, ne devient pas nulle par le prédécès de la femme, cela prouve uniquement que ses héritiers pourront en profiter à son défaut. Mais le mari l'a voulu ainsi; & il pouvoit sans difficulté donner aux héritiers de sa femme, les meubles qu'il pouvoit lui donner à elle-même.

3°. Ou la femme & ses héritiers ignorent *l'enflure* de la dot, ou ils en ont connoissance. S'ils l'ignorent, ils peuvent sans doute relever toute la dot; & la relever exempte de toutes charges, à cause de leur bonne foi. S'ils ont connoissance de *l'enflure* du contrat, ils ne peuvent recevoir l'excédent de la dot, que comme donation mobiliaire: & ils sont par conséquent obligés en conscience aux mêmes charges, que s'ils avoient reçu cet excédent par un acte de donation formelle.

Au reste, il faut s'en souvenir. Cette maniere de donner est toujours illicite; & on ne peut jamais la permettre. Mais il ne s'ensuit pas que la donation soit nulle & injuste dans toute hypothese. *Nam multa prohibentur fieri, quæ facta tenent.*

III. Nous terminerons cette question par deux cas, qui s'y rapportent naturellement.

CAS I. Antoine desirant d'épouser Julienne, lui donne de la main à la main une somme de deux mille livres. Le mariage se conclut; & Julienne remet cette somme à Antoine, qui reconnoît dans son conrat de mariage que Julienne lui a apporté en dot la somme de deux mille livres. Julienne étant devenue veuve, peut-elle en conscience relever sa dot tant sur les meubles que sur les immeubles de son mari?

RÉPONSE. 1°. Si avant toute proposition de mariage, Antoine a donné d'une maniere absolue la somme de deux mille livres à Julienne; elle a pu coucher cette somme dans son contrat de mariage, &

la consigner sur les biens de son futur époux. Elle pourra, par conséquent, la relever sur les immeubles, au défaut des meubles. La raison est que, par la donation absolue, elle avoit acquis le domaine entier & parfait de la somme en question. Elle a donc réellement apporté une dot de deux mille livres.

2°. Mais si la donation de deux mille livres avoit été conditionnelle, c'est-à-dire, faite sous condition de mariage ; on ne pourroit pas dire que Julienne eût apporté en dot une somme qui lui appartenoit. Car dans le temps qu'on a passé le contrat, c'étoit, Antoine qui avoit le domaine de la somme ; & après l'accomplissement du mariage, Julienne n'a pu en acquérir la propriété : puisqu'en Normandie, les femmes ne peuvent avoir rien aux meubles, du vivant de leur mari. Ainsi, dans cette derniere hypothese, ce seroit Antoine (& non pas Julienne) qui auroit fourni la dot. Il y auroit donc dans le contrat une fausse reconnoissance de dot ; & il faudroit décider le cas suivant les principes exposés dans la Réponse aux Questions IV. & V.

CAS II. Une femme sachant bien qu'elle n'a fourni que la moitié de sa dot affirme devant le Juge qu'elle l'a payée en entier. Peut-elle en conscience retenir l'excédent de la dot, sous prétexte que son mari a pu lui en faire donation sur ses meubles, sans nuire à personne ?

RÉPONSE. 1°. La femme qui ose faire une pareille affirmation, se rend coupable de parjure. Inutilement diroit-elle qu'elle est censée avoir payé la somme dont son mari avoit donné quittance. Ce n'étoit pas pour savoir si son mari avoit donné quittance, que le Juge l'a interrogée, mais pour savoir si elle avoit payé, ou si quelqu'un avoit payé pour elle, la somme reconnue par la quittance du mari. Voilà sur quoi cette femme étoit obligée de répondre.

2°. Non-seulement elle s'est rendue coupable de parjure, elle est encore tenue de restituer ce qu'elle a reçu au-delà de sa dot réelle. Car quand même la donation indirecte que son mari avoit voulu lui faire, auroit été valide, il est du moins certain que cette donation n'étoit pas irrévocable. Les héritiers du mari avoient droit de la faire révoquer, en vertu de la Jurisprudence actuelle. La femme en se parjurant, les a privés de ce droit par une voie tout-à-fait injuste. Elle a donc commis une injuſtice qu'il faut réparer, en reſtituant tout ce que le Juge lui auroit ôté par ſa Sentence, ſi cette femme avoit dit la vérité. Elle peut néanmoins retenir ſur l'excédent de la dot, la part qu'elle y auroit eue comme héritiere de ſon mari, ſuppoſé qu'elle n'ait pas renoncé à la ſucceſſion.

3°. Elle doit encore dédommager les héritiers de tous les frais occaſionnés par ſon parjure, puiſqu'elle a été la cauſe injuſte du dommage qu'ils ont ſouffert. C'eſt la déciſion de Grégoire IX. fondée ſur l'équité naturelle. *Si culpâ tuâ datum eſt damnum, vel injuria irrogata, &c. jure ſuper his ſatisfacere te oportet.* Chap. 9. extrà. *De injuriis & damno dato.*

QUESTION VI.

Une femme peut-elle, *tutâ conſcientiâ*, relever la ſomme qui lui eſt accordée par ſon contrat de mariage pour ſes meubles, bagues & joyaux; quoiqu'elle ſache que le remport ſtipulé ſurpaſſe de beaucoup la valeur de ſes bagues & joyaux, & celle des meubles qu'elle a apportés à ſon mari?

RÉPONSE.

I. Lorſque le remport, *dit Baſnage à*

l'art. 420, n'eſt à prendre que ſur les meubles, il ne peut être conteſté. Mais la juriſprudence a été long-temps incertaine, pour ſavoir ſi l'on pouvoit étendre le remport ſur les immeubles. Baſnage ajoute que l'on a enfin établi cette maxime au Palais, que quand la femme n'a fait aucun don mobile à ſon mari, elle ne peut être payée du remport qu'elle a ſtipulé, que ſur les meubles & non ſur les immeubles. Et quand la femme a fait un don mobile à ſon mari, le remport ſtipulé ne peut être pris ſur les immeubles que juſqu'à la concurrence de la valeur du don mobile ; ſauf à la femme de demander le ſurplus ſur les meubles, s'il y en a.

Voilà quelle étoit l'ancienne Juriſprudence. Mais aujourd'hui, comme l'obſerve M. Roupnel à l'art. 399 de la Coutume, on diſtingue deux ſortes de remports, ſavoir le remport *gratuit*, quand le mari qui n'a rien reçu, conſent que ſa femme après ſa mort, prenne tels objets ſur ſon mobilier : & le remport *à titre onéreux*, lorſqu'il eſt prouvé par le contrat de mariage, que la femme a apporté les effets dont le remport eſt ſtipulé. Le premier ne s'étend que ſur les meubles du mari & sur le don mobile. Le second affecte sans distinction tous les biens du mari, meubles & immeubles, comme toute autre dette, soit que la femme ait fait un don mobile à son mari, ou qu'elle n'en ait point fait. Ainsi jugé par deux Arrêts du Parlement de Rouen; l'un du 21, l'autre du 27 Juillet 1733.

Il est maintenant facile de répondre à la question proposée.

1°. Quand même la femme, dont il s'agit, n'auroit fait aucun don mobile, elle peut en conscience relever, tant sur les meubles que sur les immeubles de son mari, le remport des effets qu'elle a réellement apportés en mariage. C'est la Jurisprudence actuelle, fondée sur ce que la femme agit pour lors *comme créanciere sur la succession du mari.*

2°. Il n'en est pas de même pour ce qui excede la valeur de ses meubles, bagues & joyaux. Elle peut bien relever cette somme excédente sur les immeubles de son mari jusqu'à la concurrence du don mobile, s'il y en a un. La raison est que dans ce cas, le mari sera censé avoir renoncé au don mobile en tout ou en partie; ce qu'il étoit très-libre de faire. *Le don mobile*, dit Basnage sur l'art. 388 de la Coutume, *est promis souvent pour honorer le traité de mariage. Quoi qu'il en soit, le mari peut le remettre; & l'on n'en doute pas au Palais.*

3°. Mais si la femme n'a pas fait de don mobile, elle ne peut en conscience relever l'excédent de ses effets, sur les immeubles de son mari ; puisque pour lors elle recevroit de lui une véritable donation d'immeubles, ce qui est contre la Coutume. Au reste la femme ne peut s'appuyer sur la Jurisprudence actuelle. Cette Jurisprudence suppose que les meubles dont on a stipulé le remport, ont été réellement fournis. Cela n'autorise donc pas une femme à relever sur les immeubles de son mari une somme qu'elle sait bien ne lui avoir pas apportée.

4°. Quand il n'y a point de don mobile, la femme ne peut pas même reprendre l'excédent des effets apportés, sur les meubles de son mari ; sinon jusqu'à la concurrence de ce qu'il a pu lui donner par testament ou par contrat de mariage. C'est une conséquence de ce qui a été dit sous les deux Questions précédentes.

II. Voici un cas qui doit se décider par les mêmes principes. Barnabé voulant épouser Madeleine, le pere de Barnabé refuse d'y consentir, à moins que les parents de la fille ne lui donnent en dot deux mille livres, & en outre mille livres pour don mobile. Les parents de Madeleine ne pouvant ou ne voulant pas donner une telle somme, exigent de Barnabé une quittance de mille livres. On écrit ensuite le contrat de mariage, qui porte que les parents de Madeleine paieront à Barnabé la somme de deux mille livres constituées en dot ; & mille livres pour don mobile, lequel en cas de prédécès de la part du mari sans enfants, sera réversible au profit de la femme. Le même contrat porte que Barnabé donne à sa future épouse mille livres à relever pour ses meubles, bagues & joyaux. Cependant la vérité est que les parents de Madeleine n'ont jamais payé que deux mille livres ; & que tous les meubles qu'elle a apportés, ne valent que cinq cents livres. Madeleine qui sait tout cela, & qui survit à son mari décedé sans enfants, peut-elle en conscience s'en tenir à son contrat de mariage ?

Réponse. 1º. Madeleine peut sans contredit

tredit relever la somme de deux mille livres pour sa dot, & cinq cents livres pour la valeur effective de ses meubles, bagues & joyaux. Il n'y a donc de difficulté que sur le don mobil, & sur la somme de cinq cents livres, qui excede la valeur des effets apportés par Madeleine. Il est vrai que Barnabé a très-bien pu renoncer au don mobil, ainsi qu'il l'a fait, en donnant une quittance de mille livres qu'il n'a point reçues. Mais en stipulant que ce don mobil imaginaire sera réversible au profit de la femme, c'est vouloir lui faire un avantage réel de mille livres. Il en est de même pour les cinq cents livres, qui excedent la valeur des meubles de Madeleine.

Ainsi nous croyons que cette veuve ne peut point en conscience relever la somme de quinze cents livres sur les immeubles de son mari; mais qu'elle peut seulement la reprendre sur les meubles, jusqu'à la concurrence de ce que son mari a pu lui donner. Il faudra donc réduire la donation en cas d'excès; & s'il ne se trouve point du tout de meubles, que le mari ait pu donner, la donation demeurera nulle & caduque.

20. On pourroit objecter que les pa-

Tome I. O

rents de Madeleine se sont rendus coupables de mensonge & de tromperie envers le pere de Barnabé! Mais il est du moins constant qu'ils n'ont commis ni mensonge, ni tromperie, ni injustice à l'égard de Barnabé lui-même. Or cela suffit pour les exempter de restitution, ainsi que Madeleine ; pourvu qu'elle ne releve que ce que son mari a pu & voulu lui donner. C'est ce qui demande dans bien des cas un examen très-sérieux.

QUESTION VII.

Un homme peut-il donner à sa femme, à titre de récompense, quelque immeuble, ou des meubles au-delà de ce que permet la Coutume ?

RÉPONSE.

I. La donation rémunératoire peut être fondée, ou sur ce qu'un homme roturier a épousé une fille noble ; ou sur ce qu'étant fort âgé il a pris une jeune personne ; ou enfin sur ce qu'il a reçu de sa femme des services extraordinaires. Or il est certain qu'aucun de ces motifs ne suffit pour autoriser les donations contraires à la Coutume.

» On se moqueroit aujourd'hui, *dit*
» *Basnage sur l'art. 420*, de l'opinion de
» ces Auteurs qui estimoient valable la
» donation faite par un mari de basse
» extraction à une fille de qualité, pour
» la récompenser de l'honneur qu'elle
» lui auroit fait. On ne permettroit pas
» non plus ouvertement à un vieillard
» languissant d'adoucir les ennuis & les
» dégoûts d'une jeune personne qui l'au-
» roit acceptée pour mari, par les libé-
» ralités dont il useroit envers elle. Ri-
» card, en son traité des donations, assure
» qu'il y a des exemples par lesquels le Par-
» lement de Paris a quelquefois approu-
» vé ces donations comme rémunéra-
» toires. Mais parmi nous il est inoui que
» l'on ait autorisé des donations de cette
» nature ; & toute la grace que l'on pour-
» roit faire dans un sujet fort favorable,
» seroit de dissimuler & de fermer en
» quelque sorte les yeux, lorsque la
» fraude ne paroîtroit pas trop gros-
» siere «.

Basnage ajoute en parlant des mêmes
donations : » C'est inutilement qu'on
» leur donne pour motif, la gratitude &
» la reconnoissance des offices extraordi-
» naires, que l'on prétend avoir été re-

» cus. Car quelle récompense le mari ou
» la femme se peuvent-ils devoir l'un à
» l'autre; puisque ce sacré lien du maria-
» ge les oblige si étroitement à se rendre
» réciproquement tout le service & le
» secours dont ils ont besoin ? «.

II. On doit se souvenir de ces sages maximes, quand il s'agit de décider la question présente dans le for intérieur.

Ainsi, 1°. si le mari consulte avant que d'avoir fait la donation, il faut l'en détourner; & l'engager à suivre, en faveur de sa femme, les dispositions de la Coutume.

2°. Si le mari ou la femme demandent conseil, après que la donation est faite, & que l'avantage soit peu considérable; le Confesseur peut *dissimuler & fermer en quelque sorte les yeux* sur la donation. Car il est à présumer que le Magistrat tiendroit la même conduite. Si au contraire l'avantage fait à la femme étoit trop considérable, eu égard aux biens du mari; on ne pourroit point permettre à cette femme de profiter de la donation, en ce qu'elle renfermeroit d'excessif & d'illégitime. Toute la grace qu'on pourroit lui accorder, ce seroit de ne pas faire une réduction trop rigoureuse de cette donation, & d'arranger les choses *ex æquo & bono*. Ce tempérament paroît conforme à ce que nous avons cité de Basnage.

QUESTION VIII.

Un mari donne par testament tous ses meubles à sa femme, à condition qu'elle ne se remariera point. Le mari étant prédécédé, la veuve convole à de secondes noces. Doit-elle perdre les meubles qui lui avoient été légués ?

RÉPONSE.

I. Berault prétend que la veuve se remariant, ne laissera pas d'emporter le legs, *quia viduitas injungi non potest*, leg. 2. C. *De indictâ viduitate*. Godefroy pense différemment. Il avoue que les Loix Romaines, sous le titre *De indictâ viduitate* au Code, regardent comme contraire aux bonnes mœurs la clause, *si non nupserit*. » Mais, *ajoute Godefroy*, » toutes ces Loix-là sont corrigées par » la Novelle XXII, chap. 44. *Undè* » *sancimus*, par lequel la femme con- » volant à secondes noces, perd le legs

» à elle fait par son mari, sous la con-
» dition *si non nupserit*. Et il ne faut point
» opposer que cette condition contraint
» à la viduité.... *Car* le mari ne force
» point sa femme de se contenir en vi-
» duité ; mais il la prive de sa libéralité,
» *si elle se remarie* «. Voilà un précis de ce
que disent Berault & Godefroy sur l'art.
429 de la Coutume.

II. Le sentiment de Godefroy paroît bien plus équitable, & mieux appuyé que celui de Berault. Un mari
peut avoir de bonnes raisons pour exiger que sa femme ne se remarie point ;
sur-tout lorsqu'il a des enfants, auxquels
le second mariage de leur mere deviendroit préjudiciable. Le mari peut
donc faire dépendre la libéralité qu'il
accorde à sa femme, de la condition
si non nupserit. C'est en effet la Jurisprudence que l'on suit maintenant.
Dans la nouvelle édition de Pesnelle,
donnée en 1759, on trouve cette note
de M. Roupnel, à l'art. 429 de la
Cout. *Un legs fait par le mari à sa femme, si elle ne se remarie point, est valable, & elle en sera privée, en convolant en secondes noces. Mais la clause
qui lui interdit un second mariage, est*

nulle ; c'eſt-à-dire , que cette clauſe n'empêche point la femme de ſe remarier , & qu'elle perd ſeulement le legs en ſe remariant.

Dans le cas d'un teſtament fait ſous la condition *ſi non nupſerit* , les héritiers du mari pourroient demander caution à la veuve , de rendre la valeur des meubles légués , ſi elle contractoit un nouveau mariage. C'eſt ce qui fut réglé par la Novelle ci-deſſus mentionnée , dont voici un extrait : *Cui relictum quid fuerit à conjuge , vel à quálibet perſoná , ne ſecundas ineat nuptias; intrà annum quidem non petat , niſi ſpes nuptiarum deficiat : poſt annum verò capiat , præſtitâ cautione rei cùm fructibus reſtituendæ , ſi contrà fecerit.*

ARTICLE III.

Des avantages que la femme peut faire au mari.

Nous parlerons 1°. De la femme qui contracte un premier mariage ; 2°. De celle qui convole en secondes noces.

SECTION PREMIERE.

De la femme qui contracte un premier mariage.

Suivant l'Art. 74 du Réglement de 1666, » la femme majeure, ainsi que » la mineure duement autorisée par ses » parents, peut donner au mari tous ses » meubles & le tiers de ses immeubles, » sinon au cas de l'art. 405 de la Coutu- » me (*a*); & n'est ladite donation sujete » à insinuation «.

(*a*) L'Art. 405 parle de la femme qui convole en secondes noces. *Voyez* la sect. II.

Cet article, en autorisant la fille mineure à donner, du consentement de ses parents, leve la difficulté résultante de l'article 431 de la Coutume, qui exige la majorité dans une personne, pour qu'elle puisse donner *la tierce partie de son héritage & biens immeubles.*

QUESTION I.

Que faut-il observer en général sur le don mobil ? La femme peut-elle donner à son mari par un acte postérieur au contrat de mariage ?

RÉPONSE.

I. En Normandie, le don mobil ou présent de noces, est la donation que fait une femme à son futur époux, sur les biens qu'elle lui apporte en se mariant ; sur quoi nous ferons les observations suivantes.

1°. Il est clair par les art. 73 & 74 du Réglement de 1666, que le don mobil n'est pas réciproque. Car le mari ne peut pas donner à la femme, tout ce que la femme peut donner au mari. *Voyez* l'art. II. de ce chapitre, *quest. I.*

2°. Le don mobil peut comprendre tous les meubles de la femme. Mais il ne peut excéder le tiers de ses immeubles, excepté dans un cas que remarque Routier, *pag.* 199, *nomb. V.* » Si c'eſt, *dit-il,* » le pere ou la mere qui marient leur » fille, ils peuvent non-ſeulement don- » ner le tiers mais la moitié, & le tout » même, en don mobil au mari : parce » qu'ils ne ſont pas obligés *civilement* de » doter leur fille, & qu'ils peuvent la » marier pour un chapeau de roſes & » pour rien. *Art.* 250 *de la Coutume* «. Ainſi la reſtriction du don mobil au tiers des immeubles, n'a point lieu dans ce cas ; mais elle a lieu dans tous les autres.

30. Toute fille *majeure ou mineure duement autoriſée*, qui ſe marie en premieres noces, peut donner le tiers de ſes immeubles ; pourvu qu'elle n'en ait pas déjà diſpoſé par donation entre-vifs. Car ſi elle avoit déjà donné ce tiers à celui qu'elle doit épouſer, ou à toute autre perſonne ; elle ne pourroit plus faire de don mobil ſur ſes immeubles, quand même elle ſe marieroit en premieres noces. Si elle n'en avoit donné qu'un ſixieme, elle pourroit encore donner à ſon

premier mari l'autre sixieme, & rien de plus. C'est une conséquence de l'art. 431 de la Coutume, qui ne permet de donner que *la tierce partie de son héritage* ou autres *biens immeubles*.

4°. Pour ce qui est de l'insinuation du don mobil, la Déclaration du 20 Mars 1708 assujettit le don mobil à l'insinuation, à peine de nullité. Mais par une autre Déclaration du 25 Juin 1729, il fut déchargé de cette peine de nullité ; à condition toutefois qu'on n'en pourroit former la demande, sans avoir fait auparavant les frais de l'insinuation. *V.* le Recueil d'Arrêts, par Froland, *pag. 305* ; & l'Ordonnance de 1731 *sur les donations*, art. XXI.

II. On demande si la femme peut donner à son mari, par un acte postérieur au contrat de mariage, ou même à la célébration des noces.

Réponse. 1°. Elle ne peut donner aucune partie de ses biens, meubles ou immeubles, à son futur époux, par un acte postérieur au contrat de mariage ; à moins que les mêmes personnes qui ont assisté à ce contrat, ne soient appellées à la donation. L'acte postérieur & séparé étant fait en la présence, & du consentement des mêmes parents & amis, ne passera point pour une contre-lettre. D'ailleurs cet acte ne faisant que réparer l'omission d'une paction légitime & ordinaire, on ne pourra pas le regarder comme l'effet d'un amour aveugle & déréglé. » Mais, *dit Basnage sur l'art. 410*, » cessant ces conditions, toutes donations » entre fiancés seroient nulles, bien » qu'ils n'eussent donné que les choses » que la Coutume leur permettoit de » donner par un contrat de mariage «.

Les peres & meres sont compris dans la même prohibition. Car le Parlement de Rouen jugea par Arrêt du 13. Mai 1729, que quand le pere a donné une somme à sa fille par le contrat de mariage, pour lui tenir lieu de dot, il ne peut plus donner une partie de cette somme en don mobil, par une disposition particuliere.

20. Après la célébration du mariage, la femme (à moins qu'elle ne s'en soit réservé le pouvoir) ne peut plus rien donner à son mari. Elle a les mains liées par l'art. 410, *Gens mariés ne se peuvent céder, donner, &c.* La présence des mêmes personnes qui auroient signé le contrat de mariage, ne suffiroit pas pour autoriser une pareille donation.

Cependant la femme peut se réserver le pouvoir de donner après le mariage, ce qu'elle avoit droit de donner avant les épousailles. Cette réserve étant faite par le contrat de mariage, est valable; & on ne peut pas dire qu'elle soit contraire à notre Coutume. Car, comme l'observe Basnage *ubi suprà*, la Coutume » ne défend que les donations qui se » font durant le mariage, & sans s'être » réservé la liberté de les pouvoir faire... » En effet cette stipulation n'a rien de » mauvais. Une femme est louable de n'u- » ser pas sans connoissance de cause, de » la faculté qui lui est donnée par la loi. » Elle peut avec prudence se la réserver, » pour s'en servir durant son mariage, » si son mari se rend digne de cette fa- » veur «.

M. Roupnel, à l'art. 410, fait la même observation. » La femme, *dit-il*, en » arrangeant ses pactions, se réserve va- » lablement la faculté de faire dans la » suite un don mobil, qui deviendra le » prix d'une reconnoissance éclairée «.

QUESTION II.

Le don mobil est-il dû au mari, sans

clause ni stipulation du contrat de mariage ? Le mari acquiert-il la pleine & entiere propriété du don mobil, du vivant de sa femme ?

RÉPONSE.

I. Sur la premiere partie de cette question, il faut distinguer entre les meubles & les immeubles.

1°. Quant aux immeubles, le don mobil n'est point dû au mari, s'il n'a été convenu & stipulé par le contrat de mariage. C'est ce qui fut décidé par un Arrêt du Parlement de Normandie, donné pour servir de Réglement, le 26 Mars 1738. Dans cet Arrêt, » La » Cour toutes les Chambres assemblées, » ordonne qu'il ne pourra être prétendu » par le mari ou ses héritiers, sur les » biens immeubles de sa femme, aucun » don mobil ; s'il ne lui en a été fait do- » nation par son contrat de mariage «.

2°. La chose est différente pour les meubles. Car quand un pere donne à sa fille & à son gendre une somme mobiliaire par leur contrat de mariage, *sans stipuler si elle tiendra nature de dot ou de don mobil ;* elle appartient en intégrité au mari. Ainsi jugé au même Parlement, par Arrêt du 26 Août 1751.

Il faudroit donner la même décision, si la fille étoit mariée par sa mere, ses freres, ou son tuteur; ou enfin si elle s'étoit mariée elle-même, étant majeure & usante de ses droits. La raison est que suivant notre Coutume, le mari devient maître de tous les meubles de sa femme; à la charge seulement de rendre la dot & les autres remports stipulés. Ainsi lorsqu'il n'y a rien de stipulé, pour tenir nom, côté & ligne de la femme, le mari ne doit rien sur les meubles qu'elle lui a apportés. Cela est vrai, soit que la femme ait des immeubles ou qu'elle n'en ait point. Le premier mari peut toujours avoir tous les meubles (a), par donation *expresse* ou *interprétative*.

Il s'ensuit que, quand le don mobil n'est pas exclus, il est réputé fait sur les meubles. Mais la femme, ou ceux qui la marient, peuvent ne point accorder de

---

(a) *Peut toujours avoir tous les meubles.* Nous verrons dans la section suivante, qu'il en faut juger autrement, lorsque la femme a des enfants d'un précédent mariage.

don mobil sur les immeubles, & constituer tous les meubles en dot. Dans ce cas, le mari ni ses héritiers ne pourront prétendre aucun don mobil, ni sur les meubles ni sur les immeubles de la femme.

II. Mais lorsqu'il y a un don mobil, le mari en acquiert-il la pleine & entiere propriété, dès le vivant de son épouse?

Il faut encore user de distinction.

1°. Si le don mobil est fait d'une maniere absolue, sans restriction ni réserve quelconque; le mari acquiert la pleine & entiere propriété du don mobil, dès le moment de la célébration du mariage. Car le mari peut aliéner le don mobil, sans que la femme puisse troubler les acquéreurs; ce qui a été jugé par plusieurs Arrêts, ainsi que l'observe Basnage *sur l'art. 367 de la Cout.* Or si le mari peut aliéner le don mobil, il en a donc la propriété pleine & entiere. D'ailleurs cette propriété a dû commencer dès l'instant de la célébration des noces; puisque dès lors la donation étoit parfaite & consommée.

2°. Mais suivant la remarque de Routier, *pag. 200. nomb. VIII*, la femme & ceux qui la marient, peuvent non-seulement *restreindre le don mobil* au-dessous du tiers des biens apportés en mariage; ils peuvent encore y *employer des conditions*, qui empêcheront que le mari ou ses héritiers n'en acquierent la propriété. On peut, par exemple, stipuler que le don mobil sera réversible au profit de la femme, en cas de prédécès du mari; que le don mobil sera détruit par la survenance (*a*) d'enfants, &c.

3°. Quand un étranger donne une somme à une fille, en mariage faisant, à charge que si la future épouse vient à mourir sans enfants, la somme retournera au donateur ou à ses héritiers; le don mobil que la donataire fait à son mari sur cette somme, devient nul, si elle meurt sans enfants. Ainsi jugé au Parlement de Rouen par Arrêt du 15 Mai 1736. J'ajoute deux autres cas, qui

---

(*a*) L'Auteur des notes sur le texte de la Coutume, *à l'art*. 390, dit en général que *la survenance des enfants détruit le don mobil, à moins qu'ils ne viennent à décéder avant la mere*. Cela n'est vrai, que quand il y en a une stipulation expresse dans le contrat de mariage. Aussi le même Auteur, *sur l'art*. 74 *des Placités*, tient un langage bien différent. Il observe en cet endroit, que *le don mobil ne s'éteint point par la survenance d'enfants, de ce mariage ou autre*.

ont été décidés par le même Parlement.

Cas I. Adrien & Bernard en mariant leur sœur, stipulerent que sur la somme de mille écus qu'ils lui donnoient en mariage, il y en auroit deux mille livres constituées en dot; & que le reste tiendroit nature de don mobil en faveur des enfants qui naîtroient du mariage futur. La mere étant prédécedée & les enfants aussi, le pere prétend que le don mobil lui appartient comme un meuble de sa femme & de ses enfants. A-t-il raison?

Réponse. Il se trompe. Car, suivant un Arrêt du 20 Mars 1725, le don mobil stipulé en faveur des enfants, sur une somme donnée à leur mere par ses freres pour sa légitime, n'appartient point au pere comme un meuble, en cas de prédécès de ses enfants; parce qu'ils tiennent ce don mobil de leur mere, qui le possédoit comme un propre. Il doit par conséquent retourner aux héritiers de la femme; & le mari pourra seulement en retenir la jouissance par droit de viduité.

Cas II. Adélaïde donne le tiers de ses biens à son mari en don mobil, avec cette clause: *qu'il ne pourra le vendre ni l'hypothéquer du vivant de sa femme, la-*

quelle se retient l'usufruit dudit don mobil, en cas qu'il n'y ait point d'enfants; & l'usufruit du tiers, en cas qu'il y ait des enfants. Le mari meurt le premier, après avoir dissipé son bien; & il laisse des enfants qui renoncent à sa succession, ainsi que la veuve. Les enfants doivent-ils jouir des deux tiers du don mobil pendant la vie de leur mere, au préjudice des créanciers de leur pere?

RÉPONSE. Les créanciers peuvent dire que la femme ne s'étoit réservé que l'usufruit du tiers du don mobil, en cas d'enfants vivants; & que le cas étant arrivé, elle doit s'en tenir à son tiers. Ils ajouteront que les enfants n'ont rien à prétendre aux deux tiers du même usufruit; puisque la réserve n'a point été faite pour eux.

Mais cette raison n'est pas concluante. Car il est visible que la femme n'a pas renoncé aux deux tiers de son don mobil en faveur des créanciers de son mari; puisqu'elle a stipulé expressément que, de son vivant, il ne pourroit *ni le vendre ni l'hypothéquer.* Elle ne s'est donc privée de deux tiers de l'usufruit, qu'en faveur de ses enfants. Or il seroit injuste d'interpréter à leur préjudice, ce qui n'a été établi qu'en leur faveur. *Quod ob gratiam alicujus conceditur, non est in ejus dispendium retorquendum*. Reg. 61. *in* 60.

Ainsi les créanciers sont mal fondés dans leur prétention. Les enfants doivent jouir des deux tiers du don mobil pendant la vie de leur mere, qui jouira de l'autre tiers. C'est ce qui fut jugé par Arrêt du 8 Juillet 1762. Mais après la mort d'Adélaïde, les créanciers auront droit de revendiquer le don mobil en entier; parce que, suivant le contrat de mariage, leur hypotheque peut avoir son effet après la mort de cette femme.

QUESTION III.

Le don mobil peut-il être fait de l'usufruit de tous les immeubles appartenants à la femme? Peut-il se faire sur les biens présents & à venir.

RÉPONSE.

I. Une femme peut donner à son mari, pour don mobil, l'usufruit de tous ses immeubles. Cette donation est bonne, & les héritiers de la femme ne peuvent la faire réduire au tiers de l'usufruit; *Bas-*

nage sur l'art. 440. Tout ce que l'on accorde aux héritiers, c'est l'alternative, ou d'abandonner l'usufruit en totalité pendant la vie du mari, ou de réduire la donation au tiers en propriété. Ainsi jugé par deux Arrêts du Parlement de Rouen, l'un du 17 Février 1678, l'autre du 1 Juillet 1719.

Mais quand les héritiers de la femme ont exécuté la clause du contrat de mariage, par laquelle elle avoit donné l'usufruit de tout son bien en don mobil à son mari, ils ne peuvent plus varier : ils ne sont pas recevables à lui offrir le tiers en propriété. Arrêt du même Parlement, du 10 Juin 1746. C'est une application de la Regle 21 du Sexte ; *Quod semel placuit, amplius displicere non potest.*

II. Le don mobil peut être fait non seulement sus les biens présents ; mais sur les biens à venir, soit par succession directe ou collatérale. *Routier page 298. nomb. I. de la Sect. II.* Cela ne peut être révoqué en doute depuis l'Ordonnance du mois de Février 1731, *sur les donations.* L'art. XV. de cette Ordonnance défend *de faire dorénavant aucune donation des biens présents & à venir, si ce n'est dans le cas exprimé* par l'art. XVII qui

est conçu en ces termes : « Voulons néan-
» moins que les donations faites par con-
» trat de mariage, en faveur des con-
» joints ou de leurs descendants, même
» par des collatéraux ou par des étran-
» gers, soient exceptées de la disposi-
» tion de l'art. XV ci-dessus ; & que les-
» dites donations faites par contrat de
» mariage, puissent comprendre tant les
» biens à venir, que les biens présents,
» en tout ou en partie ».

Ainsi lorsque la femme, par contrat de mariage, donne à son futur époux tous ses meubles, & le tiers de ses immeubles présents & à venir ; le don mobil a lieu sur tous les biens qui viennent à la femme par donation, par succession directe ou collatérale, ou autrement : soit dans l'intervalle qui se trouve entre le contrat de mariage & la célébration des noces, soit depuis la célébration même. Mais il faut pour cela une stipulation expresse & formelle des biens *présents & à venir*. Il ne suffiroit pas que la femme eût donné en général tous ses meubles, & le tiers de tous ses immeubles. Car la donation ne s'étendroit alors que sur les biens qu'elle possédoit au temps du contrat de mariage. *Voyez* Bafnage *à l'art. 390 de notre Coutume.*

Il y a encore deux obfervations à faire fur le même fujet.

1°. Dans le cas où le don mobil aura lieu fur les biens préfents & à venir, » il fera au choix du donataire, de pren- » dre les biens tels qu'ils fe trouveront » au jour du décès du donateur, (*ou de* » *la donatrice*) en payant toutes les dettes » & charges, même celles qui feroient » poftérieures à la donation; ou de s'en » tenir aux biens qui exiftoient dans le » temps qu'elle aura été faite, en payant » feulement les dettes & charges exiftan- » tes audit temps «. *Art. XVII. de l'Ordonnance de 1731.*

2°. Quand un pere réferve fa fille à fa fucceffion, par contrat de mariage, & que, fur cette réferve, la fille fait un don mobil du confentement de fon pere : le don mobil n'a pas lieu, fi la fille meurt avant le pere. Pour que le don mobil ait lieu dans ce cas, il faut que ce foit le pere qui donne lui-même. *Arrêt du 31 Mars 1751.*

III. Voici un cas, dont la folution dépend des mêmes principes. Nicolas ayant épousé Catherine contre le gré du pere & de l'aïeul de cette fille, le contrat de mariage porte que le futur déclare prendre la future épouse, pour ce qui peut lui compéter & appartenir des successions de ses pere & mere; dont elle lui donne le tiers en don mobil, & tout ce que la Coutume lui permet de donner. Le pere de Catherine meurt le premier, son aïeul ensuite, & elle survit à l'un & à l'autre. Enfin Catherine étant décédée, Nicolas se remarie en secondes noces. Les enfants nés de son premier mariage, ne lui contestent pas le don mobil sur la succession du pere de Catherine; mais ils le lui refusent sur la succession de l'aïeul. *Quid juris ?*

Réponse. Les enfants peuvent objecter que Nicolas n'avoit déclaré prendre Catherine que pour ce qui pouvoit lui appartenir sur la succession *de ses pere & mere*; & que ce n'étoit par conséquent que le tiers de la succession paternelle, que Catherine avoit donné à son mari.

Mais il est évident que par ces termes *pere & mere*, on doit entendre tous les ascendants; ce qui suffiroit sans autre raison, pour étendre le don mobil sur la succession de l'aïeul. Ajoutons que, quand

il

il resteroit quelque difficulté, elle se trouveroit levée par cette autre clause : *& tout ce que la Coutume lui permet de donner.* Puisque la Coutume permettoit à Catherine de recueillir la succession de son aïeul; elle lui permettoit donc aussi de faire un don mobil sur cette même succession. *Arrêt du 6 Juillet 1762.*

QUESTION IV.

Quand une fille majeure a reçu l'amortissement des rentes qui composoient tout son héritage, peut-elle en donner tous les deniers à son futur époux ? En seroit-il de même, si elle avoit vendu une partie considérable ou la totalité de ses propres ?

RÉPONSE.

I. Cette fille ayant reçu l'amortissement des rentes qui composoient tout son héritage, n'a plus que des meubles dont elle peut disposer entre-vifs, sans qu'il y ait jamais lieu au remplacement. Ainsi rien n'empêche que dans ce cas elle ne donne tout à son mari par contrat de mariage.

Il en seroit de même, si de son propre mouvement, elle avoit voulu vendre une partie considérable ou la totalité de ses propres. Car la Coutume ne lui défend pas de vendre tous ses immeubles, propres ou acquêts ; & elle lui permet de donner tous ses meubles quelconques, par contrat de mariage, à celui qu'elle doit épouser.

Nous supposons que la fille ait vendu ses propres, d'elle-même & sans induction de la part de son futur époux. Car s'il avoit lui-même suggéré cette vente, pour en avoir les deniers, il seroit très-blâmable. Voudroit-il qu'on en usât ainsi à son égard, & qu'on le privât d'une juste espérance qu'il auroit sur l'héritage de ses parents ? D'ailleurs en fait de donations, toute suggestion est réprouvée comme contraire à la liberté du donateur.

II. En mettant à part ce motif tiré de la suggestion, nous devons ajouter que l'aliénation des propres est toujours odieuse, quand elle se fait sans une cause légitime. » Dans tous les siecles, *dit Bas-*
» *nage* (a), les hommes se sont imposé
» volontairement cette loi, de conserver à

_____

(a) Sur le titre *de successions en propre.*

» leurs enfants ou à leurs proches parents, » les biens qu'ils avoient reçus de leurs » peres. Et on a toujours regardé comme » des infâmes, ceux qui en faisoient un » mauvais usage «.

· C'est pourquoi, généralement parlant, une fille ne doit pas vendre ses propres, pour en donner les deniers à son futur époux. Car, outre que ce sera peut-être un dissipateur, il est bien plus juste qu'elle conserve son héritage pour ses enfants ou autres héritiers de droit. En tenant une conduite si louable, elle pourra d'ailleurs faire des avantages suffisants à son mari.

QUESTION V.

Les donations mutuelles entre le mari & la femme, ont-elles lieu en Normandie ? Une femme mariée peut-elle donner des immeubles aux parents de son mari ?

RÉPONSE.

I. La donation mutuelle d'immeubles n'a point lieu dans cette Province, entre le mari & la femme. Mais la donation mutuelle des meubles, peut se faire à certaines conditions. Car les deux époux peuvent se donner mutuellement par contrat de mariage, telle part de meubles que la Coutume leur permet de donner ; *sequitur ex dictis*.

Si le mari & la femme s'étoient fait par contrat de mariage, une donation mutuelle d'immeubles, la donation ne vaudroit rien en faveur de la femme ni de ses héritiers. Mais elle devroit avoir lieu au profit du mari, conformément à la Coutume & au contrat de mariage. La raison est que la donation faite au mari étant bonne & légitime, ne peut être viciée par le défaut de la donation faite à sa femme, *Utile non debet per inutile vitiari*. Reg. 37, *in* 6°. Il faudroit en juger autrement, si la donation faite au mari étoit conditionnelle & dépendante de celle qui seroit faite à la femme. Dans ce cas, la donation seroit nulle de part & d'autre.

II. Basnage, après avoir rapporté les Arrêts qui défendent au mari de donner des immeubles aux parents de sa femme, par acte entre-vifs ou par disposition testamentaire, continue ainsi : » Et quoi-
» qu'il ne soit pas ajouté que la femme ne
» peut donner aux parents de son mari,
» la même prohibition a lieu ; cet art.

» 410 défendant aux gens mariés de se
» donner directement ou indirectement «.
En effet donner aux parents, & sur-tout
aux enfants du mari, ce seroit indirectement donner au mari lui-même. Il pourroit hériter des parents donataires ; & , par ce moyen, la donation tourneroit à son avantage.

SECTION II.

De la femme qui convole en secondes noces.

ART. 405 *de la Coutume.* » La femme
» convolant en secondes noces, ne peut
» donner de ses biens à son mari, en plus
» avant que ce qui en peut échoir à celui
» de ses enfants qui en aura le moins «.

Cet article est pris de l'Ordonnance de François II, de 1560, qu'on appelle communément *l'Edit des secondes noces*; & cet Edit autorisa ce qui avoit été réglé par la loi *Hâc Edictali C. de secundis nuptiis*. L'Edit des secondes noces a cependant plus d'étendue que notre art. 405. Voici quelques observations nécessaires.

1°. La prohibition exprimée dans

l'art. 405, doit s'entendre des meubles, aussi-bien que des immeubles. C'est le sentiment de tous les Commentateurs de notre Coutume. Ainsi la femme qui convole en secondes ou ultérieures noces, ne peut donner ni de ses meubles ni de ses immeubles à son second ou ultérieur mari, plus qu'à l'un de ses enfants.

2°. » La donation faite par la femme à » son second mari, doit être réduite eu » égard au nombre des enfants qui la sur- » vivent, & non de ceux qu'elle avoit lors » de son second mariage «. C'est ce que porte l'art. 91 *des Placités*, qui doit s'entendre de tous les enfants qui restent en vie, lors du décès de leur mere, de quelque lit qu'ils soient nés; & de ceux-mêmes qui seroient provenus d'un troisieme ou ultérieure mariage. Car ces enfants ont sur la succession de leur mere un titre égal à celui des enfants du premier lit. Ainsi tous concourent indistinctement à modifier la donation faite au mari. M. *Roupnel à l'art.* 405.

3°. Sous le nom d'enfants, *dit Pesnelle*, sont comprises les filles, quoiqu'elles ne soient pas héritieres. Mais pour régler la donation faite par la femme au cas de cet article, on n'a pas égard à l'arbitration du mariage avenant des filles, mais seulement à leur nombre : de sorte qu'on estime la part de chacune d'elles, comme celle d'un frere qui a eu le moins en la succession de la mere. Voilà ce que dit Pesnelle. Ajoutons qu'on ne doit point avoir égard aux filles non héritieres, lorsqu'elles sont mariées, & que leur mariage est entierement payé.

4°. Les biens de la femme étant situés en Caux, la donation faite au second ou ultérieur mari, se regle sur la part de l'un des puînés ; mais l'aîné, comme les puînés, y contribue. Quand la succession de la femme n'est composée que d'un fief, le second mari ne peut y avoir qu'une provision à vie, égale à celle d'un puîné. *M. Roupnel, après Berault.* On suppose que le second mari n'a point eu un enfant né vif de cette femme ; car alors il jouiroit de tout le revenu de sa femme par droit de viduité.

5°. Ce n'est pas, *dit Basnage*, l'intention de la Coutume, d'étendre la liberté de donner, au-delà du tiers de l'immeuble. Car encore que la femme n'ait qu'un enfant, elle ne peut pas donner à son second mari la moitié de son immeuble. C'est ce que Berault avoit déjà remarqué en ces termes: » N'entend pas la » Coutume qu'au mari puisse toujours » être donné autant qu'à un de enfants ; » mais elle veut qu'il n'en puisse avoir » davantage «. Il faut juger autrement des meubles; le second mari pourroit en avoir la moitié.

6°. Comme le nombre des enfants ne se considere que du jour du décès de la mere : ainsi la valeur des biens de la donatrice ne s'estime que de ce même jour, & non de celui de la donation.

7°. Il est nécessaire que le mari fasse faire par personnes publiques, un inventaire des meubles appartenants à la veuve qu'il épouse, lorsqu'elle a des enfants. Cette précaution est essentielle, pour que le mari soit admis à partage avec les enfants de sa femme. D'ailleurs si l'inventaire n'avoit point été fait, ces enfants pourroient susciter au mari de mauvaises affaires.

Quand le second mari est notoirement insolvable, il y auroit de l'équité d'assurer l'intérêt des enfants, en l'assujettissant à donner caution du mobilier de sa femme. Enfin lorsqu'on en vient au partage, le mari donataire est obligé de faire les lots, & il n'a sa portion que par non choix. *Voy.* Routier *pag. 299, nomb. IV.* Basnage & Pesnelle, *sur l'art.* 405.

8°. Si la veuve qui s'est remariée, n'avoit point eu d'enfants du premier lit ; ou, ce qui revient au même, si tous les enfants meurent avant la mere, sans laisser d'héritiers en ligne directe ; la cause de la loi cesse, parce qu'elle n'a été établie qu'en faveur des enfants. *Et partant,* dit Godefroy, *la donation laquelle autrement seroit inofficieuse, est valide par leur mort;* comme elle le seroit dans le cas d'un premier & unique mariage.

QUESTION I.

La femme qui convole en secondes noces, peut-elle toujours donner des immeubles à son second mari ? Lorsque cette donation peut avoir lieu, comment faut-il la regler ?

RÉPONSE.

I. Si la femme a été mariée en premieres noces par son pere, qui ait converti en don mobil la meilleure partie de ce qu'il lui donnoit, & constitué le reste en dot, elle pourra donner une partie de sa dot à son second mari. Car, comme dit Basnage sur l'art. 405, »l'opi- » nion commune du Palais, est que ce » qui a été donné par le pere, n'est point » réputé donné par la fille. C'est un bien » dont il étoit le maître, & dont il a pu » disposer à sa volonté...... Ainsi *la fille* » n'ayant *encore* rien donné, elle n'est pas » privée de pouvoir donner suivant cet » article «. Mais la donation qu'elle peut faire au second mari, ne pourra point excéder le tiers de sa dot & autres biens immeubles. Elle sera même restreinte au-dessous du tiers, si le nombre des enfants l'exige.

Par exemple, en supposant que la veuve donatrice ait pour trois mille livres d'immeubles ou de biens dotaux; le second mari pourra avoir mille livres, si la femme n'a point d'enfants : il en sera de même, si elle n'en a qu'un ou deux tout au plus. Mais si elle en laisse trois, il ne pourra avoir que sept cents cinquante livres; si elle en laisse cinq, il n'aura que cinq cents livres, &c.

II. Lorsque la femme étant majeure, usant de ses droits, a donné au premier mari le tiers de tous ses immeubles, elle ne peut plus en donner rien au second.

La raison est, qu'ayant usé de tout le pouvoir qui lui étoit accordé par la Coutume, elle s'est épuisée *quoad hoc*, par la donation qu'elle a faite à son premier mari. Berault & Basnage, *sur l'art.* 405.

Il en faudroit juger de même, si la femme avoit été mariée en premieres noces par sa mere & par ses freres, après le décès de son pere. Elle ne pourroit plus donner aucune partie de ses immeubles au second mari, si elle en avoit donné le tiers au premier. *Arrêt du 20 Décembre 1720*.

Cependant quoique la femme ait donné à son premier mari, le tiers de tous les immeubles qui étoient en sa possession ; elle pourroit donner au second mari une partie des conquêts dont elle auroit hérité du premier, ou des acquêts par elle faits depuis & pendant son veuvage. Il en seroit de même, si la femme, depuis la premiere donation, eût hérité de quelques immeubles, sur lesquels elle n'auroit encore rien donné. Dans ces différents cas, la femme conservant tout son pouvoir sur certains immeubles, elle pourroit en donner un tiers, sauf la restriction relative au nombre des enfants.

III. Quand même il s'agit d'immeubles, sur lesquels la femme a déja fait donation au premier mari; si elle ne lui en a donné qu'un sixieme, elle pourra donner l'autre sixieme au second : supposé néanmoins que ce sixieme n'excede point la part de l'un des enfants de la donatrice. Car la donation est toujours restreinte suivant le nombre des enfants; ce qui a également lieu, quoique la veuve n'ait rien donné au premier mari.

QUESTION II.

La femme peut-elle toujours donner des meubles à son second mari, & comment doit-on régler cette donation.

RÉPONSE.

I. Quand même une femme auroit donné tous ses meubles à son premier mari, elle ne seroit pas privée d'en donner au second, suivant la regle prescrite par l'art. 405. Car ayant hérité de la moitié ou du tiers des meubles du premier mari, elle peut disposer de ces meubles ou autres à elle appartenants, pouvu qu'elle le fasse d'une maniere conforme à la Coutume.

Ainsi en supposant que la femme ait donné à son second mari telle part de meubles que la Coutume lui permettoit de donner ; il aura tous les meubles, si la donatrice ne laisse point d'enfants: la moitié, si elle n'en laisse qu'un : le tiers, si elle en laisse deux : le quart, si elle en laisse trois, &c.

II. Par Arrêt du 1 Mars 1728, les meubles de la femme qui convole en seconde noces, ayant des enfants du premier lit, appartiennent au second mari ; sauf la réduction après la mort de cette femme. Mais en attendant, les héritiers du second mari en restent saisis.

Si le second mari avoit dissipé les meubles de sa femme, il en devroit récompense aux enfants sur ses propres biens. Car il les auroit injustement privés de leur droit, en dissipant un bien qui devoit leur revenir suivant la Coutume. Les héritiers du mari seroient dans la même obligation, s'ils avoient dissipé les meubles. Et quoiqu'ils ne les eussent pas dissipés eux-mêmes, ils devroient répondre de la dissipation faite par le mari, ou renoncer à sa succession. En l'acceptant, ils deviendroient garants de tous ses faits.

ARTICLE IV.

Des obligations communes aux peres & meres de famille.

IL ne s'agit ici que des obligations relatives à la Coutume. Elles consistent 1°. Dans la défense qui est faite aux peres & aux meres, d'avantager leurs enfants les uns plus que les autres ; 2°. Dans le soin que les parents doivent prendre du mariage de leurs filles. Mais comme ce dernier point sera traité dans le Chap. IV ; nous nous bornerons pour le présent à ce qui concerne les avantages faits tant aux enfants héritiers, qu'aux héritiers collatéraux.

SECTION PREMIERE.

Des avantages faits aux enfants héritiers.

ART. 434 *de la Cout.* » Le pere & la » mere ne peuvent avantager l'un de leurs » enfants plus que l'autre, soit de meuble

» ou d'héritage ; parce que toutes dona-
» tions faites par le pere ou mere à leurs
» enfants, sont réputées comme avance-
» ment d'hoirie, réservé le tiers de Caux.

Art. 424. » Pere & mere par leur
» testament, ne peuvent donner de leurs
» meubles à l'un de leurs enfants plus qu'à
» l'autre.

Cette loi ne doit pas paroître trop rigoureuse aux parents ; puisqu'elle ne fait que les rappeller aux sentiments de la nature, qui veut que les peres & les meres partagent également leur affection entre leurs enfants : *Jungat liberos æqualis gratia, quos junxit æqualis natura*, dit S. Ambroise (*a*). Dailleurs, comme le remarque Berault, l'avantage que fera le pere ou la mere à l'un de ses enfants, *ce sera la pomme d'or qui ne produira que discorde, envie & jalousie entre eux.*

QUESTION I.

Que faut-il observer en général sur les art. 434 & 424 de la Coutume ?

RÉPONSE.

1. Par le pere & la mere, on doit en-

―――――――――――――――

(*a*) Lib. *De Joseph Patriarchâ*, cap. 2.

tendre ici tous les autres ascendants; de même que par les enfants qu'il est défendu d'avantager, il faut comprendre tous les descendants en ligne directe. Ainsi tout ce qui est donné (entre-vifs ou par testament) à l'un des descendants plus qu'à l'autre par quelqu'un des ascendants, est réputé *avancement d'hoirie*; c'est-à-dire, donné par avance, en déduction de la portion héréditaire, *in antecessum futuræ successionis*. D'où il suit que les enfants qui ont reçu de tels avancements, lorsqu'ils viennent à la succession de ceux dont ils les ont reçus, les doivent rapporter à la masse, ou moins prendre à proportion.

II. Ce que la Coutume défend de faire directement, il n'est pas plus permis de le pratiquer par des voies indirectes. On doit donc réprouver les moyens que prennent les parents, pour éluder la disposition de l'art. 434.

1°. Les pere & mere agiroient contre la loi & contre l'équité, s'ils faisoient un fidéi-commis, pour avantager l'un de leurs enfants au préjudice des autres. Celui qui recevroit cet avantage, seroit obligé d'en rendre à ses cohéritiers telle part qui leur appartiendroit; & cela avant la sentence du juge.

2°. Il en eſt de même, lorſque le pere a feint de vendre à l'un de ſes enfants, quelque partie d'héritage qu'il vouloit réellement lui donner. Cependant lorſque la vente eſt ſincere, & que le fils a véritablement payé le prix du contrat; il n'eſt pas moins valide dans le for intérieur, que s'il étoit fait avec un étranger. Et quoique ces contrats de vente ſoient toujours fort ſuſpects dans le for extérieur, on les admet néanmoins à ces deux conditions. La premiere, que le bien ait été vendu à ſon juſte prix; la ſeconde, qu'il ſoit juſtifié d'un véritable emploi qui ait été fait des deniers au profit du pere: c'eſt-à-dire, ou en paiement de dettes légitimes, ou en achat d'autres héritages.

Cependant ſi le pere, par une telle vente avoit diminué la valeur du reſte de ſon bien; ou qu'elle ne pût ſubſiſter ſans faire préjudice & incommoder les partages qu'il faudroit faire du ſurplus: ce deſſein frauduleux ne pourroit être approuvé; quoique la choſe eût été vendue à ſa juſte valeur, & que les deniers euſſent été employés utilement. *Voyez* Baſnage, *ſur l'art.* 434.

III. Il ne ſuffit pas que l'on ſoit enfant

pour être tenu de rapporter; il faut être héritier ou capable de le devenir. Car le rapport ou collation de biens ne se fait qu'entre cohéritiers. Ainsi les filles qui ne sont point héritieres, & que le pere n'a point réservées à sa succession, ne peuvent être forcées de rapporter ce qui leur a été payé en argent comptant, quoiqu'il excede de beaucoup leur légitime. Mais il ne faut point faire de différence entre les freres & les sœurs, quand elles ont été mariées comme présomptives héritieres, ou comme réservées à la succession. Elles doivent rapporter tous les avantages qui leur ont été faits par leur pere ou mere. Basnage *ibid.*

Il y a plus; c'est que la fille héritiere ou réservée à partage, est obligée de rapporter non-seulement sa dot, mais ce qui a été donné à son mari pour don mobil. Basnage, *sur l'art. 359*, le confirme par plusieurs Arrêts. *Voyez* encore ce que dit M. Roupnel sur Pesnelle, *à l'art. 359 de la Cout.*

Il seroit inutile d'objecter que suivant cet article, la fille revenant à partage ne doit rapporter que *ce qu'elle a eu de meuble & d'héritage de celui qui l'a réservée;*

& que cette fille n'a point eu ce qui a été donné en don mobil à fon mari. Car on peut répondre qu'elle a eu véritablement ce don mobil, puifqu'elle en a joui conjointement avec fon mari. D'ailleurs par le moyen de ce même don, elle a acquis plufieurs autres avantages très-importants. Il eft donc certain que la fille mariée profite du don mobil fait à fon mari. Elle eft donc tenue de le rapporter, lorfqu'elle vient à partage.

IV. En Normandie les enfants ou petits-enfants ne peuvent pas s'en tenir à leurs dons (*a*), en renonçant à la fucceffion. Car ces donations étant réputées *avancement d'hoirie*, ce font des partages anticipés de la fucceffion, que les enfants ne peuvent pofféder que comme héritiers. Il eft vrai que ces enfants font libres de renoncer à la fucceffion de leurs pere & mere; parce que nous ne recon-

---

(*a*) *Ne peuvent pas s'en tenir à leurs dons*, &c. Il n'y a qu'un cas où cela eft permis. C'eft, lorfque tous les enfants ayant renoncé pour avoir leur tiers Coutumier, il fe trouve que l'un d'entre eux a été avantagé de quelque immeuble par fes pere ou mere. On lui permet alors de s'en tenir à fon don, pourvu qu'il n'excede point la part qui doit lui revenir pour fa légitime.

noiſſons point d'héritiers néceſſaires, & que nul n'eſt héritier s'il ne veut. Mais en renonçant à la ſucceſſion, il faut auſſi renoncer aux avantages qui en font partie; autrement la renonciation eſt illuſoire. En effet n'eſt-il pas ridicule de dire qu'on renonce à une ſucceſſion, pendant que l'on veut en retenir une partie conſidérable ?

V. Mais lorſque le fils donataire poſſede encore, lors de la ſucceſſion ouverte, les choſes qui lui ont été données ; eſt-il libre de les retenir, & d'en rapporter ſeulement le prix ?

1°. Il faut, *dit Baſnage*, laiſſer cette faculté au fils donataire, ſur-tout lorſqu'il a fait des augmentations. Cela doit néanmoins s'entendre ſous la condition, qu'il n'en réſulte ni perte ni dommage pour les autres cohéritiers. Car ſi, par exemple, on avoit donné à ce fils la plus belle terre, ou une portion conſidérable, & qu'en la lui laiſſant, les lots ne puſſent être faits commodément : il ne ſeroit pas juſte de lui accorder en ce cas, le droit de rétention.

2°. Si la choſe donnée, *ajoute Baſnage*, ſe trouve entre les mains du donataire, & qu'il offre de la remettre en la maſſe des biens héréditaires; ses cohéritiers sont tenus de la reprendre. Mais il doit être récompensé de ses augmentations & améliorations, selon le prix qu'elles seront estimées au temps du partage. Si au contraire il a diminué la chose donnée, & qu'il veuille la remettre en partage ; il faut lui en précompter la diminution.

3°. Si les cohéritiers refusoient de rembourser le fils donataire, de ses augmentations & améliorations; ils ne pourroient lui demander que le prix de la chose qu'il devoit rapporter, selon ce qu'elle vaudra au temps de la succession échue, déduction faite des augmentations que le donataire ne doit pas perdre.

4°. En cas d'aliénation, les cohéritiers ne peuvent troubler les acquéreurs, ni forcer le donataire de racheter le bien aliéné, pour le remettre à la masse. Il doit en être quitte en faisant seulement le rapport du don, selon sa valeur actuelle au temps de la succession ouverte. Basnage *ibid.*

QUESTION II.

L'article 434 souffre-t-il quelques exceptions ?

RÉPONSE.

Cet article n'est pas si général, qu'il n'admette certaines exceptions. Les unes se trouvent dans la Coutume & dans le Réglement de 1666; les autres sont établies par la Jurisprudence, ou fondées sur l'équité naturelle.

I. L'Article même, dont il s'agit, renferme cette exception, *réservé le tiers de Caux.* Sur cela Godefroy observe que par l'ancienne Coutume de Normandie, les aînés au Bailliage de Caux excluoient les puînés de la succession des héritages & biens immeubles, sauf le tiers à vie. Mais par la nouvelle réformée, le tiers est acquis aux puînés en propriété, sous cette condition que les *pere, mere, aïeul, aïeule ou autres ascendants*, peuvent disposer de ce tiers en faveur de celui ou de ceux des puînés qu'ils jugeront à propos; sauf aux autres puînés leur provision à vie, conformément aux art. 279, 284, 287 & 295, de la Cout.

Au reste ce tiers de Caux ne doit s'entendre que du tiers des immeubles du pere, de la mere, ou autre ascendant. Car l'article 279 ne parle que du tiers *des héritages & biens immeubles*, soit propres, acquêts ou conquêts. Ainsi les meubles, en Caux comme ailleurs, restent en la disposition générale de la Coutume, pour être partagés également entre freres, sans que les pere & mere puissent, à cet égard, avantager l'un plus que l'autre. Godefroy & Berault, *sur l'art.* 279.

II. Voici une autre exception contenue dans l'art. 95 des Placités. » La pen- » sion ou jouissance, donnée par le pere » ou autre ascendant, ne doit point être » remise en partage. Mais ce qui en reste » dû lors de la succession échue, ne peut » être exigé par celui auquel il a été don- » né, même en faveur de mariage, sinon » la derniere année échue «.

1°. Soit que le pere ait donné à l'un de ses enfants une terre, soit qu'il ne l'ait avancé que de simples jouissances, de pensions ou de nourritures, le fils n'est point tenu de rapporter les fruits à la succession. Car ces fruits tiennent lieu d'aliments, que le pere doit à ses enfants *jure naturali*. D'ailleurs ces fruits étant consumés, pourroient se monter à de si grandes sommes, qu'ils absorberoient la portion héréditaire des enfants qui les auroient perçus. Basnage, *sur l'art.* 434.

2°. Quand même les pensions données par le pere excéderoient ce qui est nécessaire pour la subsistance d'un enfant, cet excédent ne seroit point sujet au rapport; parce que l'art. 95 est général, & qu'il ne distingue point entre les jouissances nécessaires & celles qui seroient plus que suffisantes.

Mais si le pere avoit donné à l'un de ses enfants la nourriture, & outre cela les fruits d'une terre, Bérault pense que ces fruits doivent être rapportés. Basnage est d'un avis différent; & il se fonde sur ce que le mot de *jouissance*, dans l'art. 95, *comprend tous les fruits que le fils donataire a perçus*. Cependant, quoi qu'en dise Basnage, il faut convenir que par ce moyen, un pere pourroit très-aisément faire à l'un de ses enfants des avantages fort considérables; ce qui ne s'accorde guère avec l'esprit de la Coutume, & encore moins avec la piété paternelle.

3°. Le pere qui a promis une pension à quelqu'un de ses enfants, est obligé d'en payer tous les arrérages échus de son vivant (*a*). Car c'est une dette légitime,

---

(*a*) Si un pere, sans aucune raison légitime re-
quoique

quoique contractée volontairement. Mais après la mort du pere, celui auquel la pension a été accordée, n'en peut exiger que la derniere année échue au jour du décès de son pere. S'il en étoit autrement, *dit Basnage*, chacun pourroit éluder la Coutume, quand il lui plairoit. Un pere prévenu d'affection pour l'un de ses enfants, lui feroit des promesses excessives, dont on ne presseroit point l'exécution durant sa vie. Mais lorsque le pere viendroit à mourir, cet enfant bien-aimé par le moyen de ces jouissances promises & non payées, qu'il auroit laissé accumuler, emporteroit tout ou presque tout le bien au préjudice de ses freres.

4°. Quand même le fils auroit fait toutes ses diligences pour être payé, & qu'il y auroit eu des deniers saisis, Basnage pense

---

fusoit de payer la pension promise ; & que le fils eût pris secrétement, *vivente patre*, les années d'arrérages échues: ce fils pourroit en conscience garder ce qu'il auroit pris, ainsi que le décide M. Dufort, *pag.* 230 & 231. Secùs, s'il n'avoit pris les arrérages qu'après la mort de son pere. Car alors il ne peut reprendre que ce qui lui est dû par ses cohéritiers : or ils ne lui doivent que la derniere année échue.

Tome I.   Q

qu'il est plus juste de s'en tenir à la regle générale : & qu'on ne doit exempter du rapport que ce qui est reçu actuellement, ainsi que la derniere année échue. En effet les mêmes inconvénients pourroient avoir lieu. Qui empêcheroit le pere & le fils donataire d'user de collusion, & de concerter ensemble la saisie qui seroit faite d'une somme considérable de deniers ?

III. Il y a plusieurs autres exceptions établies par la Jurisprudence, ou fondées sur l'équité naturelle.

1°. Ce que les peres & les meres ont donné à leurs enfants, *nomine alimentorum*, n'est point réputé avancement de succession, ni sujet à rapport. Ainsi, quoique quelques-uns des enfants n'aient rien coûté au pere pour leur nourriture & leur entretien ; ils ne pourront pas faire rapporter à celui qui aura été nourri dans la maison paternelle, la dépense faite pour l'élever.

Par la même raison, ce que le pere ou la mere donnent à l'un de leurs enfants, réduit à la nécessité, n'est point un avantage. Ce n'est qu'une aumône, qu'ils doivent bien plus à leur enfant qu'à tout autre. Ils doivent cependant proportionner les secours aux besoins.

2°. Lorsque les grand-pere ou grand'-mere ont nourri & élevé les enfants de leurs fils ou de leurs filles ; on ne peut pas obliger les peres & les meres de ces petits-enfants, à rapporter les frais de leur nourriture & entretien.

Par Arrêt du 16 Mars 1741, les aïeuls & aïeules peuvent même léguer à leurs petits-enfants, pendant la vie des pere & mere, telle part de meubles qu'il leur est permis de donner à un étranger ; & les pere & mere ne sont point recevables à contredire un legs de cette espece, pourvu que l'égalité soit gardée entre les petits-enfants légataires.

3°. Sous le nom d'aliments, on doit comprendre tous les frais de l'entretien, de l'éducation, de l'étude, de l'exercice des armes, de l'apprentissage d'un métier, du pansement des enfants malades. Tout cela n'est point sujet à rapport. Basnage, *sur l'art. 434* ; Routier, *pag. 276, nomb. XXVIII.*

Pour les frais du Doctorat en Théologie, en Droit ou en Médecine, Berault dit *qu'il ne trouve pas grand'raison* à faire rapporter ces frais. Basnage se contente de remarquer que suivant Ricard, ils ne se rapportent point. M. de la Paluelle est plus affirmatif. » Ce qu'il en coûte, » *dit-il p.* 214, pour faire étudier *l'un* » *des enfants*, pour le faire Prêtre ou » Docteur, n'est point sujet à rapport «. M. Dufort, *p.* 209, assure aussi que » c'est une maxime constante dans cette » Province, que les dépenses que fait un » peré pour faire étudier un de ses en- » fants, & le faire recevoir Docteur, » soit en Théologie, soit en Droit, ne » sont point réputées un avancement de » succession, & que cet enfant n'en doit » point de récompense à ses freres «.

Mais quand les frais de l'étude & du Doctorat, excedent de beaucoup les facultés du pere & la condition de l'enfant ; lorsqu'un pere s'est incommodé notablement lui & ses autres enfants, pour avancer l'un d'entre eux ; n'est-il pas juste que ce fils privilégié, qui doit en grande partie son avancement au travail & aux sueurs de ses freres, les récompense de leurs peines, en prenant moins dans la succession paternelle ? S'il veut s'en tenir à la rigueur du Droit, & partager également avec ses freres ; il doit se souvenir de cette maxime : *summum jus, summa injuria.*

4°. On ne peut demander le rapport des frais du festin des noces; parce qu'il n'en demeure rien au profit des mariés, & que d'ailleurs ces frais se font pour l'honneur de la famille. Mais les habits de noces, les bagues & joyaux se rapportent; & non les habits ordinaires qui sont compris sous les aliments. Berault & Basnage, *sur l'art. 434* ; Routier, *pag. 275. nomb. XXIV.*

5°. Les livres, dit Berault, les armes & les chevaux donnés par le pere aux enfants, ne se rapportent point, *comme étant pécule castrense.* Ce qu'il faut entendre, pourvu que la donation soit modérée & selon leur qualité.

6o. Un pere, dit encore M. de la Paluelle *ubi suprà,* peut unir plusieurs fiefs, pour faire un préciput à son aîné. *A contrario*, il peut par le changement de ses biens, augmenter la part de ses cadets. Mais en toutes ces occasions, il faut garder une juste modération.

Ajoutons que les peres & meres doivent éviter tout ce qui pourroit être entre leurs enfants, une source d'envie & de discorde. S'ils ont quelque affection particuliere pour un enfant, qu'ils se souviennent qu'en lui ménageant l'amitié de ses freres, ce sera le meilleur héritage qu'ils puissent lui laisser. *Plus acquiritur filio*, dit S Ambroise, *cui fratrum amor acquiritur. Hæc præclarior munificentia patrum, hæc ditior hæreditas filiorum.* Lib. *De Joseph Patriarchá*, cap. 2.

QUESTION III.

Quels sont les principaux cas, où les enfants avantagés par leurs pere & mere, sont obligés au rapport ?

RÉPONSE.

1º. Tout ce que les pere & mere donnent à l'un de leurs enfants héritiers présomptifs, ou par testament ou en faveur de mariage ; tout cela, dis-je, est sujet à rapport. Nous avons déjà remarqué qu'il en est de même des habits de noces, des bagues & joyaux.

2º. Lorsque le pere ou la mere ont donné un Titre ecclésiastique à leur fils ; ce Titre est sujet à rapport jusqu'à la concurrence de ce qu'il excede la part héréditaire (a). Cependant on ne peut soumettre au rapport les jouissances du Titre clérical ; c'est ce qui suit évidemment de l'art. 95 des Placités.

Par Arrêt de notre Parlement, rendu le 22 Décembre 1742, il a été jugé que *le titre clérical n'arrérage point*, & qu'*il n'est dû que du jour qu'il est demandé, mais qu'on doit en payer une année d'avance*.

3°. Quant aux deniers déboursés pour acquérir à un enfant le droit de maîtrise ; Berault en raisonne comme des frais du Doctorat, & dit qu'il ne trouve pas *grand'raison* à en exiger le rapport. Routier, *pag. 276. n. XXVII*, est d'un avis contraire, & il tient que » les deniers » déboursés par le pere pour acquérir à » son fils la maîtrise dans un art mécha- » nique, ou pour entrer dans un des » Corps de Marchands, sont sujets à rap- » port ». Cela paroît juste ; car l'acquisition du droit de maîtrise ne fait point partie des aliments, ni de l'entretien, ni de l'éducation.

(a) *Voyez* les Conférences d'Angers, *sur le Sacrement de l'Ordre*, pag. 167 & suiv. Edit. de Paris. On y trouve la réponse aux objections qui peuvent être faites contre le rapport du Titre clérical.

4º. Les deniers déboursés par le pere pour l'achat d'une Charge ou Office en faveur de l'un de ses enfants, sont sujets à rapport ; c'est une maxime constante. Lorsqu'il s'agit de rapporter ces deniers, l'estimation des Offices donnés par le pere ou la mere, se fait selon leur valeur au temps de la donation ou avancement des enfants, & non relativement au temps de la succession échue. La raison est, que les Offices étant des biens d'une nature incertaine, & dont le prix est sujet à beaucoup de changements, il ne faut pas en juger comme des vrais immeubles. Basnage & Pesnelle, *sur l'art.* 434. Routier ajoute que » si cette charge avoit » coûté au pere un prix modique ; le » pere qui en a été pourvu, la peut don- » ner à son fils pour le même prix qu'elle » lui a coûté, & lui en faire gagner la » plus valeur : parce qu'en ce cas il ne » diminue point son patrimoine «. *Pag.* 275. *nomb. XXV.*

5º. Si le pere a payé une dette pour son fils, s'il l'a acquitté de quelque amende ou autre condamnation ; s'il a payé les deniers pour la rançon de ce fils, ou pour le tirer de prison : tout cela est sujet à rapport. Car le fils en est devenu plus riche, d'autant qu'il eût été contraint de payer de son bien. Berault & Basnage *ibid.* Routier, *pag.* 276. *n.* XXIX, ajoute cette restriction, *pourvu qu'il y en ait preuve par écrit*; ce qui n'est nécessaire que pour le for extérieur. Quand même il n'y auroit pas de preuve par écrit, soit que le pere n'eût point pris d'obligation, soit qu'il l'eût rendue à celui pour lequel il avoit payé; ce fils ne laisseroit pas d'être obligé en conscience de tenir compte à ses freres, des avances faites en sa faveur. Nous n'excepterions que le cas d'une remise faite par le pere pour des causes importantes; telles que peuvent être la nécessité du fils, ou les services extraordinaires qu'il a rendus à son pere.

6°. L'Héritage retiré à droit de lignage par le pere, au nom de l'un de ses enfants, doit être partagé entre tous les autres. Basnage, *sur l'art.* 434.

Mais cela doit s'entendre avec le tempérament qu'y apporte l'article 101 des Placités, conçu en ces termes : » l'héri-
» tage retiré ou acquis par pere, mere
» ou autre ascendant, au nom de l'un
» de ses enfants, doit être remis en partage ; si l'enfant n'avoit d'ailleurs, lors

» de l'acquisition, biens suffisants pour en
» payer le prix «. Quant à la conscience, il ne suffiroit pas que l'enfant eût assez de biens pour payer le prix, s'il ne l'avoit pas payé réellement.

70. » La promesse faite par le pere,
» mere, ou autre ascendant, de garder
» sa succession à l'un de ses enfants, a
» aussi son effet pour les parts qui doi-
» vent revenir aux autres enfants, *quoi-*
» *que non compris dans la promesse*. Art.
» 45 des Placités.

QUESTION IV.

Le rapport qui doit se faire entre les héritiers, a-t-il lieu en faveur des créanciers ?

RÉPONSE.

I. Quand il s'agit d'immeubles, dont l'un des héritiers a été avantagé contre la Coutume; si les cohéritiers manquent d'exiger le rapport, leurs créanciers ont droit de le demander. Car les créanciers peuvent exercer toutes actions de leurs débiteurs; & quand le débiteur renonce ou ne veut pas accepter une succession qui lui est échue, les créanciers se peuvent faire *subroger en son lieu*, suivant l'art. 278 de notre Coutume. Or s'ils ont droit de se faire subroger pour prendre une succession que leur débiteur refuse d'accepter ; ils sont beaucoup plus recevables à demander la révocation d'un acte fait contre la Coutume, tel qu'est l'avantage accordé à l'un des enfants héritiers. Basnage, *sur l'art. 434.*

II. Mais en fait de meubles, le rapport n'a point lieu, si ce n'est entre copartageants. Ainsi lorsque les enfants ou petits-enfants renoncent, pour avoir leur tiers Coutumier; on ne peut pas leur faire rapporter les meubles qu'ils ont eus de leur pere ou de leur aïeul, à moins qu'ils n'en fussent devenus plus riches. Car si ce rapport étoit admis indistinctement, ce seroit un moyen pour leur faire perdre leur tiers coutumier, pendant la vie de leur pere ; ce qui est contre la disposition précise de l'art. 399 de la Cout. Routier, *pag. 275*, *nomb. XXI.*

Venons à quelques cas relatifs aux questions précédentes.

CAS I. Jérôme, pendant qu'il étoit en santé, donna à l'un de ses enfants une somme de 200 livres ; & dans sa derniere maladie il lui donna pareille somme, pour le récompenser des bons services qu'il lui rendoit depuis plus de vingt ans: au lieu que ses autres fils qui avoient quitté la maison paternelle, s'étoient établis & avoient gagné considérablement. Le fils donataire peut-il en conscience retenir la somme totale de 400 livres, sans en faire part à ses freres ?

RÉPONSE. Il paroît certain que le fils de Jérôme peut, *tutâ conscientiâ*, retenir la somme entiere de 400 livres. Car (quelle que pût être la présomption du for extérieur) ce n'est pas réellement un avantage qui a été fait à cet enfant, ce n'est qu'une récompense de ses services. Or peut-on trouver mauvais qu'un pere donne à son fils, le salaire & la récompense qu'il donneroit à un domestique?

On dira que le fils doit ses services à son pere. Mais outre que cela souffre des exceptions, par rapport à un pere qui a le moyen de se faire servir ; du moins on ne peut nier qu'il ne soit permis à un pere de récompenser, quand il le veut, les services de son fils. Nous avons remarqué *suprà*, qu'un pere peut donner une pension à l'un de ses fils qui ne lui rend aucun service ; & que, quand même cette pension excéderoit, ce qui est nécessaire pour la

DES PERSONNES. 373

nourriture & entretien d'un enfant, il n'y auroit point lieu au rapport. Seroit-il concevable que le pere ne pût donner une modique récompense à un autre fils, qui lui rendroit des services importants?

Objection. I. Quand la Coutume a défendu aux peres & aux meres de donner de leurs meubles entre-vifs ou par testament à l'un de leurs enfants plus qu'à l'autre, elle savoit bien qu'il y a des enfants qui rendent beaucoup plus de services que leurs freres. Cependant elle n'a point voulu faire de distinction entre les enfants ; elle a défendu généralement aux pere & mere d'en avantager l'un plus que l'autre. C'est ainsi que raisonne M. Dufort, *pag.* 214 & 215 ; & de ce raisonnement il conclut qu'un fils à qui son pere, dans sa derniere maladie, a donné une somme de 400 livres, pour le récompenser de ses bons services, est obligé de faire part de cette donation à ses freres.

Réponse. L'Auteur qui propose cette difficulté, va nous fournir lui-même la solution. Voici ce qu'il dit en termes exprès, *p.* 220 & 222. » On ne prétend » pourtant pas soutenir que les peres & » meres ne puissent faire quelques dona-

» tions à un de leurs enfants, sans en
» faire aux autres, lorsqu'ils font en
» parfaite santé ; ce seroit leur imposer
» un joug trop dur. Car comme ils font
» maîtres des fruits qu'ils retirent de
» leurs héritages, ou de ce qu'ils gagnent
» par leur industrie, on ne doit pas les
» empêcher d'en faire tel usage qu'ils
» jugeront à propos. Et comme ils peu-
» vent les donner à des étrangers, pour-
» quoi leur seroit-il défendu d'en don-
» ner une partie à celui de leurs enfants
» qui en a besoin ? Tout ce que nous
» desirons, c'est de les empêcher de
» donner à leur mort à un d'eux plus
» qu'aux autres par prédilection. Ils n'en
» doivent point avoir, afin de ne point
» mettre la discorde entre leurs en-
» fants «.

Puisque tout le desir de M. Dufort étoit d'empêcher que les pere & mere ne donnent à l'un de leurs enfants plus qu'aux autres *par prédilection* ; il ne devoit donc pas blâmer la conduite du pere qui donne 400 livres à un de ses fils, *pour le récompenser des bons services qu'il en avoit reçus*. Comme l'Auteur suppose ce fils âgé de quarante ans ; la somme qui lui est donnée, ne passera jamais pour exceſſive, eu égard aux ſervices qu'il a rendus à ſon pere.

Il eſt vrai que M. Dufort ne permet aux pere & mere de donner des meubles, que *lorſqu'ils ſont en parfaite ſanté*, & lorſque l'enfant donataire *en a beſoin*.

Mais 1°. Ce n'eſt ni la ſanté ni la maladie, qui décide de la prédilection. Un pere peut donner par pure prédilection, lorſqu'il eſt *en parfaite ſanté* : au contraire il peut donner par un motif très-légitime, pendant qu'il eſt malade. D'ailleurs dans un état comme dans l'autre, il eſt toujours également maître *des fruits qu'il retire de ſes héritages ou de ce qu'il gagne par ſon induſtrie*.

2°. Un fils qui a demeuré quarante ans dans la maiſon paternelle, ſans avoir rien gagné pour lui-même, ne peut pas être cenſé hors le cas d'un beſoin commun & ordinaire. Cela ſuffit pour autoriſer le pere à lui donner. Au reſte le beſoin eſt une raiſon de plus, dont on peut ſe paſſer aiſément. Il ne faut qu'un mot, pour faire diſparoître la difficulté propoſée. C'eſt qu'à la vérité notre Coutume défend en général tous les avantages faits par les pere

& mere, à l'un de leurs enfants plus qu'aux autres. Mais elle n'a jamais défendu de récompenser les peines d'un enfant, qui leur a rendu de plus grands services lui seul, que tous les autres ensemble. *Dignus est enim operarius mercede suâ.* Luc. 20. 7.

Objection II. Suivant l'art. 424, le pere ne peut donner par testament, à l'un de ses enfants plus qu'à l'autre. Or dans le cas supposé, Jérôme est censé avoir donné deux cents livres par testament, puisqu'il a donné cette somme dans sa derniere maladie ; & que selon l'art. 447 de notre Coutume, une pareille donation est réputée *à cause de mort & testamentaire*.

Réponse. 1°. Nous supposons que Jérôme a donné la somme de 200 livres d'une maniere absolue ; & que le fils donataire en a acquis le domaine du vivant de son pere qui le vouloit ainsi. La donation de Jérôme n'est donc point réellement *à cause de mort*, mais une vraie donation *entre-vifs*. Si cette donation étoit réputée *à cause de mort & testamentaire*, dans le for extérieur; ce ne seroit qu'une simple présomption, qui ne doit pas prévaloir contre la vérité connue. C'est ce que M. Dufort prouve très-bien, depuis la pag. 187, jusqu'à la pag. 195.

2°. La donation manuelle, quoique faite dans la derniere maladie, n'est pas toujours rejettée par les Magistrats. Suivant un Arrêt du Parlement de Rouen, rendu le 25 Juin 1755, *une donation de meubles faite avec tradition par une personne malade, est bonne sans acte par écrit ; encore que le donateur meure peu d'heures après la tradition des effets donnés.*

3°. M. Dufort lui-même, *pag. 225 & 226*, permet à une fille âgée de 40 ans de garder une somme de 200 livres, que sa mere lui avoit donnée *à sa mort*, pour les services qu'elle en avoit reçus. Il approuve que cette fille retienne la somme, tant pour lui fournir sa légitime, que pour la récompenser de ses peines. Ce qu'il y a de plus remarquable, c'est le motif sur lequel M. Dufort appuie cette décision. La fille donataire peut retenir ce qui lui a été donné » attendu, *dit-il*, que ses » freres doivent la récompenser des bons » services qu'elle a rendus à sa mere à » leur décharge. Car si elle l'avoit aban-

» donnée, ils auroient été obligés de » l'assister ou faire assister *à leurs dépens* «. Cette raison est satisfaisante. Mais on peut dire avec autant de fondement: si le fils donataire de Jérôme eût abandonné son pere, comme avoient fait les autres enfants; le pere auroit été obligé de prendre un domestique, auquel il auroit donné bien plus de 400 livres, pour les gages d'un grand nombre d'années. Ainsi la succession de Jérôme auroit été plus diminuée par les gages de ce domestique, qu'elle ne l'a été par la donation de 400 livres.

Cas II. Philippe & Thérese n'ayant qu'un fils & une fille, les ont mis à partager également, en réservant la fille à leur succession, qui ne consistoit qu'en marchandises & autres meubles. Après la mort de Philippe, Thérese voyant que la fille, mariée depuis quelque temps, fait mieux ses affaires que le fils; elle lui demande si elle peut, en conscience, donner secrétement à ce fils une somme de mille livres.

Réponse. Il est certain que Thérese ne pourroit pas prendre cette somme sur la succession de son mari, parce que les deux enfants y ont un droit égal. C'eſt d'ailleurs un droit acquis, auquel Théreſe ne peut donner aucune atteinte. Mais en ſuppoſant que cette veuve prenne la ſomme de mille livres ſur ſes propres biens, peut-elle en conſcience la donner à ſon fils ? On ne voit point de motif ſuffiſant pour autoriſer cette donation. Que la fille faſſe mieux ſes affaires que le fils, c'eſt pour la fille un bonheur, & le fruit de ſon induſtrie. S'enſuit-il que Théreſe puiſſe contrevenir à la Coutume, & avantager l'un de ſes enfants héritiers plus que l'autre ? La conſéquence ſeroit mal déduite. On doit donc conſeiller à Théreſe de ne point faire à ſon fils la donation de mille livres.

SECTION II.

Des avantages faits aux héritiers collatéraux.

ART. 431 *de la Cout.* » Perſonne » âgée de vingt ans accomplis, peut » donner la tierce partie de ſon hérita- » ge & biens immeubles, ſoit acquêts,

» conquêts ou propres, à qui bon lui
» semble, par donation entre-vifs; ....
» pourvu que le donataire ne soit héri-
» tier immédiat du donateur, ou descen-
» dant de lui en droite ligne «.

Art. 92 du Réglement de 1666.
» Le donateur ne peut donner aucune
» part de son immeuble à ses descen-
» dants; mais bien aux descendants de
» son héritier immédiat, en ligne colla-
» térale «.

Art. 425 de la Cout. » Quant aux....
» personnes qui n'ont enfants, ils pour-
» ront donner (par testament) à leurs
» héritiers ou autres personnes, **telle**
» part de leurs meubles que bon leur
» semblera «.

Pour l'intelligence des deux premiers articles, observez que *l'héritier immédiat*, est celui qui succede au défunt, ou qui doit lui succéder immédiatement & sans l'interposition d'une autre personne. Ainsi en ligne directe, le fils est héritier immédiat; & le petit-fils est héritier médiat, ou héritier de l'héritier. De même, en ligne collatérale, le frere est héritier immédiat; & le neveu est héritier médiat, ou héritier de l'héritier. Mais lorsque le fils & le frere sont morts, le petit-fils & le neveu deviennent héritiers immédiats, & ainsi de suite.

Nous avons vu qu'en ligne directe, on ne peut avantager l'un des héritiers plus que l'autre. Cela ne peut se faire, ni pour l'héritier immédiat, ni pour l'héritier de l'héritier ; ni par donation d'immeubles, ni par donation mobiliaire. Voyons maintenant ce qui concerne la ligne collatérale.

QUESTION I.

Est-il permis, en ligne collatérale, de donner des meubles ou des immeubles, à l'un de ses héritiers plus qu'à l'autre ?

RÉPONSE.

I. Il est évident, par l'art. 425, qu'un homme qui n'a point d'enfants, ni autres descendants en ligne directe, peut, par testament, donner de ses meubles à l'un de ses héritiers plus qu'à l'autre. » La Coutume, *dit Basnage sur cet* » *article*, n'a pas jugé à propos d'ôter à » celui qui n'avoit point d'enfants, le » droit de prédilection. Elle lui permet

» de donner tous fes meubles à celui de
» fes héritiers que bon lui femblera. Il
» n'y a que la ligne directe, où l'on ne
» peut être héritier & donataire en
» quelque cas que ce foit. Mais en
» ligne collatérale, on peut être dona-
» taire aux meubles, & héritier aux im-
» meubles «.

Celui qui n'a point d'enfants, peut
donc donner à l'un de fes héritiers
telle part de fes meubles qu'il pourroit
donner à toute autre perfonne non
prohibée ; c'eft-à-dire, qu'il pourra lui
donner, par teftament, tous fes meubles, fi lui teftateur n'a point de femme ; & que s'il a une femme, il ne pourra donner que la moitié.

Ce que nous répondons pour un homme qui n'a point d'enfants, eft également vrai à l'égard de la femme qui fe
trouve dans le même cas. L'art. 425 eft
général, *& quant aux autres perfonnes, &c.* Par la même raifon, la donation mobiliaire eft valide, foit que
le donateur ou la donatrice aient des
immeubles, ou qu'ils n'aient que des
meubles : foit que la donation fe faffe à
l'héritier de l'héritier, ou à l'héritier immédiat.

Ajoutez, 1°. que la donation entre-fs souffriroit encore moins de difficulté que la donation teſtamentaire; 2°. qu'en donnant des meubles à l'un de ſes héritiers collatéraux plus qu'à l'autre, & le faiſant par un mauvais motif, on pécheroit; mais on ne commettroit aucune injuſtice.

II. Pour ce qui eſt des immeubles, il faut diſtinguer. Le donateur peut en donner *aux deſcendants de ſon héritier immédiat en ligne collatérale*, art. 92 des capacités. Il eſt donc permis de donner à un deſcendant de cet héritier immédiat, (au préjudice des autres) telle part d'immeubles que l'on pourroit donner à un étranger; c'eſt-à-dire, le tiers. Ce qui doit s'entendre des immeubles mêmes auxquels le donataire doit hériter médiatement, *interpoſitâ patris perſonâ*. Mais quant à l'héritier immédiat en ligne collatérale, on ne peut lui donner aucune part des mêmes immeubles auxquels il doit ſuccéder; à moins qu'il ne ſoit ſeul héritier, ou qu'on ne faſſe même avantage à ſes cohéritiers, s'il en a. *Art.* 431, 432 *&* 433 *de la coutume*.

Ainſi, du vivant de mon frere, je puis

donner des immeubles à son fils, sans en donner à ses autres enfants. Mais je ne puis en donner à mon frere; à moins qu'il ne soit mon seul héritier, ou que je ne fasse la même donation à mes autres freres. *Voyez* Basnage, *sur l'art. 432.*

III. Cependant lorsqu'il y a diversité de biens immeubles, on peut être héritier & donataire ou légataire de la même personne en ligne collatérale, quand même on seroit héritier immédiat.

Ainsi 1°. *on peut donner partie des acquêts à celui qui est seulement héritier au propre ; & partie des propres à celui qui est seulement héritier aux acquêts.* Art. 93 des Placités.

2°. Celui qui est héritier aux propres paternels, peut être donataire des propres maternels, *& vice versâ* ; quoique les biens soient situés sous une même Coutume. Basnage, *sur l'art. 433.*

3°. Celui qui est habile à succéder dans une Coutume, & qui est exclus par une autre, peut-être héritier en l'une de ces Coutumes, & donataire ou légataire en l'autre, à l'égard de la même personne. La raison est, que dans tous ces cas l'héritier, comme héritier,

est

eſt étranger aux biens dont il devient donataire. Baſnage, *ibid.*

Concluez que pour qu'on ne puiſſe être héritier & donataire ou légataire en ligne collatérale, il eſt néceſſaire que trois choſes concourent. Il faut 1°. que l'on ſoit héritier immédiat ; 2°. que la donation ait pour objet des immeubles ; 3°. qu'elle ait pour objet la même ſorte d'immeubles, auxquels le donataire doit hériter. Le défaut d'une ſeule de ces trois circonſtances, fait que l'on peut être héritier & donataire ou légataire de la même perſonne, en ligne collatérale.

QUESTION II.

La donation d'immeubles faite à un héritier collatéral, peut-elle devenir valide, ayant été nulle au commencement ; & de valide qu'elle étoit d'abord, peut-elle devenir nulle ?

RÉPONSE.

I. Si au temps de la donation, le donataire étoit l'héritier préſomptif du donateur ; mais qu'au temps de la ſuccession ouverte, il s'en trouvât exclus par un plus proche parent; on pourroit douter si cette donation qui étoit nulle dans son origine, deviendroit bonne dans la suite. Car suivant la 18e. regle du Sexte, *Non firmatur tractu temporis quod de jure ab initio non subsistit.* » J'estime néanmoins, *dit Basnage sur l'art. 431*, que comme on » n'est pas recevable à débattre la va- » lidité d'une donation, durant la vie » du donateur; il suffit qu'au temps de » sa mort, la chose soit venue à un » point où elle a pu commencer: *ut* » *res ad eum casum pervenerit, à quo in-* » *cipere potuit.* «

II. Si au contraire la donation d'immeubles avoit été faite à l'héritier de l'héritier, & qu'au temps de la mort du donateur, ce donataire se trouvât héritier immédiat aux mêmes immeubles; la donation deviendroit nulle. C'est ce que dit encore Basnage; & il le confirme par un Arrêt, dont voici l'espece. Nicolas le Cerf voyant que son frere étoit mauvais ménager, & qu'il l'auroit pour héritier, s'il mouroit avant lui: il tâcha d'assurer le bien à son neveu par des donations. Mais ce frere étant mort le premier, & le neveu se trouvant héritier de son oncle, avec les sœurs du défunt; on jugea que la donation ne pouvoit plus subsister.

Fin du premier Volume.

www.ingramcontent.com/pod-product-compliance
Lightning Source LLC
Chambersburg PA
CBHW060549230426
43670CB00011B/1755